Ilse und Ernst Leisi

SPRACH-KNIGGE

oder

Wie und was soll ich reden?

Gunter Narr Verlag Tübingen

Zum Titelbild

Für unser Titelbild haben wir einen Teil des Holzschnitts "L'argent" (1898) von Félix Valloton gewählt.

Was dort gesprochen wird, wissen wir nicht. Vielleicht: "Ein einziges Wort, Mademoiselle, und dieser Park gehört Ihnen."

Wie dem auch sei, sicher befinden wir uns in einer Situation, in der es auf das rechte Sprechen entscheidend ankommt.

I. und E. Leisi

Die Deutsche Bibliothek – CIP-Einheitsaufnahme

Leisi, Ilse:
Sprach-Knigge oder Wie und was soll ich reden? /
Ilse und Ernst Leisi. – Tübingen : Narr, 1992
ISBN 3-8233-4121-9
NE: Leisi, Ernst:

Dischingerweg 5 · D-7400 Tübingen

Gedruckt auf säurefreiem und alterungsbeständigem Werkdruckpapier.

Satz: rhr computerpublishing, Tübingen
Druck: Müller+Bass, Tübingen
Verarbeitung: Nädele, Nehren
Printed in Germany

ISBN 3-8233-4121-9

Inhalt

Dank

Als Verfasser haben wir einer großen Anzahl von Freunden zu danken, die uns, jeder auf seine Weise, geholfen haben, dieses Buch zu schreiben und druckfertig zu machen.

Nicht mehr persönlich danken können wir leider Karin Wildi-Juhlindannfelt und Gisela von Stolzenberg. Beide haben uns den rechten »Benimm« – in sprachlichen und anderen Dingen – nicht vordoziert, wohl aber vorgelebt; vieles an unserem Buch wäre ohne sie nicht möglich geworden.

Für liebe und freundliche Hilfe sind wir verpflichtet: Her Grace the Duchess of Buccleuch and Queensberry, Emme und Detlev von Uslar, Mayumi Itayama, Ursula Straumann, Udo Fries, und vor allem Angelika Linke, die uns aus souveräner Kenntnis der synchronen und historischen Soziolinguistik wertvollste Hilfe geleistet hat.

Dem Verlag, der an diesem Buch aktiv und interessiert Anteil nahm, einerseits (konstruktive) Vorschläge machte und uns andererseits die größte Freiheit gewährte, sei ein besonderer Kranz gewunden.

Pfaffhausen, im Juni 1992 — Ilse und Ernst Leisi

1. Was will dieses Buch?

Wir beginnen damit, daß wir sagen, was dieses Buch nicht will.

Es ist keine Anleitung zum *grammatisch korrekten* Reden und Schreiben. Das gibt es schon in vielen Formen[1]. Es ist auch keine Anleitung zum *Überreden und Überzeugen*, oder zur Förderung des Erfolgs mit sprachlichen Mitteln. Bücher dieser Art sind ebenfalls häufig; ein frühes Muster war Dale Carnegie: »Wie man Freunde gewinnt«, und heute gibt es Dutzende von Büchern mit Titeln wie »Überzeugend reden und schreiben«.

Unser Buch ist vielmehr, wie sein Titel sagt, etwas, was es unseres Wissens heute nicht gibt: ein »Knigge« in sprachlichen Dingen – ein Führer zum richtigen Reden in verschiedenen Lebenssituationen. Dabei verstehen wir unter »richtig reden«:

- *So reden, daß wir andere Menschen nicht kränken, sondern erfreuen.*
- *So reden, daß wir uns selbst nicht lächerlich oder unmöglich machen.*

Ob es den Mitmenschen in unserer Nähe wohl ist oder nicht, hängt weitgehend von unserer Sprache ab. Je nachdem, wie wir unsere Worte wählen, können wir unsere Gesprächspartner verletzen oder entzücken.

Andererseits klassiert die Sprache den Menschen: Sobald einer den Mund auftut, wird er von seiner Umgebung beurteilt, entweder positiv: als ein Mensch, der weiß, was sich gehört, oder aber negativ: als taktlos, als vulgär, als jemand, der »nicht in Frage kommt«.

Wir verstehen also »richtig reden« als einen Teil des allgemeinen »richtigen Benehmens« oder »guten Tons«. Logischerwei-

---

1 Ein (ausgezeichnetes) Beispiel unter vielen ist: Walter Heuer: »Richtiges Deutsch – eine Sprachschule für jedermann«, 20. Auflage, bearbeitet von Max Flückiger und Peter Gallmann, Zürich 1991.

se haben die meisten Bücher über richtiges Benehmen auch eines oder mehrere Kapitel über die Sprache – nur sind diese Kapitel nach unserer Meinung in ihrer Kürze der Bedeutung der Sprache nicht angemessen. Diese nämlich ist wichtiger als alle andern Verhaltensmuster. Es kann jemand ein »herrliches« Fest geben, wo alle kristallenen und silbernen Dinge in der richtigen Anordnung auf dem Tisch stehen, und wo den Gästen die köstlichsten Speisen vorgesetzt werden – wenn er sich *sprachlich* falsch verhält, wird seine Einladung dennoch ein Mißerfolg, und die Gäste gehen verärgert oder in Tränen weg.

Nun haben natürlich die verschiedenen sozialen Schichten, was das richtige Benehmen, und besonders, was die Handhabung der Sprache angeht, verschiedene Maßstäbe. Uns gilt als Norm die Sprache von Menschen, die eine gute Erziehung und Bildung genossen haben, und die deshalb reden oder schreiben können, ohne (unwillentlich) Anstoß oder Ärgernis oder Gelächter zu erregen.

Man könnte versucht sein, diese »gute Sprache« bei einer bestimmten Schicht oder »Klasse« der Bevölkerung zu suchen. Sie findet sich aber dort nicht. Was wir das richtige Reden nennen, überhaupt das ganze gute Benehmen, wird zwar in gewissen Kreisen bewußter gepflegt, gelehrt und gelernt als in anderen, ist aber an sich nicht an eine bestimmte soziale Schicht gebunden. Es gibt Menschen der unteren Schichten, die – im Reden und auch im Handeln – einen natürlichen Takt zeigen, und es gibt in den Oberschichten Menschen, die, aus was für Gründen immer, sich unmöglich benehmen und auch unmöglich reden.

Manche Leute tun das letztere übrigens bewußt und mit einer bestimmten Absicht: um den Bürger zu erschrecken: *pour épater le bourgeois,* was ursprünglich hieß: ›dem Bürger den Fuß abschlagen‹ – damit er den Stand verliert. Heute kann man ungestraft reden wie man will, und viele geben sich große Mühe, eine besonders grobe, »tabufreie« Sprache zu sprechen, oder, wenn sie Autoren sind, zu schreiben. Das heißt aber nicht, daß heute keine sprachliche Norm mehr besteht. Die Übertretung der Norm hebt die Norm nicht auf, ja die Übertretung wird erst dadurch »interessant«, daß es eine Norm gibt, von der sie sich abhebt. Man kann hier wie anderswo sagen, daß die Ausnahme die Regel bestätigt.

Wo finden wir nun die Norm, wenn sie nicht in einer bestimmten sozialen Schicht zu suchen ist? Wir setzen sie in diesem Buch selbst. Damit unterscheiden wir uns von der traditionellen Sprachwissenschaft, die nur beschreibt, aber nichts vorschreibt.

Man soll aber unser »Vorschreiben« keineswegs als Zwang auffassen: Was wir im folgenden geben, sind Richtlinien, Anweisungen, Ratschläge. Wir haben bestimmte Erfahrungen gemacht und teilen sie anderen Menschen mit, um ihnen Unangenehmes zu ersparen. Gelegentlich lassen wir uns dabei etwas hinreißen, rufen laut »das ist gräßlich!« oder »ein ganz abscheulicher Fehler!«. Man darf auch Temperament haben. Wer aber unseren Ratschlägen nicht folgen will, der ist frei, dies zu tun. Wir betrachten ihn nicht als schlechten Menschen. Wir bedauern höchstens, daß er viele goldene Gelegenheiten verpassen wird.

Unsere Rechtfertigung? Woher nehmen wir den Mut oder die Frechheit, ein solches Buch zu schreiben? Zum ersten ist jeder Mensch frei, den anderen Ratschläge zu geben, solange er sie nicht nötigt, diese anzunehmen. Tatsächlich setzen ja alle Verfasser von Büchern über den guten Ton Normen, die sie meistens nicht einmal begründen. Wir versuchen dagegen in unserem Buch immer wieder, unsere Ratschläge und die ihnen zugrundeliegenden Meinungen zu begründen. Damit weichen wir von der Mehrzahl der Benimm-Bücher ab.

Im übrigen – hier ist eine gewisse Selbst-Empfehlung unumgänglich – sind wir ein älteres Schweizer Ehepaar, das sich zwei Leben lang intensiv für sprachliche Dinge und für das menschliche Verhalten interessiert, sich darüber unterhalten und bei längeren Aufenthalten in Deutschland, England, den USA und Japan eine Menge von Beobachtungen angestellt hat. Beide haben Sprach- und Literaturwissenschaft studiert. Bei beiden haben es die Umstände mit sich gebracht, daß sie eine Zeitlang in sehr verschiedenen sozialen Schichten gelebt haben. Die Spezialität der Verfasserin sind Übersetzungen aus dem Englischen – dabei hat sie sich besonders mit dem Frauen- und Gesellschaftsroman beschäftigt, in dem viele Probleme des sprachlichen Benehmens berührt sind. Die Spezialität des Verfassers ist die Semantik oder Lehre von den Wortbedeutungen. Er hat unter anderem ein Buch über die englische Sprache[2] und eines über die Sprache des Liebespaars[3] geschrieben. So glauben sich denn die beiden Autoren einigermaßen berechtigt, als Geber von Ratschlägen aufzutreten. Daß sie sich als ältere Personen an Menschen jeden Alters wenden, halten sie für richtig; denn es ist das Recht der Alten, Normen zu setzen, so wie es das Recht der Jungen ist, von diesen Normen abzuweichen und dafür neue zu entwickeln.

Beide Verfasser sind der Meinung, daß die Stellung der Frau in der Gesellschaft noch verbessert werden kann und auch verbessert werden soll. An zahlreichen Stellen ihres Buches haben sie Möglichkeiten gezeigt, diesem Ziel näher zu kommen. Hingegen haben sie es unterlassen, in ihren Texten nach Frauen und Männern zu differenzieren, wo dies mühselig geklungen hätte; denn sie glauben, daß damit der Sprache und den Frauen auf die Dauer besser gedient ist. Wenn sie also vom »Gesprächspartner« reden, so meinen sie sowohl den weiblichen wie den männlichen Gesprächspartner, »Gast« bezieht sich auf beide Geschlechter, und so fort. Natürlich gibt es Fälle, wo nur das eine oder das andere Geschlecht gemeint ist; dort wurde selbstverständlich unterschieden.

2 E. Leisi, Das heutige Englisch – Wesenszüge und Probleme, Heidelberg, 7. Aufl. 1985.

3 E. Leisi, Paar und Sprache. Linguistische Aspekte der Zweierbeziehung, 3. durchges. Aufl., Heidelberg 1990.

Die einzelnen Kapitel sind wie folgt angeordnet:

Am Anfang stehen einige allgemeine Ratschläge über das *Wie* des Redens; dann folgt ein Kapitel über »verbotene« Wörter, über die Gründe, die zu den Verboten geführt haben, und über die Möglichkeiten, diese Verbote zu übertreten.

Eine Reihe von Kapiteln behandelt die Handhabung der Sprache in verschiedenen Lebenssituationen: »In Gesellschaft«, »Auf Reisen», »Besondere Situationen« (mit Abschnitten wie »Kunstgenüsse«, »Am Telefon«, »Mit Schwerhörigen«, »Mit Fremdsprachigen«, »Beim Arzt«). Ein großes Kapitel »Sprache und Liebe« behandelt Redeweisen, die der Liebe freundlich oder feindlich sind; »Wahrheit und Lüge« beleuchtet die breite Grauzone zwischen beiden; »Uneigentliches Reden« behandelt Sprachformen wie die Ironie; »Sprachliche Vorwegnahme« endlich macht auf das heute verbreitete Phänomen des (vorausgehenden) Zerredens von Erlebnissen aufmerksam und schlägt Mittel zur Abhilfe vor.

Natürlich könnten die Kapitel noch vermehrt werden; auch innerhalb der einzelnen Kapitel gäbe es manche Gelegenheit für Ergänzungen. Wir haben uns aber vorgenommen, einen gewissen Umfang nicht zu überschreiten. Unser Gegenstand hat ohnehin etwas Vorläufiges; denn neue Erfahrungen können jederzeit neue Ratschläge notwendig machen.

2. *Wie* soll ich reden?

Einige allgemeine Regeln

Es ist eine große Wohltat für jeden Menschen, wenn sein Gesprächspartner *deutlich* und *wohlklingend* spricht.

Man soll *deutlich* sprechen. Das wissen ungefähr alle Menschen; doch nur wenige wissen, was es im einzelnen bedeutet. Es heißt nicht: besonders laut sprechen. Natürlich darf man eine gewisse Lautstärke nicht unterschreiten, besonders wenn man mit älteren Menschen spricht. Wichtiger aber als die Quantität ist die Qualität der Lautung. Hierüber könnten Bücher geschrieben werden; wir möchten uns der Einfachheit halber auf drei Regeln beschränken: Das *Wort-Ende* nicht verschlucken, das *Satz-Ende* nicht verschlucken, die *Konsonanten* deutlich artikulieren.

Man muß bei vielen Menschen beobachten, daß sie zwar den Anfang der Wörter noch deutlich und verständlich aussprechen, daß sie aber die Mitte und ganz besonders das Ende der Wörter mehr oder weniger verschlucken. Der Anfang dieses Satzes klingt bei ihnen etwa so: »Ma muß bei viel Men beobach, daß sie zwa den Anf der Wört deut und verständ ausspre ...« – und so weiter. Das ist nicht nur häßlich, es behindert auch die Verständigung. Wohl werden die deutschen Wörter im Prinzip auf der Stammsilbe betont; es kommt aber vielfach entscheidend auf die Endsilben an. Zwischen »herrliche Frau« und »herrische Frau« besteht ein großer Bedeutungsunterschied, ebenso zwischen »Rechnung« und »Rechnern«. Jedermann muß sich daher bemühen, nicht nur die ersten oder betonten Silben zu pflegen, sondern auch die unbetonten oder Endsilben. Wenn die geringste Gefahr besteht, daß er mißverstanden wird, so muß er sogar etwas übertreiben. Wir werden auf das Problem der Deutlichkeit im Abschnitt »Mit Schwerhörigen« (Seite 126) zurückkommen.

Was von den einzelnen Wörtern gilt, gilt ebenso vom ganzen *Satz.* Es gibt viele Menschen, die zwar den Anfang mehr oder weniger deutlich aussprechen, das Ende aber vernachlässigen, dies oft in der unbestimmten Meinung, es käme vor allem auf den Anfang an. Nun ist aber auch das Satz-Ende für die Verständigung sehr wichtig. Dies ist vor allem der Fall, wenn man einen Nebensatz spricht, in dem bekanntlich das (bedeutungstragende) *Verb* – samt einer möglichen *Verneinung* – an den Schluß kommt. Man denke sich zum Beispiel den folgenden Nebensatz: »... weil er die für ein solches Unternehmen notwendige Energie *nicht aufbringen konnte.*« Das Wichtigste steht am Schluß: daß es um das *Aufbringen* geht, und daß das ganze zudem *verneint* ist.

Dies ist, nebenbei gesagt, genau der Satztypus, der rasches Übersetzen *aus* dem Deutschen so schwierig macht und darum die Simultandolmetscher zur Verzweiflung treibt. In der Zielsprache, zum Beispiel im Englischen, stehen in einem solchen Satz sowohl Verb als Verneinung schon ganz am Anfang: »... because he could *not summon* the energy necessary for ...«. Da aber das Deutsche diese Elemente erst am Schluß bringt, muß der arme Dolmetscher in seiner Kabine lange darauf warten, ehe er auch nur den Anfang seines englischen Satzes sprechen kann. Der große Humorist Mark Twain sagt in seinem Büchlein über »Die schreckliche deutsche Sprache« sinngemäß: »Es geht zu, wie wenn ein Hund ins Wasser taucht, lange unter Wasser schwimmt, und dann endlich mit einem Knochen auftaucht – so bringt uns die deutsche Sprache *endlich* das Verb.« Daraus folgt für uns: Der Schluß des Satzes muß mindestens ebenso deutlich sein wie der Anfang.

Wichtig ist weiter, daß die *Konsonanten* deutlich ausgesprochen werden. Die Vokale klingen im allgemeinen »von selber« und brauchen darum (etwas) weniger Pflege. Die Tücke der Konsonanten besteht darin, daß sie aus sehr hochfrequenten Schwingungen bestehen, die vom Ohr vieler Menschen über vierzig nicht mehr gut wahrgenommen werden. Das führt dann zu Verwechslungen, besonders der Zischlaute: *f, s, sch,* und englisch *th.* Diese müssen also, wenn nötig, überdeutlich artikuliert werden.

Mit der Aussprache ist es wie mit dem Fechten oder Klavierspielen: derjenige, der dabei ist, ist fast immer überzeugt, daß er es richtig mache. Das kommt beim Sprechen zu einem guten Teil daher, daß wir unsere eigene Sprache anders hören als diejenige der anderen Menschen: nicht durch die Luft, wie bei den anderen, sondern über die Kopfknochen. Dies hat zur Folge, daß wir unsere eigene Sprache auch dann als sonor und deutlich empfinden, wenn sie es gar nicht ist. Auch wissen wir natürlich vorher, was wir selbst sagen, und haben darum keine Verständigungsprobleme. Aus diesen Gründen ist es, wenn wir uns nicht einen Sprachlehrer leisten wollen, notwendig, daß wir uns auch einmal so hören, wie uns andere hören. Dies ermöglicht das *Tonbandgerät*, ein scharfer und unbarmherziger Spiegel, der fast jeden erschreckt und desillusioniert, der zum erstenmal »hineinschaut«. Es sei jedermann warm ans Herz gelegt, der seine Stimme kennenlernen will.

Während die Deutlichkeit ein eher rationales Moment der Sprache ist, spricht der *Wohlklang* das Gefühl an. Wir werden in dem Kapitel über »Sprache und Liebe« (Seite 136) die Frage stellen, wie die Sprache die Liebe an- und aufregt. Einstweilen halten wir fest, daß der Wohlklang auf verschiedenen Elementen beruht. Einmal auf den fast undefinierbaren Schwingungen, die man als das *Timbre* der Stimme bezeichnet. In einem uralten Schlager aus den Dreißigerjahren hieß es:

> Ach, Luise,
> Kein Mädchen ist wie diese.
> Diese Anmut, dieser Charme, dieses Timbre
> Macht mich rasend, ob es Mai, ob Dezember.

Wir wollen hier nicht untersuchen, wie korrekt der letzte Reim, auch nicht, wie gut das Gedicht als Ganzes sei. Daß einen aber ein Timbre »rasend machen« kann, dürfte nicht weit von der Wahrheit liegen. Was wir hier hübsch finden, ist die Anreihung der drei Qualitäten, die den Menschen liebenswert machen: Anmut, Charme und Timbre – jedermann weiß, daß es sehr auf sie ankommt, doch von keiner von ihnen kann man genau sagen, woraus sie eigentlich besteht. Auch wir müssen hier auf eine Beschreibung des Unbeschreiblichen verzichten.

Zwei Faktoren des Wohlklangs lassen sich dagegen sehr wohl beschreiben: *Tonhöhe* und *Sprachmelodie* (auch Tonfall oder Intonation genannt).

Was die Tonhöhe betrifft, kann man folgende Regel geben: Die Stimme sei nicht zu hoch. Zwar sind die Liebhaber in der Oper meist Tenöre; der erfolgreichste von ihnen, Don Giovanni, ist aber immerhin ein Bariton. Eine tiefe Stimme, wenn sie nicht gerade wie aus dem Kohlensack klingt, wird im allgemeinen angenehmer empfunden als eine hohe. Dies gilt ganz besonders für Männer, die sich darum bemühen sollen, ihre Stimme nicht künstlich in die Höhe zu schrauben.

Auch bei Frauen hat die tiefe Stimme ihren besonderen Reiz – sie signalisiert die reife und geheimnisvolle, an verborgenem Temperament reiche Frau. Die hohe Stimme dagegen verrät das »süße«, noch etwas unerwachsene Mädchen, das uns sozusagen dazu herausfordert, an seiner Frauwerdung mitzuwirken – wir kommen auf die Wirkung der Stimme im Kapitel über »Sprache und Liebe« (Seite 143) zurück. Hieraus ergibt sich, daß eine an Jahren reifere Frau sich Mühe geben soll, nicht zu piepsen.

Die Tonhöhe schwankt übrigens auch von Nation zu Nation: Deutsche reden durchschnittlich merklich tiefer als Russen und Franzosen, Amerikaner deutlich tiefer als Engländer, Zürcher tiefer als Appenzeller, und so fort.

Vielleicht noch wichtiger als die absolute Tonhöhe sind die Schwankungen in der Tonhöhe, die beim Sprechen eines Satzes die *Sprachmelodie* bilden. Diese, in der Sprachwissenschaft Intonation genannt, ist nicht nur von Mensch zu Mensch sondern auch von Sprache zu Sprache verschieden. Im Deutschen verläuft sie so, daß der Ton auf der ersten betonten Silbe (nach eventuellem Auftakt) am höchsten ist, worauf die »Höhenkurve« bis zur nächsten betonten Silbe *steil* absinkt, um sich dann bis zur letzten Silbe des Satzes *flacher* weiter zu senken. Diese Kurve bildet also eine Melodie, obwohl sie sich nicht an unsere üblichen Ganz- und Halbtöne hält. Man kann sie gut erkennen, wenn man einen Satz auf ein Tonband spricht, dieses wiederholt abspielt und dabei versucht, die Melodie auf dem Klavier nachzuspielen und die gefundenen Töne auf Notenpapier niederzuschreiben. Oder man kann versuchen, die Konturen der Melodie festzuhalten, indem man die entsprechenden Silben höher oder tiefer schreibt, etwa so:

grü-

ßen

Wir be- Sie.

Wichtig ist zweierlei. Einerseits soll man nicht zu sehr auf der gleichen Höhe bleiben, das gäbe der Sprache etwas Leierndes; der Abstand zwischen den höchsten und den tiefsten Punkten der Melodie darf ruhig eine Oktave betragen. Anderseits soll der »Fall« von der ersten betonten Silbe zur nachfolgenden – in unserem Beispiel also der Fall von *grü-* zu *ßen* nicht zu tief sein. »Stürzt« man sich mit der Stimme unvermittelt in die Tiefe, so fühlt sich der Hörer angeschnauzt, die Stimme klingt unfreundlich. Dies wird besonders von Engländern so empfunden, deren heimische Sprachmelodie nach der ersten betonten Silbe zunächst nur *wenig* fällt. Für ihn spricht der Deutsche nicht nur allgemein tiefer, er spricht auch mehr »im Befehlston«. Dieser Eindruck ist, wenn immer möglich, zu vermeiden oder wenigstens abzuschwächen.

Alle diese Dinge sind hier stark vereinfacht dargestellt. Wiederum ist es das beste, sich selbst über das Tonbandgerät anzuhören. Eine gute Hilfe ist auch das Xylophon, wenn ein kundiger Lehrer die richtige Tonmelodie darauf vorspielt. Auf diese Weise erlernt Eliza Doolittle, die Heldin des bekannten Musicals »My Fair Lady« (Akt I, Szene 5), den in der »feinen« Gesellschaft üblichen Tonfall[1].

Weiter zum Thema Stimmklang. Man darf ruhig den Ort heraushören, aus dem der Sprecher stammt. Es gibt zwar verbreitete Meinungen darüber, wo das »beste Deutsch« gesprochen werde; manche sagen Hannover, manche Westfalen. Bekanntlich existiert keine Instanz, die so etwas mit Sicherheit festlegen oder auch nur behaupten könnte. Man braucht also nicht absolute Hochsprache zu sprechen – auch die Radio- und Fernsehsprecher tun es nicht mehr – sondern kann durchaus die landschaftlichen Züge etwas »durchschimmern« lassen. Man soll sich auch nicht schämen, mitunter regionale Wörter zu gebrauchen: Wenn ein Schweizer sagt, etwas sei »schatzig« gewesen, oder wenn jemand aus Schwaben es »arg schön« findet, so erfreut dies den Hörer viel eher, als daß er sich über die »Regionalismen« ärgert. Nur *deutlich* soll die Sprache immer bleiben. Wenn also jemand in seiner heimatlichen Sprache Mühe hat, *d* und *t* zu unterscheiden, so sollte er üben – sonst kann es ihm gehen wie jener ungarisch-deutschen Hausfrau, die, wegen einer vorzüglichen Creme gelobt, stolz antwortete: »Da ist eben ein Toter drin« – gemeint war ein Dotter, und die Geschichte ist wahr. Wir kennen alle die zahllosen Sachsenwitze, die sich mit solchen und ähnlichen Mißverständnissen beschäftigen.

Es ist unbedingt notwendig, daß man beim Reden von Zeit zu Zeit eine *Pause* macht. Es gibt leider viele Menschen, die während des Sprechens nur von Zeit zu Zeit mit einem hastigen Schnaufer etwas Luft einziehen – wie Crawler, bloß weniger gekonnt – um sogleich pausenlos weiterzureden. Das ist nicht nur unästhetisch, es ist auch rücksichtslos, denn man muß dem Gesprächspartner von Zeit zu Zeit eine Chance geben, selber ein paar Worte zu sagen.

Und die Pausen müssen am *richtigen Ort* sitzen. Es ist leider nötig, dies zu sagen, denn viele Menschen reden genau so lang,

1 Über die Probleme der Sprachmelodie informiert detaillierter E. Leisi: »Das heutige Englisch« (Kapitel 2: Tonstärke und Intonation).

wie ihnen die Luft reicht; dort halten sie dann an und zerstören unter Umständen den ganzen Sinn. Es gibt eine Shakespeare-Stelle, an der im Publikum stets laut gelacht wird, weil sie zeigt, was herauskommt, wenn man die Pausen am falschen Ort macht. Es ist der Prolog der Hobby-Schauspieler im »Sommernachtstraum« (Akt V, Szene 1). Wir versuchen hier, ihn sinngemäß und so holprig wie er ist zu übersetzen. So wird er vorgetragen:

So wisset denn: Wir spielen Euch zu ärgern.
Ja, keineswegs, daß Ihr zufrieden seid.
Das ist das Ziel. Und ganz zu Eurer Freude
Nicht sind wir hier. Daß es Euch reuen möge,
Die Spieler sind bereit. Nun sollt Ihr sehn,
Ob Ihr die Handlung richtig mögt verstehn.

Und dies ist, was der Sprecher hatte sagen wollen:

So wisset denn: Wir spielen, Euch zu ärgern
Ja keineswegs. Daß Ihr zufrieden seid,
Das ist das Ziel und ganz zu Eurer Freude.
Nicht sind wir hier, daß es Euch reuen möge.
Die Spieler sind bereit; nun sollt Ihr sehn,
Ob Ihr die Handlung richtig mögt verstehn.

Dem Sprecher reichte sein Atem nicht aus, über die erste Zeile hinaus zu sprechen. So machte er dort schon einen Halt; dadurch verschiebt sich alles folgende um eine halbe Zeile, und das Ganze wird aus einer freundlich-einnehmenden Ansprache zu einer trotzig-aggressiven. So viel können falsche Pausen bewirken.

Zur Sprache gehören weiter *Mienenspiel* und *Gesten.* Beides kann man prüfen, indem man von sich eine Videoaufnahme machen läßt und diese kritisch ansieht. Zum *Mienenspiel* läßt sich so viel sagen, daß es weder völlig fehlen, noch übertrieben werden darf. Ein Gesicht soll nicht starr sein. Aber ein erwachsener Mensch, der beim Sprechen ständig Grimassen schneidet, wirkt unästhetisch und wird auch nicht ernst genommen. Natürlich gibt es Ausnahmen, zum Beispiel, wenn man jemand imitieren will – aber wir reden hier vom Normalfall.

Ein Wort noch zu den *Gesten.* Auch hier gibt es zwischen den Nationen gewaltige Unterschiede. Deutschsprachige Menschen halten etwa die Mitte zwischen dem gestenreichen Italiener und dem fast gestenlosen Engländer. Es sollte also keine völlige Gestenlosigkeit herrschen, andererseits auch kein Gefuchtel. Wenn schon Gesten gemacht werden, dann sollen sie schön sein. Das heißt, daß wir nicht mit hastigen und eckigen Gebärden im Raum herumfahren. »Don't saw the air with your hands – thus!« instruiert Hamlet (Akt III, Szene 2) die Schauspieler, ›zersägt die Luft nicht *so* mit den Händen!‹, und das gilt für alle Menschen, seien sie nun Schauspieler oder nicht.

Noch wichtiger: Wenn beim Sprechen Gesten gemacht werden, so sollen diese die Worte *begleiten,* nicht *ersetzen.* Manche Menschen haben die Gewohnheit, einen Teil der Information auf gestischem Weg zu geben. Sie sagen zum Beispiel: »Es kam ihm ja nur auf *das* an«, und machen beim *das* die bekannte Gebärde des Geldzählens: Reiben des Daumens an den anderen Fingern. Dies mag deutlich sein, es charakterisiert aber den Sprecher sogleich als Angehörigen der sozialen Unterschichten. »Hoffnungslos vulgär«, würden viele dazu sagen.

Daß man wortlose Gesten vermeiden soll, gilt vor allem auch für das *Zeigen.* Wer mir auf die Frage: »Wo kann ich ein Schinkenbrot kaufen?« irgendwo in die große Bahnhofhalle hineinzeigt, hilft mir wenig, viel weniger als der, welcher mir beim Zeigen mit Worten sagt: »Dort hinten, in dem kleinen Kiosk«. Und wenn wir gerade beim Zeigen sind: Der Vulgäre zeigt mit dem Daumen, der »Durchschnittliche« mit dem Finger, der Gebildete mit der Hand.

Noch aus einem letzten Grund ist beim Gebrauch von Gesten Vorsicht geboten: Bestimmte Gesten bedeuten in manchen Gegenden das Gegenteil von dem, was sie bei uns bedeuten. Ein vielzitiertes Beispiel ist das Kopfnicken, das bei uns ganz selbstverständlich als »ja« gedeutet wird, bei den Griechen aber – vor allem aufwärts – »nein» heißt[2].

Zu beachten

Die Stimme sei nicht zu hoch.

Die Sprachmelodie kann gepflegt werden.

Pausen machen, und zwar am richtigen Ort!

Kein groteskes Mienenspiel.

Gesten sollen die Worte begleiten, nicht ersetzen.

2 Wer sich über das hochinteressante Gebiet der menschlichen Gesten orientieren will, dem sei das Standardwerk von Desmond Morris: »Gestures: Their Origins and Distribution«, London 1979, empfohlen, das auch in deutscher Sprache erschienen ist.

3. Verbotene Wörter

Die alten Tabus

Sommer 1837. Ein stattlicher englischer Schiffskapitän – es war Frederick Marryat, Verfasser spannender Seegeschichten, und er erzählt das folgende in seinen Lebenserinnerungen – spaziert auf einem Feldweg, unweit des Niagara, in Begleitung einer jungen amerikanischen Dame. Plötzlich gleitet sie aus, fällt hin, rafft aber sich selbst und ihr langes Kleid gleich wieder auf, noch bevor er ihr helfen kann, rückt den Hut zurecht und marschiert tapfer weiter, wenn auch leicht hinkend. Er fragt teilnehmend: »Tut Ihr Bein weh?«, worauf sie ihm einen entsetzten und beleidigten Blick gibt und davonläuft. Der mutige Kapitän (British Navy) nimmt sogleich die Verfolgung auf und zwingt die Fliehende zum Beidrehen. »Pray you, dear Madam – was habe ich Ihnen getan?« Die Dame kämpft Zorn und Scham nieder und gibt ihm sachlichen Bescheid: Nie, unter keinen Umständen, darf das Wort »Bein« (leg) von einem Herrn einer Dame gegenüber gebraucht werden. Ihm, dem Briten sei dies wohl nicht bekannt gewesen, aber jetzt wisse er es und möge sich bitte daran halten.

Dies ist ein hübsches Beispiel für die Prüderie des 19. Jahrhunderts, über die wir uns heute lustig machen. Auch ganz harmlose Wörter waren damals mit einem Tabu belegt. Selbst das Hühnerbein durfte im Englischen lange Zeit nicht mit seinem natürlichen Namen »leg« benannt werden – bis weit ins zwanzigste Jahrhundert hinein nannte man es »drumstick« (Trommelschlegel). Und wer gar ein Bruststück wollte, mußte »white meat« (weißes Fleisch) verlangen – auch das Wort »breast« war tabuiert, denn es konnte einen ja vielleicht sogar auf angenehme Gedanken bringen.

Man denkt, wenn man Prüderie sagt, gern an die Engländer unter Königin Viktoria. Tatsächlich waren aber die Amerikaner, besonders die Bostonians, eine Zeitlang noch viel strenger. Warum heißt der Hahn im Amerikanischen nicht »cock« sondern »rooster«? Warum heißen auch kleine Steine »rocks«? Weil die älteren Wörter »cock« und »stones« unter anderem auch »unanständige« Bedeutungen hatten: »cock« ist ein volkstümliches Wort für ›Penis‹, und »stones« bedeutet in der englischen King James Bible (Hiob 40.17) ›Hoden‹. Damit man auch ja, ja nicht daran dachte, hat man diese »gefährlichen« Wörter durch andere ersetzt.

Im Deutschen war es kaum anders. »Hose« durfte man nicht sagen, höchstens »Beinkleid«. Sigmund Freud, auch sprachlich lebhaft interessiert, hat in seiner »Psychopathologie des Alltagslebens« (Kapitel V) gezeigt, wie verbotene Wörter über unbeabsichtigte Versprecher dann doch den Ausweg finden. Eine Dame, so berichtet er, klagte, wie unangenehm es sei, daß man auf Wanderungen so schwitzen müsse: alles sei naß, Bluse, Hemd und so. In diesem Satz hat sie einmal eine kleine Stokkung zu überwinden. Dann setzt sie fort: »Wenn man aber dann nach *Hose* kommt und sich umkleiden kann ...« Hier hat sich also der verdrängte Name des verdrängten Kleidungsstükkes auf indirektem Weg doch wieder bemerkbar gemacht.

Wir haben es heute besser. Wir dürfen getrost, auch in Gesellschaft feiner Damen, vom Bein und von der Hose reden. Allerdings wissen wir, daß es auch heute noch Grenzen gibt, daß man auch heute noch nicht alle Wörter, über die man theoretisch verfügen würde, ohne weiteres gebrauchen darf. Welcher Art sind die verpönten Wörter, oder mit anderen Worten, in welchen Lebensbereichen sind der Sprache Grenzen gesetzt? Und weil wir eben gesehen haben, daß die Begriffe von Anstand und Unanständigkeit in der Sprache sich offenbar stark gewandelt haben: Wie weit haben wir auf die alten Verbote heute noch zu achten? Gibt es vielleicht sogar neue Tabus, die ebenso streng eingehalten werden müssen wie einst die alten?

Woher kamen die Tabus?

Zunächst müssen wir wissen, daß das Verbot gewisser Sprachäußerungen keineswegs eine Erfindung der neuen oder gar bürgerlichen Welt ist. Es ist sehr alt und wahrscheinlich in allen Gesellschaften der Welt zu finden. Das Wort »Tabu« (englisch: taboo) stammt bekanntlich aus dem Polynesischen; es bezeichnet ein religiöses Verbot, z.B. das Verbot, eine Sache zu berühren, einen gewissen Bereich zu betreten oder eben gewisse Wörter auszusprechen. Der Grund für die sprachlichen Verbote liegt wohl darin, daß man in archaischen Gesellschaften fest an die magische Wirksamkeit der Sprache glaubte und zum Teil noch glaubt. Durch Aussprechen der »richtigen« Wörter meinte man direkt auf Menschen und Dinge einwirken zu können – dies ist ja noch heute die Absicht beim Zauberspruch. Die Sprache war also ein mächtiges Instrument – aber auch ein gefährliches, denn nur der Eingeweihte, etwa der Priester, kannte alle Einzelheiten der richtigen Handhabung; dem Laien konnte die Sprache Unheil bringen, wenn er, ohne zu wollen und ohne die zugehörigen Vorsichtsmaßnahmen zu treffen, mächtige Wörter aussprach. Aus Märchen kennen wir die schlimmen Folgen des falschen oder unvollständigen Aussprechens von Zaubersprüchen. Darum hat man vorsichtshalber den Gebrauch von potentiell gefährlichen Worten überhaupt verboten. Noch sagen wir ja, man dürfe etwas Ungutes nicht »beschreien«, nicht durch unbedachte Nennung herausfordern.

Die heute »verbotenen« Wörter gehören ganz bestimmten Lebensbereichen an. Zuerst ist zu nennen:

alles *Göttliche,* also der religiöse Bereich. Eines der Verbote hat Eingang gefunden in die Zehn Gebote (2. Moses 20, 7): »Du sollst den Namen des Herrn, deines Gottes, nicht mißbrauchen.« Die Vulgata, die lateinische Bibel, hat hier: »Non assumes nomen Domini Dei tui in vanum«; auch die englische Bibel übersetzt »in vain«. Was dieses »eitle« oder »nutzlose« Gebrauchen des Gottesnamens genau ist, scheint niemand zu wissen; heute wird es im allgemeinen so verstanden, daß man von Gott nicht leichthin oder gar lästerlich sprechen solle. Ähnliches gilt für Wörter wie »Himmel«, »Hölle«, »verdammt«,

Weiter ist vielfach tabuiert: das *menschliche Leben,* besonders sein Anfang, sein Schluß und seine Erhaltung. Unter dem *Anfang* ist hier zu verstehen: Zeugung und Geburt und damit der gesamte Bereich der Sexualität. Der *Schluß* des Lebens umfaßt Alter, Krankheit und Tod. Die sprachliche Tabuierung mancher Körperfunktionen, etwa der Ausscheidungen, dürfte auf die lebenserhaltende Funktion der Hygiene und damit ebenfalls auf das menschliche Leben und seine *Erhaltung* zurückzuführen sein.

Ein Tabu, von dem man nicht glauben möchte, daß es sich bis heute erhalten hat, ist das *Namens-Tabu.* Nicht nur die göttlichen Namen, sondern auch die menschlichen durften nicht immer und nicht unter allen Umständen ausgesprochen werden. In seinem Ursprung geht dieses Verbot auf die Idee zurück, der Name eines Menschen sei ein Teil seiner Person. Leib, Seele und Name, nach anderer Auffassung Name und Gestalt (so im altindischen Begriff »namarupa« ›Name + Gestalt‹), machen zusammen die menschliche Person aus. Daher kann, wer immer den »wahren« oder »eigentlichen« Namen einer Person kennt, diese Person gewissermassen »daran herumführen«, gewinnt Gewalt über sie. Darum wollen so bekannte Sagen- und Märchengestalten wie Lohengrin und Rumpelstilzchen nicht, daß andere ihren Namen kennen.

Wir kommen auf die Magie des Namens zurück (Seite 32 und Seite 153f.)[1].

1 Für weitere Details und Literaturangaben siehe Ernst Leisi: »Paar und Sprache«, 3. Auflage, Heidelberg 1990, S. 27ff. und Anmerkung 23.

Heutige Regelung

All diese sehr alten Tabus wurden im Laufe der Zeit gemildert, aber keineswegs ganz abgeschafft. Die Entwicklung verläuft aber nicht nur in einer Richtung. Es gab strenge Epochen (wie etwa das neunzehnte Jahrhundert) und läßlichere (wie etwa das achtzehnte Jahrhundert oder die Zeit nach 1968). Und immer spielt sich in der Sprache ein Streit zwischen beharrenden und verändernden Kräften ab. Wie soll man heute sprechen, ohne einerseits Anstoß zu erregen oder andererseits als Muffel angesehen zu werden?

Man hat den Versuch gemacht, den Grad der Anstößigkeit einzelner Wörter zu bestimmen und weniger anstößige von ganz anstößigen zu scheiden[2]. Natürlich ist es für einen Fremdsprachigen nützlich, eine Ahnung vom jeweiligen Tabu-Grad zu bekommen. Doch kommt es in Tat und Wahrheit nicht so sehr auf das Wort selbst an, als auf die gesamte *Situation*, in der es gebraucht wird oder eben nicht gebraucht werden darf.

Zunächst ist festzuhalten, daß natürlich der Sprachgebrauch innerhalb der Bevölkerung von Gruppe zu Gruppe variiert. Soldaten reden anders als Bischöfe, Männer im allgemeinen anders als Frauen, Jüngere ungenierter als Ältere. Die meisten werden sich beim Sprechen ganz von selbst mehr oder weniger «gruppenkonform« verhalten, also nicht die Sprache der einen Gruppe gebrauchen, wenn sie sich in der anderen Gruppe befinden – nicht die Soldatensprache sprechen, wenn sie sich unter Bischöfen aufhalten, unter Männern weniger wie eine Frau reden, und umgekehrt.

Der Linguist Herbert Beck hat den Wortschatz englischer Schüler, zu dem natürlich viele Tabu-Wörter gehören, unter-

2 Dieser Versuch ist durchgeführt in dem an guten Tips reichen Handbuch von Michael Swan: »Practical English Usage«, Oxford 1980, wo unter dem Stichwort »Taboo Words« eine Reihe solcher Wörter angeführt und – fast wie im Baedeker – je nach Saftigkeit mit einem oder gar mehreren Sternen versehen sind: das Wort »damn« erhält nur einen Stern, »shit« dagegen vier.

sucht[3]. Er kommt zum Schluß, daß es nur wenig absolute Regeln gibt, nach denen gewisse Wörter gebraucht oder nicht gebraucht werden dürfen, daß es dagegen entscheidend darauf ankommt, *zwischen welchen Personen* das Gespräch stattfindet. Genauer gesagt, es kommt nicht auf den Sprecher allein an, auch nicht auf den Hörer, sondern auf das Verhältnis von Sprecher und Hörer. Wenn wir im folgenden versuchen, einige Regeln für den Gebrauch »verbotener« Wörter aufzustellen, so können wir zu einem guten Teil von den Erkenntnissen Becks ausgehen.

Die Gruppengrenzen

Daß man sich der Gruppe etwas anpassen soll und dies in der Regel auch tut, ist bekannt. Mindestens ebenso wichtig ist aber, wie bereits bemerkt, die Frage: Wer spricht mit wem? Beck hat festgestellt, daß an seiner Schule nicht nur die Schüler »saftig« redeten, sondern auch die Lehrer – solange sie unter sich waren. Das heißt: noch wichtiger als der »Stand«, also die soziale Gruppe an sich, sind die Grenzen zwischen den Gruppen. Innerhalb einer Gruppe, sei sie sozial höher oder tiefer gestellt, ist man in der Wortwahl ziemlich frei, Vorsicht und Zurückhaltung sind dagegen dann geboten, wenn im Gespräch eine *Gruppengrenze* überschritten wird. An Becks Schule hieß das: Gewisse Wörter werden konsequent vermieden, wenn Schüler mit Lehrern sprechen, wenn ältere Schüler mit jüngeren reden, und schließlich, wenn Jungen sich mit Mädchen unterhalten.

Dies kann von der Schulsituation auf die Gesellschaft als ganzes übertragen werden. Es heißt dann: Vorsicht ist beim »Gespräch über die Grenzen« geboten, also dann, wenn man nicht unter seinesgleichen ist. Das heißt im einzelnen: wenn Menschen von verschiedenem sozialen Status miteinander reden,

3 Der Begriff *Silly Fool* im Slang einer englischen Schule, Schweizer Anglistische Arbeiten 106, Bern 1982

oder Menschen verschiedenen Geschlechts oder Menschen verschiedenen Alters.

Von diesen Grupppengrenzen ist immer noch die wichtigste diejenige zwischen *Männern und Frauen.* Es gab eine Zeit, wo die Frauen beinahe eine andere Sprache sprachen als die Männer. Gewisse grobe Wörter brauchten ihnen nicht verboten zu werden, denn sie kannten sie gar nicht. Lady Chatterley, in dem bekannten Roman von D.H. Lawrence, lernt die volkstümlichen sexuellen Ausdrücke erst von ihrem Liebhaber, dem Wildhüter; ihr Mann hat sie ihr nicht mitgeteilt. Noch heute gibt es gewisse Nachwirkungen des alten Zustands. So haben in Japan die Frauen bis auf unsere Zeit verschiedene zusätzliche Sprachregeln zu beachten, z.B. bestimmte Höflichkeitspräfixe einzufügen, auf welche die Männer verzichten dürfen – eine japanische Frau, die Männersprache spricht, wirkt unfein, ein Mann, welcher Frauensprache spricht, macht einen gezierten Eindruck.

Mit der weltweiten allgemeinen Frauenemanzipation der letzten Jahrzehnte hat sich überall auch eine sprachliche Emanzipation abgespielt. Die Mehrheit der Frauen ist heute der Meinung –wir sprechen vom Abendland – daß den Frauen auch in der Sprache das gleiche Maß Freiheit zugestanden werden soll wie den Männern. Und tatsächlich gebrauchen viele Frauen heute die gleichen Wörter wie die Männer. Aber eben: unter sich. Wo die Gruppengrenze übersprungen wird, da gibt es auch heute noch für Männer und Frauen gewisse Restriktionen.

Frauen wissen, mehr als die Männer, instinktiv, was sprachlich taktvoll ist. »Willst du genau erfahren, was sich ziemt, So frage nur bei edlen Frauen an«, heißt es im »Tasso«. Es kommt in der Tat selten vor, daß ein Mann durch die Redeweise einer Frau schockiert wird; viel häufiger ist sicher das Gegenteil. Wir geben darum hier einige Ratschläge für Männer, was sie im Gespräch mit Frauen vermeiden sollen. Es ist auch heute noch so, daß Frauen auf sprachliche Derbheiten von Männern im besten Fall mit Nachsicht, im schlechtesten mit Abscheu reagieren. Man kann aber noch genauer sagen, wo die besonderen Empfindlichkeiten der Frauen liegen. Frauen hassen im allgemeinen Worte (und Witze), in denen versteckt oder offen eine allgemeine Verachtung des weiblichen Geschlechts (der »Weiber«) zum Vorschein kommt.

Ganz besonders ist es ihnen zuwider, wenn das Geschlechtliche »mechanisiert« dargestellt wird. Dies ist in der Sprache der Männer häufig der Fall. Wahrscheinlich als eine Art Abwehrmechanismus gegen den mächtigen und unüberwindlichen Trieb, der sie zu den Frauen zieht, haben viele Männer die Gewohnheit angenommen, das Sexuelle, besonders den Geschlechtsverkehr mit »mechanisierenden« Ausdrücken zu bezeichnen, als ob es sich dabei bloß um einen maschinellen Vorgang handelte: »ficken«, »bumsen« und so weiter. Diese Wörter sind den meisten Frauen gegen die Natur, weil für sie Geschlechtsverkehr und zärtliches Gefühl untrennbar ist. Daher darf ein Mann einer Frau eine ganze Menge Gewagtheiten sagen; er wird sie nicht beleidigen oder schockieren, solange er nur die »mechanistischen« Wörter vermeidet.

Es gibt dafür eine ganze Anzahl literarischer Zeugnisse[4]. In Heinrich Bölls »Die verlorene Ehre der Katharina Blum« erschießt Katharina am Schluß den zudringlichen Reporter, der ihr vorgeschlagen hat, erst einmal zu »bumsen«, und sie berichtet nachher darüber: »Wenn Sie von ihrem vierzehnten Lebensjahr an, und schon früher, in Haushalten arbeiten, sind Sie was gewohnt. Aber dieser Kerl – und dann ›Bumsen‹, und ich dachte: Gut, jetzt bumst's.« Ähnliche Äußerungen von (emanzipierten) Frauen finden sich auch in den Romanen von Karin Struck. – Es ist merkwürdig, daß viele Gegner und Gegnerinnen des »Sexismus«, die oft an viel harmloseren Wörtern Anstoß nehmen, dieses Phänomen der »aufgenötigten Männersprache« kaum thematisiert haben. Liegt der Grund wohl darin, daß diese Sexismusgegner eine völlige Gleichheit der Ge-

4 Ein kleines aber streitbares Buch einer Frau zum Thema Männersprache ist Karin Huffzky: »Wer muß da lachen? – Das Frauenbild im Männerwitz«, Darmstadt, Luchterhand 1979.

schlechter herbeiwünschen und deshalb sprachliche Sonderbedürfnisse der Frau nicht zur Kenntnis nehmen wollen?

Weitere Grenzen werden durch *Stand* und *Alter* gebildet. Wo immer im Gespräch Standesgrenzen oder Altersgrenzen überschritten werden, dort ist Zurückhaltung im Ausdruck angezeigt, obwohl sich dort nicht so bestimmte Regeln geben lassen wie bei der Mann-Frau-Grenze. Logischerweise ist umso mehr Zurückhaltung geboten, je *mehr* Grenzen zwischen den zwei Gesprächspartnern liegen. Wenn also ein fünfzehnjähriger Schüler zu seiner vierzigjährigen Lehrerin treuherzig sagt: »Wissen Sie, Frau Reimann, Mathematik scheißt mich eben einfach an«, dann sind nicht weniger als drei Gruppengrenzen vom Gespräch übersprungen: Alter, Geschlecht und Status, und der Gebrauch des verpönten Wortes wiegt entsprechend schwerer.

Es kommt, in diesem Falle und ganz allgemein, noch etwas dazu: Tabuwörter fallen dann besonders unangenehm auf, wenn Sie nicht im Affekt, sondern rein *gewohnheitsmäßig* gebraucht werden. Wenn jemand einmal ausbricht: »Was sind das für Tröpfe, die bei jedem Furz des Ministeriums gleich in die Hosen machen!«, so ist das eben im Affekt gesagt. Und wie soll man schließlich seine Affekte loswerden, wenn nicht durch Kraftwörter. Im Falle unseres Schülers liegt die Sache anders: Er zeigt durch sein Verhalten, daß er die Besonderheit des gebrauchten Tabuwortes gar nicht mehr spürt, daß er also kein Stilgefühl hat. In seinem Wortschatz fehlen die Ausdrücke für Zwischentöne wie »ist mir unangenehm«, »strengt mich zu sehr an«, »liegt mir nicht«, »ist mir zu abstrakt« und die hundert anderen Möglichkeiten, die einem voll Sprachfähigen zur Verfügung stehen. Das Tabuwort, gewohnheitsmäßig gebraucht, zeigt, daß der betreffende Sprecher kein voll sprachfähiger Mensch ist. So wird das, was ursprünglich die Verletzung eines magischen Gebots war, schließlich zum Anzeiger von sprachlicher Unfähigkeit.

Neben der Primitivität aus Unfähigkeit gibt es auch die Primitivität mit theoretischem Hintergrund. Wenn jemand einen

Text schreibt, der von Fäkalwörtern nur so strotzt, so kann das davon kommen, daß er die normale Sprache für falsch, heuchlerisch, verbürgerlicht hält und sie durch einen schockierenden Primitivismus »reinigen« will. Auch hier gilt, was wir schon sagten: daß eine Schockwirkung nur solange zustande kommt, als die Normen an sich bestehen.

Von den »alten« Tabus, die sich letztlich auf magische Vorstellungen zurückführen lassen, haben wir eines noch aufgespart: die Restriktion in bezug auf den *Namen.*

Selbstverständlich ist es heute nicht mehr so, daß man aus magischen oder religiösen Gründen den Namen einer Person nicht gebrauchen dürfte. Aber noch immer sieht beinahe jeder Mensch seinen eigenen Namen als etwas ganz Besonderes an und ist darum sehr empfindlich, wenn man diesen Namen falsch sagt, verdreht oder damit spielt. Das *Vergessen* eines Namens ist ein Symptom dafür, daß man in seinem Verhältnis zum Träger dieses Namens einen »Knick« hat: daß sich unangenehme Vorstellungen mit ihm verbinden[5]. Oder aber, daß man ihn einfach nicht wichtig nimmt. In Gottfried Kellers Novelle »Das verlorene Lachen« wird ein junger Mann namens Jukundus Meyenthal von einer reichen Familie eingeladen. Er glaubt sich von dieser Gesellschaft angenommen und geschätzt. Als es aber ans Abschiednehmen geht, sagten die vornehmen Leute zwar: »Es hat uns gefreut«; »aber«, fährt Keller fort, »der eine nannte ihn Herr Thalmeyer, der andere Meienberg, der dritte gar Herr Meierheim, und keiner sagte: Auf Wiedersehen!«

Das Vergessen oder ungenaue Behalten eines Namens ist also immer ein Zeichen mangelnder Wertschätzung und damit eine Beleidigung. Man soll sich deshalb alle Mühe geben, Eigennamen in ihrer authentischen Form zu behalten. Gefährlich ist auch das spielerische Verdrehen von Namen. Es ist im Grunde nur dann erlaubt, wenn Liebe mit im Spiel ist[6]. Unter »gewöhn-

5 Man vergleiche die Kapitel I bis III in Freuds »Psychopathologie des Alltagslebens«.

6 Über die Namensmagie von Liebespaaren siehe Leisi: »Paar und Sprache«, S. 23 ff.

lichen« Leuten soll mit dem Namen nicht gespielt werden. Wenn ein Mann, der mit Namen Jedlicka heißt, von einem Bekannten beständig mit Herr Délicat angeredet wird, wenn jemand, der den Vornamen Hannibal hat und deswegen schon viel Kummer erdulden mußte, zum hundertsten Male damit aufgezogen wird, dann sind Grenzen überschritten, die unter anständigen Menschen hätten beachtet werden sollen. Natürlich ist das Spielen mit dem Namen in manchen Kreisen, zum Beispiel unter Schülern, ein beliebter Zeitvertreib, aber nur ein billiger und aggressiver.

Neue Verbote

Es besteht kein Zweifel, daß die alten, ursprünglichen Tabus im Lauf der Zeiten gelockert worden sind. Kein Mensch sieht sich um, wenn jemand heute zum Beispiel ein Fäkalwort gebraucht. Man hat sich aber zu fragen, ob es nicht auch neuere Restriktionen, also neue Wort-Verbote gibt, die die alten in gewissem Maße ersetzt haben. Es gibt sie, obwohl man normalerweise annimmt, die Sprache werde immer freier von Restriktionen. Nur darf man sie nicht mehr als Tabus bezeichnen, denn sie beruhen nicht auf den alten magischen, sondern auf neueren human-aufklärerischen Vorstellungen.

Ältere Menschen, die an ihren früheren Sprachgewohnheiten festhalten, beginnen zu bemerken, daß sie mit einer Anzahl ihrer Wörter Anstoß erregen. Da hat einer jahrelang von »Neger« oder »Nigger« gesprochen, von »Dienstmädchen« und »Tippmamsell«, von »Krüppeln«, von »Irrenanstalten«. Nun muß er erleben, daß er Protest erntet und zudem als hoffnungslos veraltet gilt. In der Tat darf man heute eher »Scheiße« sagen, als diese Wörter benützen. Sie sind im allgemeinen Sprachgebrauch durch andere ersetzt worden: »Schwarze«, »Hausangestellte », »Schreibkraft«, »Behinderte« »psychiatrische Kliniken«.

Was haben diese neuen Restriktionen gemeinsam? Sie beziehen sich alle auf bestimmte *Minderheiten* und verlangen, daß diese nicht durch verächtlich klingende oder traditionell mit Unterdrückung assoziierte Wörter diskriminiert werden. Menschen sollen nicht mit Wörtern bezeichnet werden, die ihre Rasse, ihr Geschlecht, ihren Beruf und gewisse körperliche oder geistige Schäden *negativ* hervorheben. Dies ist, wie gesagt, eine aufklärerische Forderung: die sprachliche Konsequenz dessen, daß alle Menschen a priori als gleichwertig anzusehen seien.

Neben den vielen generell verbotenen Wörtern gibt es auch Wörter, die einem Menschen von einem anderen von Fall zu Fall verboten werden. Es ist nicht ausgeschlossen, daß mit der Lockerung der »offiziellen« Restriktionen eine gewisse Verschärfung der rein persönlichen Verbote einhergeht. Wir haben diese *individuellen Sprachverbote,* da sie häufig bei Paaren vorkommen, im Kapitel über »Sprache und Liebe« behandelt (siehe Seite 166). Dort nehmen wir als Beispiel den Liebesroman »Fear of Flying« von Erica Jong (1974), der so freizügig erzählt ist, daß darin scheinbar alle Tabus gebrochen sind: Sowohl die Autorin als ihre Personen gebrauchen laufend tabuierte Ausdrücke. Ganz unvermittelt erscheint dann aber eine persönliche und individuelle Sprachrestriktion: der Liebhaber der Heldin verbietet ihr den Gebrauch gewisser Wörter. Dieses Beispiel besagt zweierlei: Einmal, daß man über den allgemeinen Restriktionen die persönlichen nicht vergessen darf, und zweitens, daß es sprachliche Restriktionen überall gibt; nicht nur, wie man meinen könnte, in puritanischen oder sonstwie gehemmten Kreisen, sondern auch in solchen, die sich von allen Fesseln befreit glauben.

Zu beachten

Die Tabuierung gewisser Wörter ist uralt.

Heute darf man die alten Wort-Tabus brechen, wenn man folgende Regeln beachtet:

1. *Zurückhaltung, wenn das Gespräch Gruppengrenzen überschreitet.*
2. *Gegenüber Frauen keine mechanistischen »Sex-Wörter«.*
3. *Tabu-Wörter: im Affekt: ja, gewohnheitsmäßig: nein.*

Eigennamen nie vergessen oder verdrehen.

Ältere Menschen sollen die neuen Restriktionen beachten.

4. In Gesellschaft

Jemand ins Gespräch ziehen

Zwei Sekretärinnen einer Fakultät, gescheite, lebhafte und gut aussehende junge Frauen, waren zu einem Semesterschluß-Essen der Professoren eingeladen. Man glaubte, ihnen damit eine Freude zu machen. Befragt, wie es ihnen gefallen habe, brachen sie in laute Klagen aus: »Da gehen wir nie, nie wieder hin!« "Aber warum denn?« fragte man erstaunt, »es sind ja ganz nette Leute, und das Essen war doch vorzüglich.« »Das stimmt alles«, sagten die Damen, »aber es war dennoch gräßlich: *Während des ganzen Abends hat keiner mit uns gesprochen.«*

Es ging nicht etwa darum, daß die Professoren sich für zu gut hielten, mit den Damen zu reden. Man befand sich in einem demokratischen Land, und die beiden Sekretärinnen waren hochgeschätzt und beliebt. Es war vielmehr so, daß die betreffenden Tischnachbarn einfach nicht im Stande waren, mit den Damen ein Gespräch zu führen.

Bevor wir von der »Therapie«, also von der Kunst, solchem abzuhelfen, sprechen, möchten wir die »Diagnose« noch etwas präzisieren. Das hier Geschilderte ist kein Einzelfall. Uns sind viele Fälle bekannt, wo eine Einladung mißlang, obwohl das Essen auserlesen war, der Wein geeignet, alle in die beste Stimmung zu versetzen, und obwohl die Einladenden wie die Gäste sehr nette Leute waren. Wo trotzdem mehrere Gäste vorzeitig nach Hause gingen, je nach Temperament grimmig oder in Tränen, weil sie nicht zu Worte gekommen waren.

Man könnte meinen, so etwas geschehe nur Kontaktarmen, grauen Mäusen männlichen oder weiblichen Geschlechts, die sich eben in Gesellschaft nicht zurechtfinden können. Das stimmt keineswegs. Die Gabe, sich in einer Gesellschaft im Gespräch durchzusetzen, ist ein eigenes, von anderen Eigenschaften weitgehend unabhängiges Talent. Wir kannten eine Frau, keineswegs eine Führernatur, die sich anderen gern und willig unterordnete, die aber im Gespräch regelmäßig dominierte.

Andererseits kennen wir zahlreiche Professoren, die in größter Seelenruhe deutlich und klar ihre Vorlesungen vor Hunderten von Hörern vortragen, die sich aber in einer Gesellschaft nicht mit Worten durchsetzen können.

Es ist also keine Selbstverständlichkeit, daß man in einer Gesellschaft das Wort, wenn man es ergreifen will, auch bekommt. Dieser Tatbestand, der für das menschliche Wohlbefinden wichtig ist, ist auch von einigen »Benimm-Büchern« betrachtet worden, wobei sich diese freilich gern auf die Regel beschränkten, *Frauen* müßten gut zuhören können[1].

In neuester Zeit hat sich auch die Sprachwissenschaft, besonders die Diskurs-Analyse, vermehrt darauf besonnen, daß ein Gespräch zwischen Menschen nicht selten ein Streit um das Wort ist – wenn auch meist ein höflicher. Seit etwa zwanzig Jahren besitzen wir den – vorerst nur englischen, aber sehr nützlichen – Terminus *turn-taking*. Zu übersetzen ist er etwa mit ›das Drankommen‹; es geht dabei um die Frage: Wer darf in einem allgemeinen Gespräch wann das Wort nehmen?[2]

Wir stellen noch einmal fest: Für jeden normalen Menschen ist es für das Wohlbefinden in Gesellschaft fundamental wichtig, daß er ein paarmal, kürzer oder länger, zu Worte kommt. Wer einen Abend lang zum Schweigen gezwungen war, weil ihm jedesmal, wenn er etwas sagen wollte, jemand anderes zuvorkam, für den ist der Abend mißraten, auch wenn er noch so gut gegessen und getrunken hat. Er fühlt sich geschnitten, übergangen, zur Seite geschoben. Ob er dann vor allem sich selbst

1 Ein trotz seines Alters von fast hundert Jahren faszinierendes und lustiges Buch, welches sich des Gegenstandes annimmt, ist: »Die Kunst der Unterhaltung – wovon soll ich reden?« (nachgedruckt bei Rogner & Bernhard, München 1978) von der berühmten Constanze von Franken, die später durch ihr Buch »Der gute Ton in allen Lebenslagen« in weiten Kreisen buchstäblich tonangebend geworden ist.

2 Eine Einführung in diese Art der Fragestellung und allgemein in die Analyse von Konversationen gibt die Studie von Klaus P. Schneider: »Small Talk«, Marburg 1988, ein streng wissenschaftliches Buch, das aber von ganz konkreten alltäglichen Äußerungen ausgeht, etwa vom Gepräch über das Wetter. Von der Benachteiligung der Frauen in der Konversation handelt Karsta Frank: Sprachgewalt, Tübingen 1992.

oder eher den anderen Vorwürfe macht, ist gleichgültig; was bleibt, ist das Gefühl, ein Außenseiter zu sein. Das ist eine große Beeinträchtigung des Lebensgefühls, und man sollte meinen, daß zivilisierte Menschen sich davor hüten würden, einem ihrer Mitmenschen so etwas anzutun. Es kommt aber doch immer wieder vor. Wir haben oftmals beobachtet, wie andere niedergeschwatzt wurden – und machten uns dabei Vorwürfe, es nicht verhindert zu haben – und es ist uns auch mehrmals geschehen, daß wir selbst von einer Party in dem geschilderten frustrierten Zustand heimgekommen sind, obwohl wir ganz normal kontaktfreudig sind.

Selbstverständlich geschieht der eben geschilderte Verstoß fast immer ohne Absicht. Die Leute lassen sich, wenn die Party im Schwung ist, hinreißen, freuen sich an ihren eigenen Ideen, kommen vom Hundertsten ins Tausendste und achten nicht darauf, daß der Nachbar vielleicht alle Qualen der Frustration durchmacht.

Es zeigen sich in der Konversation zwei Typen von Menschen: Die einen müssen, damit sie weiterreden können, beständig etwas aufgemuntert werden; die anderen reden fröhlich drauflos, unabhängig davon, wie die Hörer reagieren. Die ersten sind die Leidtragenden, wenn die zweiten kein Einsehen haben.

Es gibt verschiedene Typen von Durchsetzung im Gespräch. Den ersten nennen wir »Luthers Tischreden«. Es ist bekannt, daß Martin Luther in der Familie und in Gesellschaft eifrig sprach und die Zuhörer kraft seiner Persönlichkeit und seiner Gedanken stundenlang faszinierte und dominierte. Diese Situation gibt es auch heute oft: Ein berühmter Mensch, Gastgeber oder Gast, sitzt oben am Tisch und hält – mit minimalen Unterbrechungen – einen Vortrag, dem die übrige Tafelrunde ehrfürchtig zuhört. Das mag hingehen, wenn diese Tafelrunde wirklich gekommen ist, um den berühmten Mann/die berühmte Frau zu hören. Es geht aber nicht an, wenn der betreffende Anlaß als gewöhnliche Einladung angekündigt wurde, was wohl der Normalfall sein wird. Wir haben in einem langen Leben nur zwei Menschen angetroffen, denen man bei Tisch ohne Frustrationen einen Abend lang zuhören konnte.

Ist der Fall von »Luthers Tischreden« schon unangenehm, so ist es andererseits noch viel unangenehmer, wenn mehrere «Luthers« da sind, die zusammen das Gespräch monopolisieren und die anderen – und sei es nur eine einzige Person – matt setzen. Je weniger zahlreich die mattgesetzten Personen, um so schwerer trifft sie der Frust des Ausgestoßenseins.

Im Grunde sind sich wohl die meisten Menschen einig, daß es nicht recht ist, wenn in einer Gesellschaft der eine oder andere aus dem Gespräch ausgeschlossen wird. Die einen aber sehen das Problem nicht; die anderen schieben es von sich: Sie denken, es müsse sich jeder selber wehren, oder: »Die anderen" müßten eingreifen, oder: Es sei so gut wie unmöglich, hier etwas zu ändern, oder vielleicht sogar: Man müsse hier der Natur ihren Lauf lassen. Das Resultat, wenn man »der Natur ihren Lauf läßt«, ist dann eben, daß in einer Party ein primitiver *Gesprächsdarwinismus* herrscht: ein Kampf aller gegen alle mit einem schließlichen »survival of the fittest speaker«, dem ›Überleben des Tüchtigsten‹. Wir sind nicht der Meinung, daß dieses mehr oder weniger tierische Verhalten für den Menschen das Richtige sei, und geben im folgenden Rezepte, wie man es besser machen könnte. Dabei versetzen wir uns nicht an den Platz des Zurückgesetzten, sondern an den Platz eines potentiellen Helfers.

Sicher ist dies: Es ist schwierig, jemand aus seiner konversationellen Isolation zu »retten«. Es braucht nämlich dazu mindestens drei Schritte, die alle nicht leicht sind.

– Zuerst muß derjenige Gesprächsteilnehmer gebremst werden, der die Konversation zu monopolisieren droht.

– Dann muß die Person, die bis jetzt zu kurz gekommen ist, ermutigt werden, selbst das Wort zu nehmen.

– Drittens muß man ihr weiterhelfen, damit sie nicht sogleich wieder »versandet«.

Wir nehmen im folgenden diese drei Phasen nacheinander vor, wobei wir der Einfachheit halber annehmen, nur einer hätte die Konversation monopolisiert und nur einem sei zum Wort und zur weiteren Teilnahme am Gespräch zu verhelfen.

Es ist eine Eigentümlichkeit unserer Gesellschaft, daß sie fast keine anerkannten Mittel besitzt, jemand, der unablässig redet und andere nicht zu Worte kommen läßt, zum Schweigen zu bringen. Es gab Ansätze dazu in der englischen Gesellschaft vor dem Ersten Weltkrieg. Dort war zum Beispiel das Ansprechen von Personen innerhalb der Mittel- und Oberklasse streng geregelt: Man durfte im Prinzip niemand ansprechen, dem man nicht vorgestellt war. Geschah es trotzdem, so konnte der, der nicht willens war, das Gespräch aufzunehmen, mit einiger Härte sagen: »I don't think we have met«, also etwa: ›So viel ich weiß, sind wir uns noch nie (sozial) begegnet‹, d.h.: ›Sie sind mir ja nicht vorgestellt worden.‹

Dies scheint uns heutigen Menschen hochmütig, wenn nicht brutal. Es steckt aber ein interessanter Kern darin: die Idee nämlich, daß nur reden darf, wer von seinem potentiellen Gesprächspartner auch die Erlaubnis dazu bekommen hat. Wie man einen lästigen Sprecher abstellt, ist heute ein schwer lösbares Problem, auf das wir in dem Kapitel »Auf Reisen« (Seite 82) zurückkommen werden. Schwer ist es darum, weil es keine gesellschaftlich geregelte Form gibt, in der dieses »Bremsen« vor sich gehen kann. Man muß also individuell vorgehen und sein Vorgehen auch individuell verantworten.

Es ist klar, daß man nicht einfach sagen kann: »Sie haben nun genug geredet, Herr X., geben Sie jetzt den anderen auch eine Chance«. So etwas kann allenfalls ein besorgter Ehepartner seinem Gespons – im Sinne einer Notbremse – zurufen; zu einer Regel aber läßt es sich gewiß nicht machen. Man muß also indirekt vorgehen. Dies kann etwa so geschehen, daß man ein Stichwort aufgreift, dieses zum Thema macht, und es dann der Person zuspielt, der man das Wort geben möchte. Also zum Beispiel: »Herr X. (der Dauerredner), Sie haben da eben vom Hammerklavier gesprochen; also ich möchte schon seit langer Zeit wissen, was das eigentlich ist. Da kann uns ja gewiß Frau K. als Pianistin Auskunft geben – sagen Sie uns doch, Frau K., was ist nun eigentlich ein Hammerklavier?«

Zur Not geht es auch ohne Stichwort. Man fällt dem »Sprecher« in die Rede, etwa so: »Aber nun etwas ganz anderes – unser Freund L. ist, wie ich höre, eben von Feuerland zurückgekommen; es wird sicher alle interessieren, was er da gesehen und erlebt hat.«

Oder, wenn vorher ein Thema zu Tode geritten worden ist: »Meint Ihr nicht auch, wir haben nun für heute genug von Politik gehört; ich hätte nun eine andere Frage: Wie steht es eigentlich mit ...« Damit ist zwar das Wort noch niemand bestimmtem zugespielt, aber der Bann des Dauerredners ist doch mindestens gebrochen.

Es dürfte klar sein, daß solche Eingriffe in den Gang der Konversation nicht jedem zustehen: Am leichtesten wird man sie akzeptieren, wenn sie von Personen mit einiger Autorität – Hausfrau, Hausherr, geschätzter Besuch – ausgehen. Es sind denn auch gerade diese, für die eine Einladung neben Freuden und Rechten auch Pflichten einschließt.

Eine weitere Möglichkeit, den Bann des Dauerredners zu brechen, besteht darin, daß man eine *Gegen-Konversation* beginnt. Es ist klar, daß in einer Gesellschaft von zehn und mehr Leuten mehrere Konversationen nebeneinander her laufen können und sogar sollen: Eine einzige Konversation kommt leicht auf »Luthers Tischreden« heraus, was, wie gesagt, keine wünschenswerte Situation ist. Das Beginnen von Zweit- oder Drittkonversationen ist nicht ganz einfach; am besten wendet man sich an einen unmittelbaren Tischnachbarn mit einer Äußerung oder Frage, woraus sich dann eine Zweier- oder mehrfache Konversation ergeben kann.

Solange zwanzig Personen an einem Tisch sitzen, ist es klar, daß *mehrere Konversationen* möglich und sinnvoll sind. Wie verhält es sich, wenn weniger da sind? Hier hat sich unter Kundigen eine Regel herausgebildet: Wenn es fünf oder mehr sind, darf man eine zweite Konversation beginnen. Allerdings kommt es aber auch noch auf die Situation an. Eine triviale, unnötige Zweitkonversation zu beginnen, wenn ein interessantes Gespräch im Gange ist, ist eine große Sünde. Wenn mich mein Nachbar in der interessantesten Unterhaltung plötzlich fragt: »Sitzest Du bequem?«, so muß ich alle meine Höflichkeit anstrengen, um nicht ärgerlich zu antworten. Wir meinen also nicht, daß man bei über fünf Gästen auf jeden Fall eine Zweitkonversation anfangen soll, sondern eben nur dann, wenn man jemandem zum Wort verhelfen will.

Die Konversation beginnen ... und aufrechterhalten

Zurück zu unserer Frage. Angenommen, der »Dauerredner« sei für den Moment »unschädlich« gemacht. Wie zieht man nun jemand ins Gespräch, der an sich nicht ungern reden möchte, sich aber bisher nicht hat durchsetzen können? Es gibt dabei, wie gesagt, zwei Phasen: Erst muß man ihn zum Reden veranlassen, dann muß man ihn ermutigen, weiterzureden.

Viele Leute meinen, es sei unfein, dem Tischnachbarn *Fragen* zu stellen. Diese Meinung ist völlig verfehlt. Es kann gar kein rechtes Gespräch in Gang kommen, wenn nicht gelegentlich auch gefragt wird. Es sind lediglich zwei Regeln dabei zu beachten. Die erste ist die, daß die Fragen nicht indiskret sein dürfen. "Wie alt sind Sie?« oder »Was haben Sie da für ein merkwürdiges Muttermal?« geht selbstverständlich nicht. Hingegen ist es absolut nicht indiskret, nach dem Beruf und den Lebensumständen des betreffenden Nachbars zu fragen. Für manche Menschen ist es ein Albtraum, bei Tisch neben einem Gelehrten sitzen zu müssen, denn diese Spezies ist bekannt dafür, daß sie oft keine Konversation machen kann. Aber auch hier darf man ruhig fragen: »In welcher Fakultät sind Sie?« oder: »Was ist Ihr Spezialgebiet?« Mit diesen beiden Schlüsseln läßt sich oft eine Fülle von Information eröffnen. Wer zusätzlich über den Umgang mit berühmten Leuten informiert sein möchte, schlage den Abschnitt »Große Tiere« (Seite 69ff.) nach.

Mit der Frage nach *Beruf* und *Lebensumständen* kann man in den meisten Fällen schon den Partner enthemmen. Nur eines ist noch zu bedenken! Wenn man die Konversation mit Fragen *beginnt,* kann sich ein introvertierter Partner leicht »ausgefragt« vorkommen: Statt aufzutauen, verkrampft er sich und gibt nur ungern Antwort. Deshalb ist es ratsam, die Konversation nicht gleich mit einer Frage zu beginnen, sondern mit einer eigenen Äußerung, die nicht allzu kurz sein darf. Also nicht: »Heiß ist es hier. Was haben Sie für einen Beruf?«, sondern etwa: »Sehr schön, dieser Salat. Da ist auch Fetakäse dabei, aus Griechenland. Da werden sich Schneiders freuen; die sind ja so große Griechenland-Fans. [...] – Aber nun möchte ich Sie einmal fragen: Wo sind Sie eigentlich jetzt tätig?«

Selbstverständlich ist die Frage nach dem Beruf nur eine unter vielen Möglichkeiten. Wir haben aber – bei einer Ex-Nonne, bei einem thurgauischen Dorfwirt, bei einer brasilianischen Schönheitskönigin und vielen anderen – die Erfahrung gemacht, daß sie gerne beantwortet wird und zu einer angeregten Unterhaltung führt. Im übrigen wird der Erfahrene bereits, wenn er Platz nimmt und seinen Nachbar zugeteilt bekommt, diesen etwas »einschätzen« und sich fragen, an welchen Themen er/sie wohl Freude haben könnte.

Aber wie ist es bei Frauen »ohne Beruf«, *Hausfrauen* also, die in Wirklichkeit einen der anstrengendsten und variantenreichsten Berufe haben? Das Nächstliegende ist natürlich das Thema Kinder. Auch hier meinen wir, die Frage nach Kindern dürfe man ruhig stellen. Sind keine da, so wird sich immer noch ein Thema finden, und die Zeit, wo eine Frau ohne Kinder generell traurig zu sein hatte, ist glücklicherweise vorbei. Wenn aber Kinder da sind, so wird sich etwa folgendes abspielen: »Haben Sie Kinder?« »O ja, vier Jungen.« »Das ist aber schön.« »Du meine Güte, nein, das ist gräßlich. Stellen Sie sich vor, gestern hat der Älteste ...«, und so weiter, die Schleusen sind geöffnet.

Im Zusammenhang mit diesem Thema noch etwas Wichtiges. Natürlich gibt eine Frau gern Auskunft über ihre Kinder, wahrscheinlich sogar über ihren Mann. Aber sie soll daneben auch Gelegenheit erhalten, *von sich selbst* zu sprechen. Also muß der Partner sie an einem Punkt des Gesprächs auf sich selbst zurücklenken. Dies kann zum Beispiel indirekt geschehen. Also besser nicht schlagartig: »Haben Sie ein Hobby?«, sondern, anschließend an das über die vier Buben Gesagte: »Ja, haben Sie denn bei all dem Betrieb auch noch Zeit für sich selbst? Für ein Hobby zum Beispiel?« Dann sind nicht nur die Weichen auf das Thema Hobby gestellt; der Partner hat durch seine Frage auch gezeigt, daß er an dieser Frau teilnimmt, daß er sie in seiner Phantasie mitsamt ihrem ausgefüllten Tag sieht und sich (etwas besorgt) fragt: Ja, kann sie denn das alles bewältigen, ohne zusammenzubrechen? Damit ist ein weiterer wichtiger Punkt berührt: Ein Gesprächspartner ist umso besser, je mehr er dem anderen Partner das Gefühl gibt, er nehme an seinem Leben teil und interessiere sich ehrlich für ihn. Wir kommen auf diesen Punkt zurück.

Und nun – endlich – zur dritten »Phase«. Nehmen wir an, der Dauerredner sei durch Ablenken oder durch eine Zweitkonversation »unschädlich« gemacht, und der scheue Partner sei durch interessiertes Fragen zum Reden gebracht. Nun sind wir immer noch nicht ganz am Ziel. Es ergibt sich nämlich oft die Situation, daß ein (scheuer) Partner zwar auf unsere Fragen antwortet, aber nur kurz, um bald wieder zu verstummen. Hier ergibt sich für uns als weitere Pflicht: Der Partner muß »warmgehalten« werden, ermutigt werden, weiterzufahren. Wir dürfen ihn also nicht »versanden« lassen, indem wir auf seine Äußerungen nichts sagen oder nur ein gleichförmiges »mhm mhm«. Ebensowenig dürfen wir ihm das Wort gleich wieder entziehen und mit unserer eigenen Suada fortfahren. Vielmehr müssen wir so reagieren, daß der Partner unser Interesse und unseren Wunsch nach mehr spürt.

Goethe erzählt uns[3], daß ausgerechnet Napoleon, dieser her-

---

3 Hamburger Ausgabe, Band 10, Seite 547

rische Mensch, dem man dies nicht zugetraut hätte, die Kunst des Eingehens auf den Partner gut beherrschte:

»Dabei muß ich überhaupt bemerken, daß ich im ganzen Gespräch die Mannigfaltigkeit seiner Beifallsäußerungen zu bewundern hatte; denn selten hörte er unbeweglich zu, entweder er nickte nachdenklich mit dem Kopfe oder sagte ›oui!‹ oder gar ›c'est bien‹, oder dergleichen; auch darf ich nicht vergessen zu bemerken, daß, wenn er ausgesprochen hatte, er gewöhnlich hinzufügte: ›Qu'en dit Mr. Göt.‹ (›Was sagt Herr Goethe dazu?‹)«

Wir, die wir nicht Napoleon sind, dürfen hier getrost noch etwas weiter gehen. Positiv, indem wir unser Interesse noch variantenreicher bekunden. Negativ, indem wir uns hüten, uns an der nächsten möglichen Stelle selbst einzuschalten und so lange lebhaft zu reden, daß der Partner wieder verstummt.

Nun wird mancher Leser sagen: Ja, ist denn das alles nicht Heuchelei? Läuft es nicht darauf hinaus, daß ich Interesse heucheln soll, wo ich gar keines habe? Dieser Einwand ist vor allem bei jungen Menschen zu erwarten, die Ehrlichkeit und Höflichkeit gern als Gegensätze verstehen.

Wir haben darauf zwei gewichtige Einwände. Erstens ist zu sagen, daß wir selbstverständlich keine Heuchelei, keinen Gegensatz zwischen Außen und Innen, verlangen. Was wir wollen, ist eine echte Teilnahme, ein echtes Interesse an der anderen Person; und dieses wird sich ganz von selbst auch in der Sprache ausdrücken. Wenn wir sagen: Man soll teilnehmend reden, so heißt das auch: Man soll teilnehmend *sein.* Und dies wiederum kann man sich mit einigem Willen angewöhnen, obwohl die Menschen dazu natürlich verschieden begabt sind.

Und das zweite: Auch das sogenannte »leere Gespräch«, bei dem keine wichtigen Informationen ausgetauscht werden, hat seinen Wert. Es geht dabei um etwas, was in der Linguistik erst seit etwa zwei Jahrzehnten thematisiert worden ist, was aber heute in der Wissenschaft eine große Rolle spielt. Man hat dafür den ursprünglich englischen Begriff der *phatic communion,* der auch im deutschen Schrifttum verbreitet ist, wobei übrigens die Bedeutung der beiden Wörter von vielen Linguisten falsch aufgefaßt wird. Die richtige Interpretation lautet so: *Phatic* (zu griechisch *phatis* ›Rede‹, ›Sprache‹) heißt ›sprachlich‹, *communion* etwa ›Gemeinschaft‹ oder noch stärker ›Einswerden‹. Das Ganze bedeutet also: ›durch Sprechen erzielte Gemeinschaft‹ oder: ›Einswerden mit Hilfe von Sprache‹.

Der Begriff *phatic communion* stammt von dem großen Linguisten und Ethnologen Bronislaw Malinowski (1884–1942), der mehr als andere die enge Verbindung von Sprache, Handeln und Gesellschaft wissenschaftlich erforscht hat[4]. Er und auch andere Ethnologen haben darauf hingewiesen, daß das Gespräch zwischen Fremden, die frisch zusammenkommen, durchaus obligatorisch ist: Allein durch Reden kann man »beweisen«, daß man keine feindselige Absicht gegenüber dem anderen hat. Es ist also nicht der Inhalt des Redens, sein Informationsgehalt, was wichtig ist, sondern die Tatsache des Redens als solches.

Die *phatic communion* läßt sich in der ganzen Welt beobachten. Ein Wanderer im Gebirge, der einem anderen begegnet, ruft diesem etwas zu. Wer einen Bauern beim Heuen trifft, wird sagen: »Gibts aus?«, oder: »Warm heute, nicht«, oder etwas ähnliches, was vom Standpunkt der Information aus gesehen unnötig, ja unsinnig ist. Das Unterlassen eines solchen »erweiterten Grußes« wäre ein schwerer Verstoß[5].

Die Konversation in Gesellschaft ist nichts anderes als eine Fortentwicklung der allgemein menschlichen *phatic communion.* Nur sind bei ihr zu der Kundgebung der friedlichen Absicht und des Kontaktwillens noch einige Komponenten hinzugekommen, welche den Zweck haben, dem Mitmenschen Freude zu machen und sein Wohlbefinden zu steigern. An sich ist also Konversation etwas Allgemeinmenschliches und Menschenfreundliches. Daran können auch die dummen und ober-

4 Sein bekanntestes Buch ist »Argonauts of the Western Pacific« (1922), in dem er das sprachliche und außersprachliche Verhalten der Bewohner der Trobriand-Inseln im Pazifik untersucht.

5 Man vergleiche dazu das Kapitel über die Grußformeln in: Richard Weiss, Volkskunde der Schweiz, Erlenbach-Zürich, 1946 u. öfters.

flächlichen Konversationen, die es ohne Zweifel gibt, nichts ändern, ebensowenig die Tatsache, daß die Konversation von vielen, *die sie nicht beherrschen,* als heuchlerisch und innerlich hohl dargestellt wird – ein typischer Fall von sauren Trauben.

Eine der besten Definitionen dessen, was Konversation ist oder mindestens sein sollte, gibt Graf Altenwyl im zweiten Akt des Lustspiels »Der Schwierige« von Hugo von Hofmannsthal:

In meinen Augen ist Konversation das, was jetzt kein Mensch mehr kennt: nicht selbst perorieren wie ein Wasserfall, sondern dem anderen das Stichwort bringen.

Konversation in diesem Sinne ist eine geistige Leistung, die Talent und Übung voraussetzt. Viele Menschen lernen sie ihr ganzes Leben nie, sei es, daß sie es nicht können, sei es, daß sie es nicht wollen. Man hat deshalb eine ganze Menge von *Konversations-Surrogaten* entwickelt, von Mitteln also, die die Konversation ersetzen sollen. Hierzu gehört einmal laute Musik, bei der man sich nicht unterhalten kann, also auch nicht muß – wir erinnern uns an ein Professoren-Bankett, bei dem zu diesem Zweck Fanfarenbläser eingesetzt waren. Beliebt ist auch die »Beschäftigungstherapie«: Grill-Parties, Barbecues, Buffets, bei denen man herumgehen, anstehen und sich durchschlagen muß. Fondue bourguignonne ist wahrscheinlich deshalb heute so beliebt, weil sie nicht nur wohlschmeckend ist, sondern auch die Gäste intensiv beschäftigt.

Verbreitet ist die Meinung, es komme bei einer Party vor allem darauf an, »Stimmung« zu erzeugen. Dazu sollen dienen: kräftige Getränke, eine lustige Tischdekoration, Gags aller Arten. In Katalogen von Versandgeschäften kann man immer wieder lesen »erzeugt Stimmung«, »sorgt für Stimmung«, wenn z.B. Gläser angeboten werden, auf denen beim Eingießen kalter Getränke Nackedeis zum Vorschein kommen. Oder eine Nachbildung des Brüsseler Maneken Pis, die als Likörspender eingesetzt wird. In Wirklichkeit führen diese »Stimmungsmacher« höchstens zu einem Abbau der Hemmungen und damit zum bereits geschilderten Gesprächsdarwinismus, bei dem jeder reden, keiner zuhören will. Den gleichen Effekt hat übrigens das Erzählen von Witzen. Diese Surrogate funktionieren alle nicht; *es gibt keinen Ersatz für Konversation.*

Reden und Essen müssen zusammenstimmen

Es ist nicht ganz leicht, zugleich – und doch wieder *nicht gleichzeitig* – zu essen und zu sprechen. Mehr der Kuriosität als der Notwendigkeit halber führen wir hier den drastischen Spruch an, den eine alte Verwandte aus noch älterer Zeit überliefert hat:

> Ißt du, so spreche nicht, sonst spritzt der Speisesaft
> Dem Nachbar ins Gesicht, und das ist ekelhaft.

Gewiß. Es gibt aber noch feinere Regeln für das Nebeneinander von Sprechen und Essen. Erstens muß man sich bewußt sein, daß das, was man vorgesetzt bekommt, Speis und Trank also, ein Geschenk ist, und für Geschenke hat man zu danken. Dies soll nicht in überschwenglicher Weise geschehen. Wenn ein galanter Herr angesichts eines trockenen Kuchens ausruft: »Gnädige Frau, also ich bin schon oft bei Sacher gewesen, aber so etwas Exzellentes habe ich noch nie genossen!«, dann ist das nicht nur der Hausfrau peinlich, sondern auch den anderen Gästen.

Bestimmt ist es aber auch nicht richtig, wenn ein Gast – vielleicht sogar der Ehrengast – ißt und ißt und redet und redet, von Kant, von Benns späten Gedichten, von allerlei hohen Dingen, und dabei nie vom Essen Notiz nimmt. Ein solcher Mensch ist nicht etwa ein Vergeistigter, sondern schlicht ein Flegel.

Auch die *Themen* müssen stimmen. Daß man während eines Essens nicht gerade von einer Operation sprechen soll, und wäre sie noch so interessant und gefährlich, dürfte klar sein. In seinen auf Korfu spielenden Jugenderinnerungen »My Family and Other Animals« berichtet der Zoologe Gerald Durrell von einem fröhlichen Familienfest. Zwei junge Männer versteifen sich darauf, sich während des Essens im Detail darüber zu unterhalten, wie die alten Ägypter beim Mumifizieren den Leichen mit kleinen Haken das Gehirn durch die Nase herausgezogen hätten – darauf die rührend tolerante Mutter: »Ihr Lieben, aber doch nicht gerade beim Essen.« Auch sonst sind nicht alle Themen gleich geeignet. Politik und Religion waren früher verpönt, weil sie leicht zu Streitereien führen; heute sind sie nicht mehr verpönt, führen aber immer noch zu Streitereien.

Man sollte auch nicht von etwas reden, was sich mit den *einzelnen Speisen* nicht verträgt. Was wir damit meinen, ist dies: Oft bleiben die Gäste, wenn sie glauben, das Essen genügend gewürdigt zu haben, noch längere Zeit beim Thema Essen oder Kochen. Es wird dann im Detail von verschiedenen Gerichten gesprochen, die der eine oder andere Gast einmal gegessen oder gekocht hat. Schon das ist nicht unbedingt richtig, weil es von der vorgesetzten Speise ablenkt. Vollends falsch wird es, wenn die beiden Gerichte, dasjenige im Gespräch und dasjenige auf dem Tisch, sich nicht miteinander vertragen. Da wird zum Beispiel eine süße Creme gegessen, und eine Dame erzählt dabei das Rezept für einen gesalzenen und geräucherten Schinken – oder umgekehrt. Viele Menschen – und es sind nicht die schlechtesten – haben eine so starke Phantasie, daß sie das, was ihnen in Worten vorgestellt wird, ebenso stark erleben wie das, was sie sich direkt und real zu Gemüte führen; für diese kommen die beiden »Geschmäcke«, der gehörte und der gekostete, in einen unerfreulichen Konflikt.

Die Gastgeber – ihre sprachlichen Rechte und Pflichten

Hausfrau und Hausherr haben auch sprachlich eine Sonderstellung. Sie dürfen, wie eben gesagt, von ihren Gästen eine dankbare Bemerkung über das Essen und Trinken erwarten. Und es freut sie auch, wenn es eine kleine, einfache *Tischrede* gibt. Wir möchten sogar sagen: Sie haben Anspruch darauf. Normalerweise erscheint die Tischrede (als Dank für das Gehabte) am Schluß des Essens; es ist aber durchaus zu empfehlen, sie schon nach dem Hauptgang einzufügen; dann sind die Gäste noch aufnahmebereiter, und der Redner kann wenigstens den letzten Gang in Ruhe essen. Zur Tischrede nur soviel, daß sie unter allen Umständen kurz sein soll. Im Grunde genügt es, wenn jemand – warum nicht eine Frau? – aufsteht, das Glas in die Hand nimmt und etwa sagt:

»Wir haben heute so viel Schönes und Gutes genossen, daß es höchste Zeit wird, Erika und Hans ganz herzlich zu danken. Wir wollen deshalb alle unser Glas erheben und auf ihr Wohl trinken. Auf Euch, liebe Erika, lieber Hans!«

So etwas genügt in den meisten Fällen. Denn wichtig ist nicht die Länge der Rede; sie braucht auch kein Meisterwerk zu sein. Wichtig ist nur, daß man inmitten des festlichen Trubels wenigstens einmal gemeinsam die Gedanken auf die Gastgeber lenkt und diese dadurch *zum Thema macht* und in die Mitte rückt.

Hausfrau und Hausherr haben aber, was das Reden betrifft, auch ein paar Sonderpflichten. Einmal ist es in erster Linie ihre Aufgabe, unbekannte Personen einander *vorzustellen.* Hier wird viel gefrevelt. Die alte Regel lautet, daß beim Vorstellen der sozial Tiefergestellte *vor* dem Höhergestellten, der Mann *vor* der Frau, der Jüngere *vor* dem Älteren genannt werden soll, damit der jeweils »Höhere« zuerst über den Namen des anderen informiert wird. Diese Regel ist logisch und darum an sich nicht übel. Aber man vergißt sie gern im Drang der Ereignisse, und irgendwie ist es den meisten von uns gegen den Strich, den Tiefergestellten zuerst zu nennen. Und wer weiß schließlich immer genau über den sozialen Rang Bescheid? Wir finden deshalb die Verletzung dieser Regel nicht schlimm.

Etwas anderes ist viel wichtiger. Manche Vorsteller glauben ihre Pflicht erfüllt zu haben, wenn sie sagen: »Darf ich bekanntmachen: Herr Siebenthal, Frau Mältzer.« Damit haben sie etwas Notwendiges ausgelassen, nämlich eine minimale Information über die beiden Personen, auf Grund derer diese beiden ein Gespräch anknüpfen können. Also etwa: »Sie wissen wohl, Herr Siebenthal ist der Bratschist des Goldberg-Quartetts – als Künstler sagt er natürlich Bratscher. Frau Mältzer hat gerade einen gewaltigen Umzug hinter sich – sie wohnt jetzt an der Bülowstrasse – es war anstrengend, nicht wahr?, aber man merkt ihrs gar nicht an.« Dann haben die beiden eine wenn auch einstweilen schmale Basis für ein Gespräch: sie können sich wechselseitig weiter befragen – ist der eine ein großes Tier, so vergleiche man den Abschnitt über »Große Tiere«. Also auf keinen Fall nur die »nackten« Namen angeben!

Einige weitere Regeln für Hausfrauen und Hausherren: Manche Hausfrauen haben die Gewohnheit, sich von allem Anfang an, und vielleicht auch noch zwischendurch, für das »schlechte« Essen zu *entschuldigen.* Dies wirkt etwas kleinbürgerlich. Es kann nicht alles allen gleich schmecken; die Hausfrau hat sich alle Mühe gegeben und damit Dank verdient. Darum soll sie sich erst einmal stille halten und sehen, wie es den Gästen schmeckt. Sollte tatsächlich eine Panne passiert sein, so soll sie sich kurz und sachlich dafür entschuldigen, aber keinen langen Vortrag mit ausführlichen Klagen und Begründungen halten. Dann soll sie darüber schweigen und nicht wieder darauf zurückkommen. Alles andere sieht so aus, als sei sie »fishing for compliments«.

Aus dem gleichen Grund soll die Hausfrau auch nicht ins Gegenteil verfallen: Sie soll keinen Vortrag über die besondere Güte oder besondere Schwierigkeit des von ihr aufgetischten Gerichts halten. Vielmehr soll sie den Gast mit ihrem Gericht vorerst einmal in Ruhe lassen. Wenn er es dann preist und nähere Auskünfte darüber verlangt, dann ist ihre Stunde gekommen: Dann soll sie darüber reden, aber auch dann nur in Kürze – keine Vorlesung. Wenn kein Lob kommt, ist Stille ohnehin das beste.

Dasselbe gilt für den Hausherrn. Keine peinlichen vorrangigen Entschuldigungen wegen des »schlechten« Weines, aber auch keine langen Erklärungen, daß man ihn nur mit größter Mühe einem kleinen, aber ganz außerordentlichen Winzer habe abschmeicheln können. All dies kann gesagt werden *auf eine Frage hin*, aber nicht im Stil eines einführenden Vortrags. Denn kein Erlebnis wird schöner, wenn man vorher mit langen Worten darüber spricht – siehe darüber unser letztes Kapitel über die »Sprachliche Vorwegnahme«.

Zu den Pflichten der Hausfrau, eventuell auch des Hausherrn, gehört auch die Aufforderung an die Gäste, zuzulangen und sich (nochmals) zu bedienen. In früheren Zeiten, auch heute noch in bäuerlichen Verhältnissen, ist dieses *Nötigen* ein obligatorischer Teil des ganzen Einlade-Rituals. Man kann darüber bei Gotthelf nachlesen, etwa in der »Schwarzen Spinne«. Vier- und fünfmal mußte genötigt werden, und immer wieder mußten die Gäste beteuern, sie könnten einfach nicht mehr, oder – wie es anderswo bei Gotthelf heißt: »es dünke sie, sie könnten das Gegessene noch mit dem Finger erlangen«.

Heute hat sich allerlei gewandelt. Zwar ist es immer noch richtig, wenn Gastgeber und Gastgeberin die Gäste freundlich auffordern, zuzugreifen und keine Hemmungen zu haben. Man darf aber den Gast nicht quälen. Wenn er sagt: »Danke vielmals, aber ich habe wirklich genug.«, soll man ihn in Ruhe lassen. Weder soll man ihn nach besonderen Gründen ausfragen, noch soll man annehmen – und dies laut sagen – es schmekke ihm eben nicht.

Es kann unter den Gästen auch Abstinenten und Vegetarier geben. Ihnen soll man freundlich entgegenkommen, ohne eine große Geschichte zu machen. Weder soll man mitleidig ausrufen: »Ach, Sie Armer!«, noch soll man durchblicken lassen, daß einem der Gast mit seinem Sonderwunsch Mühe macht, noch soll man ein schlechtes Gewissen haben, wenn man für das Refüsierte keinen ebenbürtigen Ersatz bieten kann.

Nur Hausfrau und Hausherr dürfen »nötigen«. Niemand anders, auch keine Schwester oder Mutter, darf hier unterstützend mitwirken; denn allein die Gastgeber wissen, wie viel von jeder Speise noch vorhanden ist, und ob irgend etwas für den anderen Tag oder für die Kinder aufgehoben werden soll.

Wie nun aber, wenn eine alleinstehende Frau oder ein alleinstehender Mann die Gäste eingeladen hat? Wie, wenn der Mann das Essen gekocht hat und die Frau die Weinkennerin ist? Dann lauten unsere Ratschläge genau gleich; nur gehen sie an andere Adressen.

Zwischen Männern und Frauen

Es ergibt sich oft – sei es schon am Anfang des Abends, sei es in seinem weiteren Verlauf – daß die Gesellschaft auseinanderfällt in eine Frauengruppe einerseits und eine Männergruppe andererseits. Man könnte meinen, Männer würden gerne mit Frauen reden und umgekehrt. Bei vielen Männern aber – besonders in Ländern ohne traditionelle höfische Kultur – besteht eine ausgesprochene Scheu, sich mit Frauen konversationell zu unterhalten. Flirten können sie einigermaßen, wenn die Dame attraktiv ist, aber nicht freundlich und sachlich reden; denn dies haben sie nicht gelernt. So ergibt es sich denn nicht selten, daß die Männer feige die erste Gelegenheit benutzen, ihre Dame oder Damen zu verlassen, um sich mit Männern zusammenzusetzen und zu unterhalten – über Geschäft, Beruf, Politik, wo sie sich wieder sicher fühlen. Die Frauen bilden darauf nolens volens eine Gegengruppe.

Diese Verteilung ist keineswegs ideal. Wohl die meisten Frauen möchten gerne etwas über den »Horizont« hinausblicken; sie haben sich deshalb (in allen Ehren!) auf Männergesellschaft gefreut, und sind nun frustriert. Und sowohl Männer als Frauen kommen so um das leise Knistern, das zwischen den Geschlechtern auch bei sachlichem Gespräch immer aufkommt – wir möchten sogar sagen: aufkommen sollte.

Es ist deshalb dafür zu sorgen – und das dürfte vor allem

Pflicht der Hausfrau sein – daß die Männer ihrer Feigheit oder Ungeschicklichkeit nicht freien Lauf lassen und sich nicht in ihr Männer-Grüppchen-Schneckenhaus zurückziehen können. Selbstverständlich sind Umgruppierungen am Schluß des Essens nicht nur gestattet sondern sogar erwünscht, aber was dabei gefördert werden soll, ist die Mischung und nicht die Trennung von Männern und Frauen.

Die Engländer des Viktorianischen Zeitalters haben dieses Problem gesehen und eine klare Lösung institutionalisiert: Nach dem Dessert pflegten die Damen das Eßzimmer zu verlassen; sie zogen sich zurück in den *drawing-room* (eine Kürzung von *withdrawing-room* ›Zurückziehraum‹). Dort saßen sie zusammen bei (oft recht freien) Frauengesprächen, und sie hatten auch Gelegenheit, diskret auf die Toilette zu gehen und sich frisch zu machen. Die Männer andererseits blieben noch eine Weile im Eßzimmer, tranken Portwein, knackten Nüsse und rauchten, und sie hatten nun ihrerseits Gelegenheit, »Männerworte« zu äußern, sei es Fachgespräch, sei es die eine oder andere deftige Geschichte, die man vor Damen nicht zu äußern wagte.

Die institutionalisierte Trennung dauerte aber nur eine kurze Weile, etwa eine halbe Stunde. Dann pflegte der Hausherr zu sagen: »Shall we join the ladies?«, und die Herren zogen ebenfalls in den *drawing room* hinüber, etwas erwärmt von Portwein und munteren Geschichten, und gerne bereit, sich den Damen in gemeinsamen Gesprächen galant zu nähern. Und die Damen, unterdessen jungmädchenhaft aufgeblüht, kamen dem freudig entgegen. Diese Sitte hat sich nicht übel bewährt; mehr als hundert Jahre hat sie sich gehalten. Und es wäre nicht das Dümmste, sie gelegentlich wieder aufleben zu lassen. Wo sie noch existiert – wir trafen sie, wenn auch selten, in französischsprachigen Häusern – hat sie ausgezeichnet funktioniert. Also: Portwein und Nüsse her!

Weiter zum Thema »Frauen und Männer«. Es fällt auf, wie merkwürdig beschränkt in vielen Parties das Gespräch zwischen einem Mann und seiner *eigenen Frau* ist. Nehmen wir den einfachsten Fall an:

Frau A und Herr A haben zusammen einen Gast B eingeladen und sitzen nun zu dritt am Tisch. Nun wird man meist beobachten:

daß Herr A mit dem Gast B spricht,

daß Frau A mit dem Gast B spricht.

Aber das »Binnengespräch« zwischen Herrn A und Frau A, das heißt die dritte Seite des Gesprächsdreiecks, fehlt fast ganz. Meist beschränkt es sich auf Anweisungen, die die Eheleute einander geben, etwa: »Stell das dahin!« oder »Bring den Kirsch!«. Natürlich ist es völlig falsch, wenn das Ehepaar sich in privaten Gesprächen, wohl gar dem Dritten unverständlichen, auslebt. Aber ein völliges »Abstellen« der Kommunikation zwischen den beiden ist sicher auch nicht das Richtige.

Ganz verfehlt schließlich ist es, wenn Eheleute einander vor einem Gast oder vor den Gästen bloßstellen. In dem Roman »A Natural Curiosity« von Margaret Drabble begibt sich folgendes: Das Ehepaar Janice und Edward gibt eine Party. Edward hat Freude daran, alte Geschichten aufzuwärmen. »Weißt du noch,« sagt er (frei übersetzt) zu seiner Frau, »wie du damals das Plasticsäckchen im Huhn mitgekocht hast. Ja ja, du warst im Kochen eine vollkommene Null.« Darauf die Frau ganz ruhig: «Und du warst im Vögeln eine vollkommene Null. Ja ja, wir haben beide allerhand lernen müssen.«

Das ist der klassische Fall des groben Keils auf einen groben Klotz. Sicher war die Antwort nicht fein, aber dem Manne gehörte so etwas. Es ist schon im stillen Kämmerlein, wenn man unter sich ist, nicht fein, wenn die Ehepartner einander mit alten blamablen Geschichten kränken – völlig unmöglich wird es in Gesellschaft.

Nebenbei gesagt: Gerade die Kochkunst ist für viele Frauen ein empfindliches Thema. Es gibt bekanntlich immer noch viele Frauen, die neben ihrer Hausfrauentätigkeit keinen Beruf ausüben. Diese haben oft Gefühle der Schuld oder Minderwertigkeit gegenüber ihren berufstätigen Schwestern. Da ist denn die Vollkommenheit des Haushalts und besonders der Küche (neben der eigenen Schönheit) die einzige Stütze ihres Selbstbewußtseins – wenn man sie hier verletzt, so schneidet es tief. Andererseits haben die berufstätigen Frauen oft ein gewisses Bangen, man werde sie als reine Blaustrümpfe ansehen, die zum Beispiel kaum kochen könnten; auch ihnen macht man mit einer Koch-Kritik wenig Freude. Also: Ein Mann soll an einer Party nie an seiner Frau herumkritteln, sondern sie pro Abend mindestens einmal hörbar loben – und natürlich auch umgekehrt.

Einladung und Dank

In Verbindung mit einer Party können zwei schriftliche Äußerungen nötig werden: die Einladung und der Dankbrief.

Man pflegt heute oft telefonisch einzuladen; das hat den Vorteil, daß man dann gleich die Antwort weiß. Es gibt aber immer noch zahlreiche Situationen – zum Beispiel, wenn es sich um eine sehr große Party handelt, wenn man ältere Leute einlädt, wenn die Einladung lange vor dem Einladungstermin erfolgt – bei denen eine *schriftliche Einladung* angebracht ist. Wie soll diese nun aussehen. Die meisten Leute wählen heute etwas Humoristisches, etwa:

»Juhuu, wir sind umgezogen. Und da möchten wir Euch gerne unsere neue Höhle zeigen. Kommt alle am 22. Mai!«

Darunter eine Zeichnung von zwei Steinzeitmenschen bei einem mühsamen Transport.

Nichts gegen solche Produkte; sie können sogar reizend sein, und ihrer Phantasie sind keine Grenzen gesetzt. Wir haben aber den Verdacht, daß dieser »Humor« nicht spontan ist, sondern daher kommt, daß die betreffenden Gastgeber sich scheuen, eine schlichte sachliche Einladung zu schreiben, weil sie es nicht können. Darum geben wir im folgenden einige Winke, wie eine solche sachliche Einladung aussehen könnte.

Ob man in der ersten oder dritten Person schreibt, ist nicht so wichtig. Je größer und förmlicher die Party, je älter die Einzuladenden, um so eher die dritte Person. Nicht unterlassen soll man hingegen, dreierlei unmißverständlich klar zu machen:

- Erstens: Bekommt man zu essen?
- Zweitens: Wie soll man sich anziehen?
- Drittens: Ist der Partner mit eingeladen?

Zwar kann man an den Uhrzeiten einigermaßen ablesen, ob man wohl ein Essen bekommen wird oder nicht. Aber es kommt immer noch zu häufig vor, daß jemand in der Hoffnung auf ein solides Nachtessen zu seinem Gastgeber kommt und sich dann bei einigen Sticks und Salzmandeln durchhungern muß – oder daß sich andererseits jemand vor dem vermeintlichen »Glas Wein« mit einem Nachtessen stärkt, um dann mit einem Diner von fünf Gängen konfrontiert zu werden. Besonders bei Anlässen mit dem Titel »Empfang« herrscht oft Unsicherheit, und man hat auch kaum die Möglichkeit einer Rückfrage. Es schadet deshalb nichts, wenn etwas genauer spezifiziert wird: »zu einem Nachtessen«, »zu Cocktails«, »zu einem Glase Wein«, oder meinetwegen: »Ein Imbiss wird gereicht.« Früher sagte man oft sehr gerne, wie man sich anzuziehen hatte:

»Parüre. Den Herren wird Frack mit Distinctionen empfohlen.«

So die Einladung zu einem kleinen Nachtessen 1816 bei Goethe – in Thomas Manns »Lotte in Weimar«. Wir sind bescheidener geworden: Die Damen haben zwar noch Parüre – will sagen Schmuck und festliche Kleidung –, mit den Orden der Herren wird es wohl eher mager bestellt sein. Aber immer noch möchten die Gäste gerne wissen, wie sie sich etwa anzuziehen haben. Nun gibt es zwar auch hier Anhaltspunkte in der Formulierung des Einladungstextes. Ist die Einladung förmlich, so sieht es eher nach dunklem Anzug aus, und umgekehrt. Aber es schadet nichts und hilft dem Gast, wenn der Gastgeber andeutet, wie er sich die Sache vorstellt. Also etwa: »dunkler

Anzug« oder »Straßenanzug« oder »Anzug informell«. Auch eine etwas legerere Formel wie »Anzug sommerlich« wird dem Gast sagen, daß er nicht gerade in der schwersten Ausrüstung kommen soll; die Frauen werden sich etwas vornehmen, was zwar nicht gerade ein Fähnchen aber doch etwas Unbeschwertes ist. Zu vermeiden ist: »Anzug beliebig«, denn da ist der Gast wieder im Unsicheren.

Es kann Situationen geben, in denen es unklar bleibt, ob das ganze Paar oder nur der eine Partner eingeladen ist. In einem solchen Fall muß man klar machen, was gemeint ist.

Titel wie Doktor oder Professor schreibt man auf der Einladungskarte besser nicht, hingegen gehören sie natürlich auf die Adresse.

Schließlich muß man noch sagen, ob man eine Antwort erwartet; wenn ja, geschieht das mit der bekannten Formel »U.A.w.g.«, besonders in der Schweiz auch »r.s.v.p.« (répondez, s'il vous plaît). Dem fügt man zweckmäßig die Telefonnummer bei.

So mag denn das ganze etwa so aussehen:
Etwas förmlich:

Marianne und Ulrich Berger freuen sich,
Diana und Heinz Thaler
auf Mittwoch, 24. Oktober 19.30 Uhr zu einem kleinen Nachtessen einzuladen.
Dunkler Anzug.
U.A.w.g. Tel. 825 16 94.

Oder etwas weniger formell:

Liebe Diana, lieber Heinz,
Ulrich und ich würden uns freuen, Euch am Mittwoch, 24. Oktober 18–20 Uhr bei uns zu sehen.
Informeller Cocktail.

Die Antwort auf eine Einladung braucht nicht schriftlich zu sein.

Hingegen gibt es etwas anderes, was man, wenn immer möglich, schriftlich machen sollte. Im Deutschen sagt man Dankbrief, das klingt offiziell; im Englischen besteht seit langem der Ausdruck bread-and-butter letter – der Brief, mit dem man für das Butterbrot dankt – eine legere Formulierung, welche zeigt, daß es sich um eine Alltäglichkeit und Selbstverständlichkeit handelt. Natürlich kann man auch telefonisch danken; aber der geschriebene Brief ist eine viel größere Höflichkeit und macht wegen der Mühe, die er gekostet hat, und wegen seiner Dauerhaftigkeit – man kann ihn »hinter den Spiegel stecken« – bedeutend mehr Freude. Darum schreibe, wer es kann, ein Briefchen – es darf ganz kurz sein; aber man soll sich nicht schämen, ein bißchen »Pedal« zu geben, wenn man es ehrlicherweise kann. Etwa:

Liebe Diana,
Lieber Heinz,

Wir sind noch erfüllt von der Erinnerung an den schönen Abend bei Euch und danken Euch nochmals ganz herzlich für die liebevolle Aufnahme und die Genüsse, die Ihr uns geboten habt. Wir sind ja fast unanständig lange geblieben; das mag Euch gezeigt haben, wie sehr es uns bei Euch gefallen hat.

Mit den herzlichsten Grüßen Eure

Oder vielleicht:

Liebe Frau Boltz,
Lieber Herr Boltz,

Wir danken Ihnen beiden noch einmal von Herzen für die freundliche Aufnahme und für die vielfältigen Genüsse, die Sie uns mit graziöser Selbstverständlichkeit geboten haben. Der Abend bei Ihnen war wunderschön, und wir werden ihn lange in Erinnerung behalten – nicht zuletzt die Führung durch Ihren Garten und die spannenden Erzählungen von Ihren Erlebnissen aus aller Welt.

Mit herzlichen Grüßen und Wünschen

Nebenbei: Der Dankbrief ist auch eine sehr gute Gelegenheit, Blumen zu senden. Man kann sie auch vorausschicken – das scheint uns etwas früh. Oder man kann sie mitbringen; dann aber gehen sie im Empfangstrubel leicht unter oder werden verwechselt. Blumen, zusammen mit einem netten Dankbrief, bleiben am besten in der Erinnerung haften.

Zu beachten

In einer Gesellschaft darf kein Gesprächsdarwinismus herrschen, kein »Überleben des Tüchtigsten«. Bescheidenen oder Ungeschickten muß man zum Wort verhelfen.

Konversation heißt: Nicht selbst drauf losreden, sondern dem Anderen das Stichwort geben.

Es ist erlaubt, dem Tischnachbarn Fragen zu stellen.

Das Gespräch muß mit den Speisen zusammenstimmen.

Eine – ganz kurze – Tischrede ist erwünscht.

Beim Vorstellen nicht die nackten Namen nennen, sondern den beiden Personen etwas Information über einander geben.

Im Gespräch dürfen sich nur vorübergehend separate Männer- und Frauengruppen bilden.

Ein schriftlicher Dank macht mehr Freude als ein mündlicher.

5. Von kleinen Leuten und großen Tieren, von Titeln und Anreden

Wie »einfache Leute« reden

Bekanntlich gibt es unter den Menschen viele Unterschiede. Es gibt reiche, arme, gebildete, ungebildete, angesehene, weniger angesehene Menschen. Die Wissenschaft hat versucht, diese Unterschiede in den Griff zu bekommen. Lange Zeit hat man von sozialen »Klassen« gesprochen; dieser Begriff impliziert aber als Bestandteil der marxistischen Lehre Feindschaft, Kampf und die Utopie einer kommenden klassenlosen Gesellschaft.

Die Sprachwissenschaft hat nach einem weniger belasteten Ausdruck gesucht und redet heute eher von »Schichten«; auch das Wort »Status« ist gebräuchlich. Da Zweiteilungen immer sehr beliebt sind, erfreut sich seit den Sechzigerjahren das Begriffspaar »Oberschicht – Unterschicht« großer Verbreitung.

Auch diese Einteilung ist noch keineswegs ideal. Erstens ist eine simple Zweiteilung für die hochkomplizierte Struktur einer Gesellschaft sicher zu vereinfachend. Und zweitens schwebt bei ihr die Vorstellung mit, das soziale System sei entlang einer *einzigen* Dimension organisiert, nämlich entlang der Linie von arm zu reich, wobei dann die Reichen (oder wie es auch heißt: »Privilegierten«) automatisch auch zu höherer Bildung kämen. Daß dies nicht so ist, zeigen die vielen Fälle von »Statusinkonsistenz«: der arme, aber hochgebildete Privatgelehrte, und andererseits die in zahllosen Anekdoten zitierten »Herr und Frau Neureich«, welche, wenn man ihnen sagt, die Valuta sei gesunken, mitleidig ausrufen, »Ach, die vielen armen Matrosen!« und so fort.

Wenn man von sozialen Unterschieden spricht, die sich auf die Sprache auswirken, dann redet man also lieber von »gebildet« und »ungebildet« als von »reich« und »arm«. In der englischen Linguistik waren die Begriffe »educated« und »uneducated« fast hundert Jahre geläufig. Da sie aber nicht neutral sind, kam man von ihnen wieder ab.

In den letzten zwanzig Jahren, seit den Forschungen von Basil Bernstein und anderen, hat sich eine zwar immer noch zweiteilige, aber neutralere Bezeichnung durchgesetzt, nämlich das Begriffspaar »restringiert« und »elaboriert«[1].

»Restringiert« (nach englisch »restricted«) nennt man eine, wie der Name sagt, ›eingeschränkte‹ Sprachform, welche für diejenigen charakteristisch ist, welche eine geringe Schulbildung und damit eine nur rudimentäre sprachliche Ausbildung genossen haben.

»Elaboriert« (nach englisch »elaborated«) heißt die ›ausgearbeitete‹ oder ›reichhaltige‹ Sprachform, die denjenigen zur Verfügung steht, welche eine umfassendere Schulbildung, im besonderen einen gründlichen Unterricht in der Muttersprache genossen haben.

Einige Merkmale der *restringierten* Sprache sind:

– Weniger deutliche Aussprache,

– Stark vereinfachter Satzbau: nur kurze Hauptsätze, wenig Nebensätze (Hier ist allerdings Vorsicht geboten: es gibt große Prosakünstler, z.B. Ernest Hemingway, die gerade dieses Merkmal aufweisen.)

– Hierzu gehört: Kaum indirekte Rede. Der Sprecher sagt normalerweise: »Da sag ich zu ihm: ›Hören sie, sowas laß ich mir nicht bieten‹«, wogegen dem »elaborierten« Sprecher neben der direkten auch die indirekte Rede (»... daß ich mir so etwas nicht bieten lasse«) und andere, zusammenfassende Ausdrucksweisen (»da habe ich mich beschwert«) zur Verfügung stehen.

– Geringer Vorrat von Adjektiven (die für Maximales und Minimales stehen, Mittelwerte und Nuancierungen dagegen vermissen lassen). Ein »restringierter« Sprecher würde also

1 Siehe N. Dittmar, Soziolinguistik, 5. Aufl., Athenäum-Taschenbücher 1980, S. 22., sowie (kurz) E. Leisi, Das heutige Englisch, Heidelberg 7. Aufl. 1985, S. 181 und 205 f.

etwa sagen: »Die Kellner waren prima«, oder: »Die Kellner waren lausig«, wo einem »elaborierten« eine ganze Palette zur Verfügung stände, von »Die Kellner waren eifrig / beflissen etc.« bis zu »Die Kellner waren herablassend / hochnäsig / nachlässig / gnädig etc.«

– Um der Sprache mehr »Kraft« zu geben, wird die Aussage mit festen Wendungen durchsetzt, also etwa: »kannst mir glauben«, »also ich sage dir«, »ehrlich«, »verstehst du« etc. Zu diesen kommen allenfalls noch Kraftwörter. Das heißt, die Äußerungen bestehen weitgehend aus »vorfabrizierten« Bestandteilen.

– Dadurch ergibt sich ein hoher Grad von Voraussagbarkeit oder »Prädiktabilität«: Wenn der Sprecher seine Aussage begonnen hat, kann der Hörer mit einiger Sicherheit voraussagen, wie der Satz weitergehen wird.

– Charakteristisch ist ferner die »vage Deixis«, die Undeutlichkeit der Hinweise. Der Sprecher sagt zum Beispiel »und dann sagten sie« oder »die sind doch alle Gauner«, und der Hörer wird im unklaren gelassen, wer diese »sie« eigentlich sind. Dies mag daher kommen, daß sich solche Sprecher viel in Situationen bewegen, wo auch eine »vage Deixis« durch die konkrete Umgebung eindeutig wird.

Hierzu kommen meistens noch Abweichungen von den Regeln der Schriftsprache:

– lautliche Verstöße wie »grihn« für »grün«.

– grammatische Verstöße, wie die Verwechslung von Dativ und Akkusativ, z.B. »ich liebe dir«, was zum Beispiel daher kommen kann, daß der Dialekt, den der Sprecher normalerweise spricht, den Unterschied dieser Fälle nicht hat.

– Verstöße im Wortgebrauch. Besonders der falsche Gebrauch von (hochtrabenden) Fremdwörtern ist eine nie versiegende Quelle der Belustigung (bei den besser Informierten). Schon Shakespeare gewinnt einen Teil seiner Komik daraus, daß er Personen von niederem Stand die Fremdwörter durcheinanderbringen läßt, indem einer zum Beispiel »benefactors«

(Wohltäter) sagt, wo er in Wirklichkeit »malefactors« (Übeltäter) meint, »paramour« (Liebchen) sagt statt »paragon« (Vorbild) und so fort[2]. Und im deutschen Sprachraum sind entsprechende Geschichten von Herrn und Frau Neureich wie schon gesagt sehr beliebt.

– Falscher Gebrauch von Idiomen (festen Redewendungen). In Thomas Manns Novelle »Unordnung und frühes Leid« sagt das Kindermädchen Anna: »Es verhält sich an dem, daß bei dem Kind die weiblichen Triebe ganz uhngemein lepphaft in Vorschein treten.« Also »es verhält sich an dem«, statt: »es verhält sich so« oder »es ist an dem«, und »in Vorschein treten« statt »zum Vorschein kommen« oder »in Erscheinung treten«.

Es versteht sich, daß man den Leuten, die so reden, nichts vorwerfen darf. Schuld, wenn man von Schuld überhaupt reden kann, hätte allenfalls das Elternhaus oder die Schule, oder aber die weitere soziale Umgebung.

Was immer die Ursachen, Tatsache ist, daß einer Person, die nur über die restringierte Sprache verfügt, im Leben zahlreiche Nachteile erwachsen, dann nämlich, wenn sie aus ihrem eigenen Milieu hinaustritt und sich in ein Milieu von »elaborierten« Sprechern und Hörern begibt. Sie wird auffallen, klassiert und abgeschätzt werden, und zahlreiche Möglichkeiten werden ihr aus sprachlichen Gründen verschlossen bleiben.

Es ist bezeichnend, daß das Musical »My Fair Lady« von Lerner (Text) und Loewe (Musik) ein Riesenerfolg war, nicht nur im englischen Sprachgebiet, wo es zur Weltsensation wurde, sondern auch im deutschen Raum. Natürlich ist daran maßgeblich die spritzige Musik beteiligt. Aber nicht minder das Thema: Das Stück, welches auf der geistreichen Komödie »Pygmalion »von Bernard Shaw beruht, ist die Geschichte vom Londoner Blumenmädchen, dem zuerst alle Aufstiegsmöglichkeiten verschlossen sind, bis es einen Sprachunterricht

2 Siehe E. Leisi, Das heutige Englisch, S. 80.

bekommt, der sein Defizit ausgleicht; danach findet es Eingang in die »höchsten Kreise«.

Wahrscheinlich funktionieren beide Sprachformen, die restringierte und die elaborierte, in ihrem Milieu recht gut. Probleme gibt es dann, wenn die beiden Milieus zusammenstoßen. Dann wird jeweils die milieufremde Sprachform als »falsch« empfunden.

Das gilt übrigens in *beiden* Richtungen. Es gibt eine ganze Menge literarischer Zeugnisse für die »Verachtung von unten«. Zuckmayer schreibt in seinem Erinnerungsbuch »Als wär's ein Stück von mir« daß die »feineren« Mainzer Jungen, die sich in Sprache und Manieren von den anderen abhoben, von diesen mit dem Ruf »Juddebub« verfolgt und, wenn eingeholt, verprügelt wurden. »Erst als ich ebenso vulgär fluchen konnte wie sie, ließen sie von mir ab.« In dem Schauspiel »Look back in Anger« von John Osborne findet der proletarische Held vieles an der Sprache seiner Frau »zum Kotzen« – »it makes you puke« – weil sie aus einem »elaborierten« Milieu stammt. Und im Roman »The Go-Between« von L. P. Hartley wird ein Junge verhauen, weil er ein »vornehmes« Wort, nämlich »vanquish« (besiegen), gebraucht hat. Dies muß gesagt sein, weil die Dinge von vielen Sprachsoziologen so dargestellt werden, als geschehe die Ablehnung der fremden Sprachform nur »oben«.

Für uns ist nun die Frage wichtig: Was geschieht, wenn ein »restringierter« Sprecher in ein »elaboriertes« Milieu kommt? Wie soll er sich verhalten, und wie sollen sich die anderen zu ihm verhalten?

Der restringierte Sprecher ist im elaborierten Milieu in zweifacher Hinsicht benachteiligt. Erstens enthält seine Sprache eine unwillkürliche Kundgabe in bezug auf seine tiefere Bildungsschicht. Er mag in einer luxuriösen Villa wohnen; jede Silbe, die er ausspricht, »verurteilt« ihn – um den starken Ausdruck zu gebrauchen, den Professor Higgins in »My Fair Lady« verwendet:

Look at her – a prisoner of the gutters;
Condemned by every syllable she utters.

Eliza, das Blumenmädchen, ist für ihn »eine Gefangene der Gosse, verurteilt durch jede Silbe, die sie ausspricht«.

Neben dieser »Abklassierung« des Sprechers gibt es noch andere Nachteile. Der wichtigste davon ist die Behinderung der Verständigung zwischen den beiden Gesprächspartnern, welche verschiedenen Schichten angehören. Dabei ist die Sprache des »restringierten« Sprechers, obwohl im Prinzip einfacher, für den Hörer oft schwerer zu verstehen. Erstens einmal durch die abweichende und oft undeutliche Aussprache; zweitens durch das, was man in der Linguistik als »unklare Deixis« bezeichnet: Der Hörer wird im unklaren gelassen, wer mit »die haben gesagt«, oder »das sind alles Gauner« eigentlich gemeint ist.

Nun ist es keineswegs so, daß alle »restringierten« Sprecher zu einer weniger restringierten Sprechweise übergehen wollen. Für das Englische hat Trudgill[3] festgestellt, daß die Mittelschichten und die Frauen dazu neigen, sich nach oben anzupassen, daß dagegen bei den untersten Schichten und bei den Männern die Tendenz vorherrscht, an der ursprünglichen Sprachform, auch wenn sie Anstoß erregt, festzuhalten.

Was soll nun jemand tun, der von Haus aus eine restringierte Sprache spricht und diesen Zustand ändern will? Eine völlig befriedigende Antwort läßt sich nicht geben. Die »elaborierte« Sprache sprechen, heißt, sich in jedem Augenblick deutlich und differenziert ausdrücken. Das kann man natürlich nicht durch ein paar Regeln lernen; es gehört dazu das jahrelange Zusammenwirken von elterlichem Vorbild, höherer Schule und selbständiger Fortbildung. Was sich hier geben läßt, sind nur einige Faustregeln:

Erstens soll man so deutlich wie möglich reden. Das heißt, unsere Regeln auf Seite 14 und 126 beachten und sich, wenn

3 s. Leisi, Das heutige Englisch, S. 207

kein Sprachlehrer zur Verfügung steht, im »Spiegel« des Tonbands betrachten.

Weiter kann man viel für die Verbesserung der Kommunikation tun, wenn man die »Deixis« klarstellt, d.h., wenn man dem Hörer immer klar macht, wer mit »sie« oder »es« oder »die« gemeint ist. Also nicht: »Da ging ich zum Güterbahnhof, und die sagten mir, ich solle zum Zoll gehen; die sind natürlich zu faul ...« – denn da weiß der Hörer nicht, sind »diejenigen, die zu faul sind« noch die Leute vom Güterbahnhof, oder sind es schon die vom Zoll. So etwas muß den Hörer frustrieren, besonders, wenn der Sprecher noch bei jeder Gelegenheit ein »verstehen Sie?« oder »unglaublich«, oder »nicht wahr?« dazwischen schiebt, was so aussieht, als halte er den Hörer für schwer von Begriff. Da wird schon vieles besser, wenn der Sprecher statt des unklaren »sie« oder »die« ein deutliches Wort einsetzt, etwa: »die Leute vom Güterbahnhof« etc. Auf jeden Fall soll er nicht meinen, der Hörer wisse alles schon von selbst, es gehe nur noch darum, einige Details zu erzählen.

Wer sich an diese beiden Regeln hält, kann nicht ganz fehlgehen. Andere Bestrebungen, möglichst »fein« zu sein, führen oft zum gegenteiligen Resultat. Es gibt zum Beispiel die kleinbürgerliche Höflichkeit, welche gern Floskeln wie »ich bin so frei« gebraucht, schon halbwegs grobe Wörter ängstlich vermeidet und bei einem Aufstoßen oder Niesen eine Entschuldigung wie »Pardon« oder »Excusez« für nötig hält. All dies »hilft« nichts, und besonders das letzte, das laute Entschuldigen beim Niesen oder Aufstoßen gilt als unfein – solche Mißgeschicke sollen *stillschweigend* übergangen werden. Aus dem gleichen Grunde ist es auch nicht ganz fein, einer Person, die niest, »prosit« oder »zur Gesundheit« zuzurufen.

Soviel zum Verhalten des »restringierten« Sprechers. Wie soll sich andererseits sein *Gesprächspartner* verhalten? Eine gute Faustregel ist: Alles vermeiden, was den anderen kränken könnte. Kränken wird es zum Beispiel, wenn der gebildetere Partner die Sprache des anderen ironisch nachmacht, sei es in der Lautung, sei es in ihrem etwas unklaren Aufbau. Auch das

Aufnehmen und Thematisieren von eingeschobenen Wendungen, die der andere gar nicht wahrnimmt, kann beleidigend wirken. Wenn jemand mir zum dritten Male sagt: »verstehen Sie?«, so bin ich wahrscheinlich geneigt, zu sagen: »Selbstverständlich verstehe ich – ich bin ja kein Idiot«. Solche Neigungen unterdrückt man aber besser; denn sein »verstehen Sie?« oder »nicht wahr?« ist für ihn keine echte Frage, sondern nur ein kleiner Einschub wie etwa »gelt«; nimmt man diesen Einschub plötzlich wörtlich, so lenkt man den Sprecher von seinem Thema ab und verwirrt ihn.

Hingegen wird es manchmal nötig sein, danach zu fragen, wer jeweils »sie« oder »die« sind. Es empfiehlt sich, damit nicht zu lange zuzuwarten, vielmehr schon beim ersten unklaren Hinweis zu fragen, damit man einigermaßen folgen kann. Man darf auch nicht beleidigt sein, wenn der »restringierte« Partner Zeichen des Erstaunens über so viel Dummheit gibt; denn sein Problem besteht ja gerade darin, daß er meint, der andere wisse schon mehr oder weniger alles. Daß er dann den Partner, wenn dieser eben nicht alles weiß, für beschränkt hält, ist die notwendige Folge. Es ergibt sich daraus, daß bei einem solchen Gespräch beide Partner immer gegen eine leise Verstimmung ankämpfen müssen – der eine, weil der andere »so unklar redet«, und der andere, weil der erste »so schlecht begreift«.

Nebenbei gesagt: Um andere Leute für dumm zu halten, muß man nicht notwendigerweise intelligent sein. Gerade dumme Leute sind besonders gern bereit, andere für dumm zu halten. Dies zeigt sich bei ganz verschiedenen Menschengruppen. Es gibt Kellner, die es gerne zeigen, daß sie den Gast für dumm halten, und diese sind nicht die gescheitesten. Und es gibt, was fatal ist, Examinatoren, die auf ihre Prüflinge, wenn diese etwas anderes als das Erwartete sagen, nicht eingehen können und sie demgemäß für dumm halten. Darum sind die strengsten Prüfer nicht immer die gescheitesten. Der wirklich Gescheite nämlich findet bei jedem Gesprächspartner, auch wenn dieser sprachlich und bildungsmäßig nicht völlig auf der Höhe ist, irgendwo einen interessanten, ja faszinierenden Vorrat an Gescheitheit.

Vom Umgang mit »großen Tieren«

Die meisten Leute finden den Umgang mit »kleinen Leuten« problemlos, denjenigen mit »großen Tieren« dagegen anstrengend und zum Fürchten. In Wirklichkeit liegen die Dinge umgekehrt. Wie wir im vorigen Abschnitt gesehen haben, ist der sprachliche Umgang mit »restringierten« Sprechern keineswegs einfach – man ist beständig in Gefahr, den anderen zu kränken oder sich selber zu ärgern. Nicht so bei »großen Tieren« – Ministern, Gelehrten, berühmten Künstlern. Viele von ihnen, z.B. Politiker oder Unternehmer, sind gerade darum zu »großen Tieren« geworden, weil sie gut mit Menschen umgehen können. Sie beherrschen die von uns beschriebenen Techniken, den Partner sprachlich aufzuwärmen, und man kann mit ihnen leichter reden als mit manchem Durchschnittsmenschen.

Andere freilich – zum Beispiel Künstler – sind nicht so entspannend. Es ist deshalb nötig, einige Regeln für den sprachlichen Umgang mit dieser Gruppe und allgemein für das Gespräch mit »großen Tieren« zu geben.

Erstens: Auch für ein »großes Tier« gelten im Prinzip die allgemeinen Regeln der Konversation, wie wir sie Seite 36ff. bereits formuliert haben. Dort heißt es zum Beispiel, daß jedermann das Recht hat, ins Gespräch gezogen zu werden. Dies scheint zunächst einmal paradox: Man stellt sich immer vor, daß der große Mann, die große Dame von selbst zum Mittelpunkt wird und dort, von jedermann bestaunt, huldvoll seine Redegunst verteilt.

Dies wird wahrscheinlich der Normalfall sein. Aber es gibt auch das andere. Bei einem Empfang für eine berühmte englische Schriftstellerin haben wir es erlebt, daß in einer bestimmten Phase des Anlasses die Gefeierte plötzlich isoliert dastand und eine zeitlang keinen Menschen hatte, der sich um sie kümmerte. Ein anderes Mal geschah es, daß ein berühmter Politiker, dessen Tischnachbarn sich aus irgend einem Grunde hatten entfernen müssen, plötzlich isoliert am Tisch saß und suchend um sich blickte.

In einem solchen Fall ist es die Pflicht eines jeden Gastes, mag er sich selber noch so bescheiden vorkommen, sich des Verwaisten anzunehmen und ihn ins Gespräch zu ziehen. Wir sagen ausdrücklich: die Pflicht – denn mancher wird die Möglichkeit des Gesprächs mit dem Ehrengast im Grunde herbeisehnen, sich aber nicht getrauen, den ersten Schritt dazu zu tun; er wird meinen, er sei dazu nicht würdig oder nicht gescheit genug. Wenn er aber weiß, daß er dazu nicht nur berechtigt, sondern verpflichtet ist, wird er seine Hemmungen verlieren.

Wenn jemand mit dem berühmten Gast ins Gespräch gekommen ist, darf er ihn auch nicht zu sehr festhalten. Es gibt den Typus des »Sammlers« von berühmten Persönlichkeiten. Im Englischen, das ja für soziale Phänomene eine große Menge von treffenden Bezeichnungen entwickelt hat, nennt man sie »lion hunters« (Löwenjäger). Ob es ihnen darum geht, sich nachher mit der berühmten Begegnung zu brüsten, oder ob sie ein naives oder gar wissenschaftliches Interesse an der bedeutenden Persönlichkeit haben, kann man oft schwer beurteilen – kurz, es gibt Menschen, die sich einen Sport daraus machen, den großen Zeitgenossen gleichsam zu monopolisieren – sie oder ihn über lange Zeit für sich allein zu beanspruchen. Das kann durchaus gut gehen; dann nämlich, wenn auch der große Zeitgenosse an seinem Tischnachbarn interessiert ist und das Gespräch genießt. Wir haben von einem Arzt gehört, mit dem sich Churchill bei seinem Zürcher Besuch 1946 so gut verstand – unter anderem entdeckten beide, daß sie die Gabe hatten, auf eigenen Befehl in jeder beliebigen Umgebung eine Viertelstunde zu schlafen und erfrischt aufzuwachen – daß er später unbedingt wieder zu ihm gesetzt werden wollte. In der Regel aber ist es falsch, wenn ein einzelner Gast sich wie ein Oktopus an den Berühmten ansaugt und so verhindert, daß dieser mit anderen spricht. Er muß seine »Beute« auch wieder abgeben können, dann nämlich, wenn jemand anders Ansprüche macht, oder wenn der Berühmte Anzeichen zeigt, daß er einem Wechsel nicht abgeneigt wäre.

Was soll man nun mit diesen »großen Tieren« sprechen? Im Prinzip gelten wieder die allgemeinen Regeln: Auch hier sind Fragen erlaubt, auch hier soll das Gespräch dem Partner Freude bereiten. Auf zwei Punkte sollte man besonders achten:

Während es Politikern und Unternehmern in der Regel durchaus angenehm ist, von ihrer beruflichen Tätigkeit zu sprechen, ist bei Künstlern Vorsicht angezeigt. Auch der disziplinierteste Künstler ist in gewissem Sinne von seiner Inspiration abhängig, er kann diese herbeiwünschen, aber nicht herbeizaubern. Wenn man nun einen Schriftsteller, der vielleicht gerade in einer Schaffenskrise ist, ins Gesicht fragt: »Was haben Sie jetzt unter der Feder?« so ist das nicht nur eine unschöne Phrase, es klingt auch so, als fragte man eine junge Ehefrau: »Warum sind Sie noch nicht schwanger?«

Verbreitet ist die Meinung, man müsse mit »erhabenen« Personen auch »erhaben« sprechen, also von nichts anderem reden als von hohen und grundsätzlichen Dingen: vom Dichten, von den Prinzipien der Malerei, von Philosophie und Menschheitsproblemen. Nichts ist falscher als dies. Der Künstler, der in einer gemütlichen Gesellschaft sitzt, möchte einmal »Urlaub« von seiner Tätigkeit und von den ihn bedrängenden Fragen haben; er wird viel lieber von der Güte des italienischen Salats, oder des Steaks, oder was sonst gerade aufgetischt wird, sprechen, als von Kunstfragen. Gottfried Keller, der aufdringlichen Menschen gegenüber gezielt brummig sein konnte, soll zu einem solchen, der beständig über das Dichten reden wollte, einmal gesagt haben: »Wir sind nicht hier, um vom Dichten zu reden, sondern um zu saufen.« Und in der bereits zitierten Komödie »Der Schwierige« erzürnt sich der »Berühmte Mann«, ein Philosoph, mit Recht darüber, daß er von einer bildungsbeflissenen Dame gefragt wird, wie er sich das Nirwana vorstelle. Ein Dichter oder Gelehrter ist kein Orakel, er nimmt es mit Recht übel, wenn man ihn dazu machen will.

Das Gespräch soll natürlich trotzdem nicht einfältig sein. Es gibt aber zwischen taktlos bohrendem Fragen einerseits und einfältigem Gerede andererseits eine sehr große Menge von Themen, und es ist ja auch zu hoffen, daß die berühmte Persönlichkeit selber nicht ganz hilflos oder unwillig zum Gespräch ist. Wenn sie es ist, dann ist es freilich Zeit, sich von ihr zu verabschieden und den Platz neben ihr jemand anderem zu überlassen.

Zuletzt noch ein Geheimtip: Man darf – und soll – berühmte Leute auch *loben,* wenn man es ehrlicherweise kann. Je berühmter ein – sagen wir einmal – Schriftsteller ist, umso weniger getrauen sich die Leute, ihm über sein Werk Angenehmes zu sagen. Der Grund ist klar: Das Loben impliziert, daß der Lobende in der Lage ist, zu urteilen, daß er also eine Autorität, ja vielleicht sogar höher gestellt ist als der Gelobte. Deshalb ist ein *objektives Lob* – vom Typus: »Ihr ›Kind des Zornes‹ ist der beste Roman der letzten fünf Jahre« – anmaßend und soll vermieden werden. Was aber durchaus angebracht ist, ist das *subjektive Lob,* etwa: »Vielleicht darf ich Ihnen auch sagen, daß ich ›Kind des Zornes‹ mit völliger Selbstvergessenheit in sieben Stunden an einem Stück gelesen habe.« Das ist dann kein allgemeines Urteil, keine Anmaßung, sondern eine ganz bescheidene persönliche Äußerung, und so etwas wird den Autor sicher freuen.

Von Titeln und Anreden

Im Zusammenhang mit den »großen Tieren« ist es nützlich, sich über deren Titel und darüber, wie man sie anredet, Gedanken zu machen. Wir halten dieses Problem nicht für sehr wichtig: Ein betitelter Mensch wird ganz sicher lieber einmal falsch angeredet und dafür sonst gut und taktvoll behandelt, als daß er von einem widrigen Menschen korrekt mit allen seinen Titeln angesprochen wird.

Wir werden deshalb hier nur eine kleine Auswahl von allen Möglichkeiten behandeln[4].

Diejenige Gruppe der »Betitelten«, mit denen man als normaler Bürger am ehesten ins Gespräch kommt, sind nicht Adelige, eher Doktoren und Professoren. Deren Titel werden übrigens außerhalb des deutschen Sprachgebiets oft nicht als »Titel« bezeichnet.

Vielleicht ist es nicht unnütz, wieder einmal daran zu erinnern, daß die beiden Titel verschiedenen Kategorien angehören. »Doktor« ist ein Grad, »Professor« eine Funktion. Also: »Doktor« bezeichnet den Rang oder Grad, den man durch eine Dissertation und ein Examen (allenfalls auch *honoris causa*) erwirbt; diesen Grad behält man, unabhängig davon, was für einen Beruf man ausübt. »Professor« dagegen ist im Prinzip jemand, der an einer Hochschule als regulärer Lehrer angestellt ist. Ein Professor hat in den meisten Fällen vorher einen Doktorgrad erworben. Wenn er dann »Professor Doktor« heißt, so ist das im Prinzip dasselbe – man erlaube den militärischen Vergleich – wie wenn ein Leutnant (Grad) Zugführer (Funktion) ist.

Die Sache wird dadurch etwas verunklärt, daß manche Länder den Professortitel auch ehrenhalber verleihen – wodurch er zu einer Rangbezeichnung wird – und daß andererseits die Ärzte generell als »Herr oder Frau Doktor« bezeichnet werden, wodurch der Name »Doktor« auch zu einer Berufsbezeichnung geworden ist. Aber im Prinzip gilt dennoch: Doktor = Grad, Professor = Beruf.

Wie soll man diese Damen oder Herren nun anreden? Allgemein geht die Tendenz dahin, immer weniger Titel in der Anre-

4 Über die Titelgebung im Deutschen kann man sich z.B. in dem Buch von Klaus Nestle, Die neue Höflichkeit, Genf 1986, sowie im berühmten »Almanac de Gotha« informieren; über die englischen Titel orientieren u.a. »Whitacker's Almanach«, London, alljährlich erscheinend (im Abschnitt »The Peerage« = der Hochadel), sowie »Debrett's Peerage«.

de zu gebrauchen. Seit etwa fünfzig Jahren ausgestorben ist die Sitte, den Titel eines Mannes auch auf dessen Frau zu übertragen. Die »Frau Oberst« und die »Frau Oberrichter« sind heute endgültig verschwunden. Das ist recht so: Wenn überhaupt Titel verwendet werden, so müssen es eigene sein: mit »Frau Doktor« soll nur noch eine Frau angeredet werden, die diesen Titel selber erworben hat.

Man soll als Anrede nie den Titel zusammen mit dem Namen gebrauchen; auch soll man nie zwei Titel verwenden. Eine Anrede wie »Guten Tag, Herr Professor Meier« ist also im Prinzip falsch, sie mag höchstens dann gestattet sein, wenn man der betreffenden Person nachdrücklich zur Kenntnis bringen will, daß man ihren Namen noch weiß. Ebenfalls ungebräuchlich ist es, in der Anrede zwei Titel zu verwenden. Auf »Guten Tag, Herr Professor Doktor« würde der Angesprochene eher ärgerlich reagieren; er würde meinen, der andere wolle sich über die »zahlreichen« Titel lustig machen. Von zwei Titeln verwendet man natürlich immer den höheren, in diesem Falle also Professor.

Wie gesagt stirbt der Gebrauch von Titeln in der Anrede immer mehr aus. Meist geschieht das allmählich. Manchmal gibt es aber auch plötzliche Veränderungen; so war eine der Folgen der Studentenbewegung in den Jahren um 1968 ein fast völliges Verschwinden des Titels »Professor« in Universitätskreisen. Dort wird ein Professor heute in der Regel als »Herr Maier«, »Frau Fischer« angeredet. »Herr Professor« wird nur noch gebraucht: einerseits von besonders höflichen Studenten aus der Provinz, andererseits gegenüber alten Professoren, denen man anmerkt, daß sie noch anderes gewöhnt sind. Und natürlich ist der Gebrauch des Titels immer ein herrlicher Ausweg, wenn man den Namen nicht sicher weiß.

Alles bisher Gesagte gilt für die mündliche Anrede und für die direkte Anrede in Briefen. Auf Adressen sollen nach wie vor alle Titel genannt werden.

Ein Graf, mit dem man nicht näher bekannt ist, wird mit

»Herr Graf« angeredet, eine Gräfin mit »Frau Gräfin«; das gleiche gilt für Großherzog, Herzog, Fürst, Prinz, Baron und die entsprechenden weiblichen Titel. Anreden wie »Königliche Hoheit«, »Durchlaucht«, »Erlaucht« sind in »uneingeweihten« Kreisen kaum mehr im Gebrauch. Kardinäle werden mit »Eminenz« angeredet, Botschafter mit »Exzellenz« oder mit dem Namen.

Im Verkehr mit Engländern soll man folgendes beachten: Wenn ein Mann »Sir« ist, also ein Angehöriger des Nieder- oder Verdienstadels, dann muß sowohl ihm gegenüber als auch gegenüber Drittpersonen der Titel »Sir« so gebraucht werden:

- entweder zusammen mit dem Vornamen, also: »Sir Randolph«,
- oder (z.B. zur Verdeutlichung) zusammen mit dem Vor- und Nachnamen, also: »Sir Randolph Brewer«,
- aber nicht mit dem bloßen Nachnamen: »Sir Brewer«. Hingegen ist nach »Lady« der Nachname die Regel: »Lady Brewer«.

Ganz im allgemeinen soll man sich mit den Anreden nicht zu sehr quälen: Erstens sind es die Inhaber von Titeln heute gewohnt, unvollkommen angeredet zu werden, und reagieren freundlich, es sei denn, sie seien von Natur mürrisch. Zweitens gibt es in den meisten Fällen mehr als eine Anrede, und es kommt dabei darauf an, wer mit wem spricht. Hiervon handelt der nächste Abschnitt.

Wechselnamen

Wohl die Mehrzahl aller Anreden sind *Wechselnamen.* Mit diesem Wort bezeichnen wir hier Personennamen, die je nach dem Verhältnis des Sprechers zum Angesprochenen wechseln müssen. Den Gebrauch solcher Wörter lernt schon ein Kind – wenn auch oft nicht ohne Mühe. Das Kind hat zu sagen: »Tante Ida«, die Mutter sagt: »Ida«, der Ehemann »Schatzi«, Außenstehende sagen »Frau Krause«, und doch handelt es sich immer um die gleiche Person.

In vielen Fällen funktioniert der Gebrauch dieser Wechselwörter ohne jede Schwierigkeit. Es gibt aber doch einige Probleme. Nicht so sehr die Deutschen, wohl aber manche Schweizer haben oft Schwierigkeiten bei der Bezeichnung der *Ehefrau* und des *Ehemannes.* Hier sind nämlich zwei Dinge zu unterscheiden:

– Wie bezieht man sich auf die Frau eines anderen Mannes und auf den Mann einer anderen Frau?
– Wie bezieht man sich auf die eigene Frau – auf den eigenen Mann?

Zur ersten Frage: In England ist es weithin üblich – in der Schweiz war es bis vor einigen Jahren allgemein üblich – sich auf die Ehefrau des Herrn X. mit dem Namen X. zu beziehen. Man pflegt also Mr. Debenham zu fragen: »How is Mrs. Debenham?«. Und in der Schweiz fragte man bis vor kurzem Herrn Nägeli: »Wie geht es Frau Nägeli?«

In Deutschland dagegen, und mehrheitlich auch in Österreich, fragt man seit vielen Jahren direkt: »Wie geht es *Ihrer Frau*?«, »Wie geht es *Ihrem Mann*?« Alles andere wird als altväterisch angesehen. Auch in der Schweiz hat sich in den letzten paar Jahren diese Form fast durchgesetzt.

Wer besonders höflich sein will, kann natürlich gehobenere Ausdrücke verwenden: »Ist Ihre *Gattin*/Ihr *Gatte* schon zurück?«, oder gar: »Dürfen wir Ihre *Frau Gemahlin*/Ihren *Herrn Gemahl* auch erwarten?« Aber: »Ihre Frau«, »Ihr Mann« ist immer korrekt.

Und nun zur zweiten Frage: Wie bezeichnet man gegenüber Dritten die *eigene* Frau, den *eigenen* Mann? In Deutschland ist die Antwort klar: »Meine Frau«, »Mein Mann«. In der Schweiz gibt es manchmal die folgende Schwierigkeit: Fasziniert von den wohlklingenden Namen »Gattin« und »Gemahlin« – die man im Schweizerdeutschen praktisch nicht gebraucht – meinen viele Schweizer, diese Wörter seien in allen

Fällen guter deutscher Sprachgebrauch, und sagen dann: »Meine Gattin« oder gar: »Meine Gemahlin«, zum Schmunzeln der Deutschen. In Wirklichkeit handelt es sich auch hier um Wechselnamen – so wenig man sich selbst zum »Herrn Doktor« erhebt, so wenig macht man die eigene Frau zur »Gemahlin« und den eigenen Mann zum »Gemahl«.

Man sagt: »Wie geht es Ihrer Frau?«, wenn man per Sie ist; man sagt: »Wie geht es Deiner Frau?«, wenn man mit dem Mann, aber nicht mit der Frau auf Du ist. »Wie geht es Monika?« kann nur dann gesagt werden, wenn man auch mit der Frau per Du ist. Wir haben einmal gehört, wie ein Mann auf die Frage: »Wie geht es Monika?« antwortete: »Danke, *meine Frau* hat viel zu tun.« So etwas ist starker Tabak, denn es heißt im Klartext: »Was erfrechst du dich! – meine Frau gehört mir allein«.

»Sexismus« in Anreden und Berufsbezeichnungen

Das Problem des (wirklichen und vermeintlichen) »Sexismus in der Sprache« können wir als Ganzes hier nicht lösen. Wir erinnern daran, daß die erste Grundfrage dieses Buches lautet: Wie erfreuen wir unsere Gesprächspartner? und nicht etwa: Wie verhelfen wir einem Prinzip zum Durchbruch? Deshalb stellen wir auch hier das menschliche Individuum und die konkrete Situation in den Mittelpunkt.

Ein Problem, das immer wieder auftaucht, ist die *Anrede* für eine unverheiratete weibliche Person: Nur »Frau« oder eventuell auch »Fräulein«? Wir möchten dafür folgende zwei Thesen aufstellen:

- jede erwachsene Frau hat Anspruch darauf, mit »Frau« angeredet zu werden, wenn sie es wünscht.
- jede unverheiratete Frau hat Anspruch darauf, mit »Fräulein« angeredet zu werden, wenn sie es wünscht.

Der Streit um »Frau« und »Fräulein« ist, so viel wir sehen, um die hundert Jahre alt[5]. Die Lösung kann nicht darin bestehen, für alle Frauen die Anrede »Frau« zu postulieren; denn manche von ihnen wünschen dies gar nicht. Ihre Gründe sind verschieden: Eine Frau, die ein Leben lang mit einem bestimmten Ausdruck angeredet worden ist, mag dabei bleiben wollen; eine andere will es deutlich machen, daß sie selbst Doktor oder Direktor ist und nicht die Frau eines Doktors oder Direktors. Wieder andere mögen sich gerne an den alten Sinn von »Fräulein« (›Dame von Stand‹) erinnern. Deshalb: Niemand mit Gewalt »glücklich« machen wollen.

Ein anderes Problem sind die *Berufs- und Amtsbezeichnungen* für Frauen. Hier möchten wir zuerst dafür plädieren, daß sprachliche Texte nicht durch ein Gestänge von Bruchstrichen, Klammern und falschen Großbuchstaben verunstaltet werden. Wir sind also gegen solche Formen wie: »MusikerInnen«; »man/frau« finden wir falsch, weil »man« und »Mann« (wie französisch »on« und »homme«) seit Jahrhunderten zwei verschiedene Wörter sind. Und wenn schon Klammern mit der weiblichen Endung »-in« gesetzt werden, dann müssen sie stimmen. Eine Formel wie:

»Gesucht: ein(e) Übersetzer(in)«

kann man gelten lassen; denn die Wörter stimmen mit Klammer und ohne Klammer jeweils zusammen. Falsch ist dagegen:

»Diese(r) Assistent(in) soll«

denn ohne Klammer heißt es: ›diese Assistent soll‹, mit Klammer: ›dieser Assistentin soll‹ – beides ist falsch.

Und nun das aktuellste und umstrittenste Problem. Soll bei Berufsbezeichnungen *immer* die sogenannte *markierte* Form (also diejenige mit der Endung »-in«) verwendet werden, wenn es sich um Frauen handelt? Grundsätzlich stehen sich hier zwei Meinungen gegenüber.

Die eine Meinung, die heute von vielen Frauen vertreten wird, lautet, es sei bei der Bezeichnung von Frauenberufen und -Ämtern *stets* die *markierte* Form (also zum Beispiel »Professo-

5 Wir fanden ihn als Thema schon in dem zeitkritischen Gedichtbuch »Biedermeier mit ei« von Franz von Ostini, Stuttgart 1904.

rin«) zu verwenden, damit immer wieder nachdrücklich an die Frauen, ihre Leistungen, Rechte und Forderungen erinnert werde.

Die andere Meinung, die in der Öffentlichkeit seltener gehört wird, lautet, die weibliche Endung sei nur dort zu setzen, wo sie für die Information *dringend nötig* ist; in allen anderen Fällen solle man auch für Frauen die *unmarkierte* Form (also zum Beispiel »Professor«) gebrauchen.

Wir vertreten die zweite Meinung. Bei der Begründung müssen wir etwas ausholen und von der Gegenwart, der Zukunft und von den Gesetzen der Sprachentwicklung sprechen.

Nachdem die Frau in fast allen Berufsarten schon gut vertreten ist, hat man sich weitgehend daran gewöhnt, Berufsbezeichnungen (zum Beispiel »Lehrer«, »Dozent«) generell als *zweigeschlechtig* aufzufassen. Hören wir, daß es irgendwo 355 Lehrer gibt, so denken wir nicht nur an die Männer, sondern zählen die Frauen mit. Das grammatische Maskulinum samt dem Artikel werden dabei nicht allzu wichtig genommen; denn wir wissen seit langem, daß die Schildwache keine Frau ist, das Mädchen keine Sache, und daß der Mensch sich auch auf Frauen beziehen kann. Es geschieht einer Frau kein Unrecht, wenn sie mit einem männlichen Substantiv bezeichnet wird.

Aus diesem Grunde ist es möglich und auch wünschenswert, daß die Frauen die maskulinen Berufs- und Amtsbezeichnungen noch ganz *für sich erobern.* Wenn sie sich zäh und nachdrücklich dafür einsetzen, daß man bei »Lehrer«, »Partner«, »Sänger«, »Minister« immer auch an die Frauen denkt, so wird das mit größter Wahrscheinlichkeit verwirklicht werden können, wenn auch erst in einiger Zeit. Wir bekämen dann im Deutschen mehr oder weniger die gleichen Verhältnisse wie im Englischen, wo Wörter wie »artist«, »professor«, »specialist« längst für beide Geschlechter gelten[6].

Dies hat große Vorteile, vor allem für die Frauen selbst, denn es drückt die Gleichstellung der Geschlechter sprachlich bes-

6 Vergleiche E. Leisi, Wie das Englische den Sexismus abwarf, in: »Neue Zürcher Zeitung« 18.7.1991.

ser aus als irgend etwas anderes. Zum Beispiel wird die unmarkierte Form in Wertungen den Frauen mehr gerecht als die markierte. »Frau X. ist die beste Assistentin, die ich in den letzten fünf Jahren hatte«, ist ein laues Lob, verglichen mit: »Sie ist der beste Assistent«; denn das erste bedeutet nur: ›Sie ist die beste von den (wenigen) Assistentinnen‹, das zweite dagegen: ›Sie ist die beste von den (vielen) Assistenten beiderlei Geschlechts‹.

Um noch klarer zu sehen, ist es nötig, auch das, was wir die »erste Meinung« genannt haben, in Gedanken weiter zu verfolgen. Bekanntlich wünschen viele Frauen, daß bei der Bezeichnung von Frauen ausschließlich die markierte Form, also diejenige mit »-in«, verwendet werde. Dies hätte für die Sprache zwei Folgen. Die erste ist allgemein bekannt: Es müßten bei jeder Nennung eines Berufs oder Amts zwei Wörter gesetzt werden – oder aber die mühseligen Annex- und Klammerformen, wie »Gemeinderat/rätin«, »MalerInnen«. So etwas kann allenfalls für die Amtssprache verbindlich erklärt werden. Ob sich aber die große Zahl der außeramtlichen Sprecher und Schreiber zu so etwas herbeiläßt, ist sehr fraglich; wahrscheinlich ergäbe sich nur eine noch größere Diskrepanz zwischen Amts- und Volkssprache als bisher.

Nur Fachleuten bekannt und deshalb bisher nicht in der Öffentlichkeit diskutiert, ist folgendes: Jede Sprache ist eine *Struktur*, in der die Elemente einander bedingen; die Änderung *eines* Elements hat auch die Änderung anderer Elemente zur Folge. Nehmen wir einmal an, der Wunsch mancher Frauen sei erfüllt, und es werde tatsächlich, wenn von weiblichen Wesen gesprochen wird, auch immer die *markierte* Form (also: »Professorin«) gesetzt. Dann hat das gesetzmäßig die folgende Konsequenz: Die andere, *unmarkierte* Form des gleichen Wortes (also »Professor«) wird – infolge des »oppositionellen Prinzips« – *nur* noch das Maskulin bedeuten. Und wenn dann jemand der Kürze halber oder aus irgendwelchen anderen Gründen diese endungslose Form gebraucht, so wird niemand mehr darunter auch die Frauen verstehen können.

Wir meinen deshalb, daß den Frauen auf lange Sicht besser gedient ist, wenn die Feminin-Markierung nicht automatisch gesetzt wird, sondern nur dort, wo sie für die Information dringend nötig ist.

Zu beachten

Auch das Reden mit sogenannten kleinen Leuten ist nicht ohne Probleme. Eine Reihe von Regeln sind zu beachten, damit das Gespräch nicht beide Teile verstimmt.

Keine Angst vor »großen Tieren«: Das Reden mit ihnen ist leichter als man denkt. Man soll mit ihnen lieber nicht von »hohen Dingen« sprechen. Und man darf sie nicht zu lange beanspruchen.

Titel, besonders seltene, darf man auch einmal falsch gebrauchen.

Nicht jeder darf jeden gleich anreden: Wechselnamen beachten!

Sexismus vermeidet man durch Phantasie und Rücksicht, nicht durch gewaltsame Sprachregelung.

6. Auf Reisen

Die zwei Typen von Reisenden

Hier ist die Rede von Reisen, die man zum Vergnügen oder zur Weiterbildung in Gruppen unternimmt. Wer beruflich oder allein unterwegs ist, kann aber sicher auch das eine oder andere des hier Gesagten brauchen. Es gibt selbstverständlich ganz verschiedene Reisende mit ganz verschiedenen Wünschen. Wir glauben aber, daß man, vor allem mit Bezug auf das Sprachverhalten, zwei Typen unterscheiden kann.

Der erste Typus reist, um Neues zu erleben, um fremde Landschaften, Tiere und Menschen zu sehen und zu hören. Er sammelt seine Eindrücke gelassen und bleibt dabei ganz sich selber.

Es gibt daneben einen andern Typus: die Menschen, die sich von Reisen in erster Linie eine Erhöhung des Lebensgefühls versprechen. Sie wollen durch die schöne Landschaft, durch die warme Sonne, durch den roten Wein begeistert und enthemmt werden. Alle diese Ingredienzien sind ihnen eine Art Droge, durch die sie in einen Zustand der Euphorie geraten; was im einzelnen diesen Zustand hervorruft, um welches Land es sich handelt, ob Griechenland oder die Fidschi-Inseln, das ist ihnen nicht so wichtig, Hauptsache, der gewünschte Effekt tritt ein.

Im Zusammenhang damit wünscht sich dieser Typus auch ein Fallen der Schranken zwischen den Menschen. Wieder einmal soll sich die Freude als Stifterin von Gemeinsamkeit bewähren: »Alle Menschen werden Brüder, wo dein sanfter Flügel weilt.« Dieser Wunsch geht oftmals ins Erotische über – auf einer gemeinsamen Wanderung, noch mehr auf einer Kreuzfahrt, da fallen die eigenen und fremden Hemmungen, da ist Amor mit seinem Bogen beständig im Hintergrund präsent, da schießt er, herbeigesehnt oder unerwartet, unter so günstigen Bedingungen wie sonst nie. Ganz allgemein ist eine Reise sicher dazu angetan, die Schranken zwischen den Menschen niederzureißen und Trennendes abzubauen.

Seit Nietzsches »Geburt der Tragödie« besitzen wir für diese beiden Menschentypen ein gutes Wortpaar. Die ersten kann man als die *apollinischen* bezeichnen: Es sind diejenigen, die ihre Individualität bewahren (und bereichern) wollen; dies tun sie, indem sie besonnen und einigermaßen systematisch das ansehen und anhören, was sie auf ihrer Reise jeweils vor sich haben. Apollo, der Gott des Intellekts, ist ihr Führer.

Die anderen kann man die *dionysischen* nennen. Für sie ist die Reise – wie Wein, Weib (Mann) und Gesang – ein Mittel, ihre Individualität zu verlieren, oder, positiver gesagt, zu überschreiten, ein wenig »im All aufzugehen«, so weit es halt unsere festgefügte Weltordnung erlaubt. Ihr Leitbild ist Dionysos, der Gott des Rausches, der Schrankenlosigkeit, der Verbrüderung bei aufgehobener Individualität.

Zwischen diesen beiden Gruppen – wenn sie »rein« vertreten sind – muß es fast notwendigerweise zu Konflikten kommen. Die »apollinischen« Reisenden wollen sich auf die Erlebnisse der Reise konzentrieren, sie wollen darum von den andern in Ruhe gelassen werden. Die »dionysischen« andererseits wollen »die Schranken fallen sehen«, sich mit den anderen anfreunden, und dies bedingt natürlich, daß sie ausgiebig mit diesen sprechen. Dies kann nicht gut gehen. Bald gewinnen die beiden die denkbar schlechteste Meinung von einander: Der Apollinische findet den andern aufdringlich, geschwätzig und störend, der Dionysische hält den andern für kalt und menschenfeindlich. Glücklicherweise sind die beiden Gruppen nicht immer rein vertreten, und glücklicherweise sind die meisten Menschen zu Kompromissen bereit. Aber grundsätzlich ist der Konflikt »vorprogrammiert«. Wir geben deshalb im folgenden einige Ratschläge, wie er wenigstens zu mildern ist.

Die Ratschläge für den *Dionysiker* können sehr allgemein und kurz gehalten werden: Er soll sich, so gut es in seiner erhöhten Stimmung geht, bewußt bleiben, daß es Menschen gibt, die anders reagieren als er, und soll sich nicht gleich mit allen verbrüdern wollen.

Etwas mehr Raum erfordern die Richtlinien für den *Apollini-*

ker. Er ist also der Reisende, der sich vor allem für die Objekte der Reise interessiert: Um diese zu sehen, reist er überhaupt, und er empfindet es mehr oder weniger als Störung, wenn ein Mitreisender mit ihm gegen seinen Willen ins Gespräch kommen will und sich nicht mehr von ihm löst. Da ist zunächst folgendes zu sagen: Wenn jemand weiß, daß er so reagiert, daß ihm vielleicht die halbe Reise durch gesprächige und sich anbiedernde Mitmenschen verdorben wird – dann soll er die Konsequenzen ziehen und allein reisen. Eine Gruppenreise ist dann einfach nicht das Richtige für ihn; in ihr würde er sich selber und andern zur Last fallen, denn in einer Gruppe gelten mehr oder weniger dieselben Gesetze wie bei einer Einladung: ein Minimum von *phatic communion,* von Einswerden durch Sprache (siehe oben Seite 45), ist notwendig. Wer das nicht will, soll allein reisen.

Der Apolliniker soll sich davor hüten, den Lehrer – um nicht zu sagen, Schulmeister – zu spielen. Da er darauf aus ist, sein Objekt, das fremde Land, seine Menschen, seine Geschichte, seine Pflanzen und Tiere, zu studieren, hat er sich meist auch gut vorbereitet und könnte beinahe selbst Reiseführer sein. Da ist denn die Versuchung groß, an bestimmten Stellen der Reise das Wort zu ergreifen: »das ist übrigens ein Ginkgobaum, von dem Goethe gesagt hat ...«, oder: »von hier ist es nicht weit bis nach Cosenza, wo bekanntlich Alarich ...«. Sicher werden solche Ergänzungen oft geschätzt. Aber es kann auch ein Zuviel geben. Fast in jeder Reisegruppe gibt es den Typus des älteren Herrn – Frauen schulmeistern viel seltener – der zu jeder Ausführung des Reiseleiters noch eine ergänzende Bemerkung hat. Dies erbittert den Reiseleiter, der seine Information sachlich und zeitlich sorgfältig dosiert hat und jetzt aus der Ordnung kommt. Wir haben es erlebt, daß ein Reiseleiter vom Ende der ersten Woche bis zur Heimkehr mit dem belehrenden Gruppenmitglied kein Wort mehr sprach.

Es kann aber auch den gewöhnlichen Reisenden zuviel werden. In jedem Menschen lebt die Sehnsucht, Dinge zu erleben, die ihm noch nie jemand in Worten vorerzählt hat; wir werden im Abschnitt »Sprachliche Vorwegnahme« (Seite 202 ff.) darauf zurückkommen. Wenn nun die eigene »sprachlose« Schau durch ein anderes Reisemitglied beständig mit belehrenden Worten »verunreinigt« wird, so regt sich in den meisten Menschen die Rebellion. Das zeigt sich etwa an einer schönen Stelle des Romans »Die Rote« von Alfred Andersch. Franziska, die Heldin, hat sich soeben von ihrem Mann Herbert, mit dem sie es nicht mehr aushielt, getrennt. Sie fährt mit dem Zug von Mailand nach Venedig und erblickt an der Strecke ein ganz gewöhnliches Haus, das ihr aber irgendwie anziehend und geheimnisvoll vorkommt:

> du bist romantisch, hat Herbert immer zu mir gesagt, wenn ich bat, das Auto zu stoppen, weil ich mir eines dieser Häuser ansehen wollte, irgendwo, er hatte nie einen Blick für sie, er hatte nur Blicke für Kirchen und Palazzi, für seine Palladios und Sansovinos und Bramantes, den ganzen kunstgeschichtlichen Tinnef.

Nachdem Franziska in Venedig angekommen ist, geht sie durch die Stadt und tritt dabei völlig unversehens aus einer Gasse auf den nächtlichen Markusplatz:

> Franziska geriet in einen Durchgang, in dem es zog, und stand plötzlich auf der Piazza San Marco. Vielleicht habe ich nie etwas Schöneres in einer Stadt gesehen, gerade jetzt, wo es mich nichts angeht, muß es mir passieren, daß ich in einer Januarnacht auf die Piazza San Marco gerate. Sie mußte sich einen Augenblick lang zwingen, nicht in Tränen auszubrechen.

Warum kann Franziska, die vorher so verächtlich von dem »kunstgeschichtlichen Tinnef« gesprochen hat, über ein Kunsterlebnis zu Tränen ergriffen sein? Weil das Erlebnis des Markusplatzes ein völlig spontanes, von keiner vorausgegangenen sprachlichen Fassung »verunreinigtes« Erlebnis ist. Daß Franziska von ihrem Mann so endgültig genug hat, beruht – der weitere Text zeigt es – hauptsächlich darauf, daß er ihr nie Gelegenheit zu solchem ursprünglichen Erleben gab. Gewöhnliche, unberühmte Häuser wollte er sie nicht ansehen lassen; bei den berühmten lieferte er ihr immer schon die sprachliche Optik (Formulierungen wie »sensualistischer Spätstil«), durch die sie das Erlebte, wenn es so weit war, sehen mußte.

Dieser Herbert ist der extreme Typus des Apollinikers mit allen seinen Schwächen. Zu spontanem Erlebnis nicht mehr bereit, »sieht« er nur noch, was er vorher im Baedeker gelesen hat, und er zwingt auch seine Mitmenschen, dasselbe zu tun. Und dies heißt natürlich auch, daß er nur das »Berühmte« sieht und für »Unberühmtes«, aber vielleicht Sehenswertes, das man am Wege findet, kein Auge hat. Viele handeln so: Sie schließen auf der Reise so lange die Augen – real oder im Effekt – bis das kommt, was der Prospekt oder das Reisehandbuch ihnen als sehenswert geschildert hat. Nicht alle sind glücklicherweise so; viele haben auch ein Auge für die »Schönheiten am Wege«. Aber ebensovielen ist der Drang zum Belehren eigen, von dem wir nun genauer wissen, warum er fatal werden kann. Es ist also jedem Apolliniker geraten, sich zu beschränken: eine Belehrung pro Tag muß genügen.

Auf der anderen Seite muß dem Apolliniker auch das Recht zugesprochen werden, sich gegen Anbiederer und Verbrüderer angemessen zu verteidigen. Aber eben: Was ist angemessen? Im Kapitel »In Gesellschaft« wurde bereits gesagt, daß unsere Kultur kein anerkanntes, höfliches Mittel besitzt, Menschen zum Schweigen zu bringen. Wenn ich nun zum Beispiel von einem Schiff aus, das auf dem Fluß dahingleitet, die Gegend mit ihren vielen Einzelheiten ansehen will – was kann ich tun gegen einen Menschen, der dauernd auf mich einredet und mein Interesse gefangen nehmen will? Soviel wir wissen, gibt es leider nur zwei Wege, beide leicht brutal. Der erste besteht darin, daß ich hartnäckig schweige. Es wirkt weniger aggressiv, wenn ich dabei ein Buch oder eine Zeitung vor mir habe – merkwürdigerweise verstehen es manche Menschen, daß einer nicht gestört sein will, wenn er liest, wogegen sie es kaum verstehen, daß einer nicht gestört sein will, wenn er eine Landschaft ansieht. Der seinerzeit berühmte Schweizer Reiseschriftsteller Hans Schmid gab schon vor achtzig Jahren dies Rezept: Man solle eine recht fremdsprachige Zeitung, z.B. den »Budapesti

Hirlap« kaufen und (scheinbar) drin lesen; dann habe man einige Chancen, unangesprochen zu bleiben. Allerdings gibt es aufdringliche Gefährten, die selbst dieses Signal nicht richtig deuten und meinen, eine Konversation sei doch sicher auch der besten Lektüre vorzuziehen. Gegen die hilft wohl nur eisiges Weiterschweigen.

Der andere Ausweg besteht darin, daß man – so höflich, wie unter den Umständen möglich – erklärt, daß und warum man sich nicht auf ein Gespräch einlassen wolle. Etwa so: »Sehen Sie, ich schau mir halt am liebsten *ganz still* die Landschaft an – *ohne zu reden.*«

In beiden Fällen wird der »Reisekamerad« mit Sicherheit beleidigt sein. Dies ist bedauerlich. Es ist aber noch bedauerlicher, von jemand, den man nicht zum Gesprächspartner will, andauernd geplagt zu werden. In der ersten Szene von »Homo Faber« beschreibt Max Frisch, wie sein Held auf einem Langstreckenflug vom Sitznachbarn unermüdlich angegangen wird, bis er schließlich bei einem Zwischenhalt in eine Toilette flüchten muß. Das ist niemandem zuzumuten. Sollte jemand ein besseres Rezept wissen als die beiden hier mitgeteilten, d.h. sollte er eine (bewährte) Art und Weise kennen, einen unerwünschten Sprecher abzustellen, ohne ihn zu kränken, dann möge er uns das bitte mitteilen. Bis dahin muß die Kränkung des Ansprechers in Kauf genommen werden. Wenn jemand nach dem zweiten Signal nicht merkt, daß man im Augenblick ein Gespräch nicht wünscht, dann muß er eben beleidigt werden; es ist schlechthin unvermeidlich.

Reiseführer

Hier meinen wir nicht die gedruckten, sondern die lebenden. Sie können unter sich sehr verschieden sein. Es gibt die intellektuellen, die sich eine Reisegesellschaft selbst von zuhause mitgebracht hat; es gibt die sehr unterschiedlichen lokalen Führer. Eins aber haben sie gemeinsam: Sie sind immer Vermittler zwischen einem Subjekt und einem Objekt, mit allen Problemen eines Vermittlers. Das Positive an ihnen ist sicher, daß sie uns Dinge sagen, ohne die wir unser Objekt unvollständig oder in einer falschen Perspektive sähen. Es freut den Reisenden, im Schloß Chillon oder am Tempel auf dem Kap Sunion Byrons Namenszug zu sehen; es freut ihn, darauf aufmerksam gemacht zu werden, daß in Sunion Marmor aus Paros verwendet wurde, der bekanntlich besonders weiß ist. Für dies und vieles andere sind wir den Führern dankbar.

Aber der Führer hat auch alle Nachteile des Vermittlers. Er schiebt sich zwischen Subjekt und Objekt. Auf einer Busreise in den Osten Teneriffas hat sich folgendes zugetragen: Der lokale Reiseführer, nachdem er etwa drei Stunden pausenlos erklärt hatte, schaltete eine Unterbrechung so ein: »Ich mache jetzt eine Pause; jetzt können Sie schlafen.« Das heißt: Dieser eifrige junge Mann war der Meinung, es gebe für die Reisenden nur zwei Möglichkeiten: entweder ihm zuzuhören oder zu schlafen. Daß jemand Wert darauf legen könnte, auch einmal ganz ohne Wortberieselung die vorbeiziehende Landschaft anzusehen, kam ihm nicht in den Sinn.

Und am Aphaia-Tempel in Ägina haben wir etwas erlebt, was beinahe ein »Aufstand« geworden wäre. Man kam am frühen Morgen aus den Bussen zum Tempel; das ganze Gelände war noch frei von Touristen und herrlich beleuchtet. Der Führer der einen Gruppe, ein hochgebildeter Althistoriker, stellte sich auf und wollte seine Erklärungen beginnen. Doch da wurden die Touristen rebellisch: Sie brummten laut oder leise, sie wollten »dieses Zeug« jetzt nicht schon wieder hören, und begannen wegzulaufen, erst einzeln, dann in Scharen. Natürlich waren es vor allem die Fotografen unter ihnen, die ihre Chance, den Tempel ohne störende Menschenscharen aufs Bild zu bekommen, dahinschwinden sahen. Aber ganz offensichtlich – man konnte es den ungehaltenen Rufen entnehmen – ging es um mehr: Man hatte den Vermittler grundsätzlich satt und war böse darüber, daß er einen abermals um die Möglichkeit eines direkten wortlosen Kontakts mit dem schönen Objekt bringen wollte.

Ähnliches geschieht wahrscheinlich öfter als man denkt. Es läuft immer darauf hinaus, daß der Vermittler und seine sprachliche Vermittlung als störend empfunden wird.

Kann man auch hier Regeln für das sprachliche Verhalten geben? Innerhalb gewisser Grenzen sicher. Zunächst für den *Reiseführer.* Er muß sich einprägen, daß er in sein belehrendes Gespräch immer wieder Pausen einbaut, während derer seine Gruppe, unabhängig von ihm, mit dem Objekt »wortlose Zwiesprache« halten kann. Und zwar ist es vorteilhaft, daß er eine Pause schon dann macht, wenn die Reisegruppe auf das Objekt stößt, denn so kann der erste Kontakt ohne den Vermittler stattfinden; das Bedürfnis nach »Zwiesprache« – und nach Fotografieren – kann gestillt werden, und die Informationen des Vermittlers werden nachher umso mehr geschätzt werden. Das Problem des Leiters ist dabei natürlich, wie er die Zeit für die Pause bemißt, und wie er seine Leute nachher wieder zusammenbekommt.

Ausdrücklich muß noch dies gesagt werden: Ganz sicher gibt es Reiseführer, die zu viel und zu pausenlos reden, weil sie von sich selbst eingenommen sind. Es gibt aber daneben andere, die an sich durchaus die nötige Bescheidenheit hätten, rechtzeitig aufzuhören, die sich aber verpflichtet fühlen, ihren Zuhörern ein Maximum – auch quantitativ – zu bieten, weil sie dafür bezahlt sind. Diesen gewissenhaften Seelen ist zuzurufen: Geht auf Qualität, nicht auf Quantität; macht ruhig auch eine oder mehrere Pausen, reduziert die obligatorischen Informationen zugunsten der fakultativen! Es gehört genau so zu Euren Verpflichtungen, dem Touristen eine Chance zum persönlichen Kontakt mit dem Objekt zu geben, wie es dazu gehört, ihn darüber mit Worten zu informieren. Nicht ein Maximum ist erwünscht, sondern ein Optimum.

Was ist nun – andererseits – von seiten des *einzelnen Touristen* zu tun? Er soll, wenn es nötig wird, den Führer höflich darauf aufmerksam machen, daß dessen Informationen zwar sehr wertvoll sind, daß sie aber nie den direkten Kontakt des Touristen mit dem schönen Tempel, den Statuen, und was noch sonst alles zu sehen ist, verhindern dürfen. Der Tourist darf dabei ruhig auch das Argument gebrauchen, das wir eben verwendet haben: »Ich weiß, Sie wollen uns das Maximum bieten; wir schätzen Ihre wertvollen Informationen sehr, aber wir müssen auch Zeit haben, uns die Sache unabhängig von jeder in Sprache gefaßten Einleitung anzusehen.« So etwas, je lobender und höflicher, umso besser, sollte eigentlich den Reiseführer nicht kränken, wird aber anderseits der Gruppe einen großen Vorteil verschaffen.

Natürlich müßte man dies vorher in der Gruppe etwas absprechen, damit nicht die »Sparsamen« auf die Idee kommen, der Reiseführer drücke sich um seine Pflichten, und sie bekämen für ihr Geld zuwenig geliefert – solche ökonomischen Typen trifft man leider nicht selten an.

Reise-Erinnerungen

Wenn jemand von einer Reise zurückgekehrt ist, hat er das Bedürfnis, seinen Freunden davon zu erzählen. Häufig geschieht das in Form eines Dia-Abends, bei dem die Fotos zusammen mit einem gesprochenen Kommentar vorgeführt werden.

Auch eine Dia-Vorführung ist ein sprachliches Problem. Denn sie bedeutet immer einen Einbruch in die Gesellschaftlichkeit: Hatten vorher alle Gäste das Recht, sich an der Konversation zu beteiligen, werden sie nun plötzlich zum Schweigen und zum passiven Aufnehmen genötigt. Die Vorführung muß schon sehr gut sein, daß man das ohne inneren Protest erträgt.

Was die Qualität der Dias anbetrifft, beschränken wir uns auf den Ratschlag, daß nur wirklich *schöne Fotos* gezeigt werden sollen – alle andern, seien sie noch so lustig oder dokumentarisch wertvoll, sind rücksichtslos auszuscheiden. Und vor allem: ein gewisses Maß soll nicht überschritten werden. Etwa 70 Aufnahmen sind genug – wer seinen Gästen 300 Dias vorsetzt, ist ein Barbar, möge er sich sonst noch so gebildet und feinsinnig geben. Ähnliches gilt für Video-Darbietungen.

Auch die *mündlichen* Reiseberichte sollen sich in Grenzen halten. Die Gäste haben in der Regel durchaus nicht den Wunsch, über ein Land, das ihnen fremd ist, einen unangekündigten Vortrag zu hören. Ein Abend, an dem *nur* von Samos, *nur* von Agadir, *nur* von Samarkand gesprochen wird – und wäre es noch so gescheit – ist ein Verstoß, für den es keine Entschuldigung gibt.

Es gibt andererseits auch Gründe, den Hörer um Verständnis für den Erzähler zu bitten. Dies sei durch eine Anekdote veranschaulicht, die in unserer Familie die Beefsteak-Geschichte heißt. Ein befreundetes Ehepaar machte eine Gesellschaftsreise über einen schweizerischen Alpenpaß mit und erzählte nachher begeistert – nicht etwa von den landschaftlichen Schönheiten, sondern einzig von dem wunderbaren Beefsteak mit ebenso wunderbaren Beilagen, das man im Gasthaus auf der Paßhöhe vorgesetzt bekommen habe. Unsere Familie reagierte auf diese Erzählungen – nachdem die Erzähler sich verabschiedet hatten – sehr verschieden. Einer begann sogleich zu tadeln: »Was sind das für gräßliche materialistische Leute, die kein Wort über die wunderbare Landschaft verlieren und nur ans Essen denken.« Ein anderer dagegen verteidigte die »Angeklagten«: »Diese Leute waren von der ganzen Reise – von der Landschaft und allem – begeistert, und sie hätten auch von der Landschaft gesprochen, *wenn sie es gekonnt hätten.* Was aber hätten sie da sagen müssen? Etwa dies: ›Der Himmel war von einem tiefen Pflaumenblau, wie man es sonst nur in Griechenland oder im Engadin sieht – und dazu die hohen Felswände, in Schichten von Ocker und Graurosa abwechselnd, und hie und da ein Wasserfall wie eine dünne weiße Schnur – das müßtet ihr gesehen haben.‹ So etwa hätten die guten Leute reden müssen – aber sie waren keine Dichter, nicht einmal gute Prosaisten, und so beschränkten sie sich auf das, was sie in Worten ausdrücken konnten, nämlich die Freude an ihrem Beefsteak.«

So geschieht es tatsächlich oft bei Reise-Erinnerungen: Die Erzähler vermeiden es, von dem zu sprechen, was sie nicht ausdrücken können – getreu dem Ausspruch Wittgensteins: »Worüber man nicht sprechen kann, darüber muß man schweigen« – und halten sich an Einfaches: das Essen, die Unsauberkeit des Zimmers, vorteilhafte Einkäufe und schwindelhafte Straßenhändler. Sie werden dann von »ideal gesinnten« Zeitgenossen als Materialisten beurteilt; das sind sie aber noch lange nicht, sie sind nur keine Dichter, und das kann man niemandem zum Vorwurf machen.

Zu beachten

Auf Reisen scheiden sich die Menschen in zwei Gruppen:
- *Die Apolliniker, die vor allem die Objekte ansehen und dabei die eigene Individualität behalten wollen.*
- *Die Dionysiker, die vor allem in Stimmung geraten und die Schranken der Individualität überschreiten wollen.*

Diese beiden Gruppen müssen sprachlich Rücksicht auf einander nehmen.

Der Dionysiker muß mit dem Ansprechen und Verbrüdern zurückhaltend sein.

Der Apolliniker soll gegenüber Verbrüderern einige, aber nicht grenzenlose Toleranz zeigen. Er soll es vermeiden, mit seinen Kenntnissen die andern zu schulmeistern und dem Reiseführer ins Handwerk zu pfuschen.

Der Reiseführer soll in seinen Ausführungen Pausen machen und den Touristen Gelegenheit geben, mit dem schönen Objekt wortlose Zwiesprache zu halten.

Reise-Erzählungen sollen kurz sein. 70 »brutal« ausgewählte Dias genügen als Illustration.

7. Besondere Situationen

Kunstgenüsse

Bei »Kunstgenüssen«, also in Galerien, Konzerten, Theater- und Kinoaufführungen, gelten ähnliche Regeln wie auf Reisen. Das heißt, man soll sich hüten, den Kunstgenuß des Nachbars durch einen Schwall von Worten zu beeinträchtigen. Also keine erklärenden Vorträge, es sei denn, sie seien ausdrücklich bestellt worden, und keine lauten Werturteile, mit denen man den Nachbar in den Gefühlen oder in dem schwierigen Prozeß der Urteilsfindung stört.

In ihrem amüsanten Buch »Das Zürcher Konzertleben[1] hat Margaret Engeler die Rituale und das Rollenverhalten von Konzertgängern der »besseren« Gesellschaft eingehend geschildert; hierzu gehören auch gewisse Sprachmuster vor dem Konzert, in der Pause und nachher. Als Individuum muß man sich diesen Mustern – Begrüßungen, einige Worte über den eigenen Eindruck, Abschiedsformeln – wohl anschließen, aber sie müssen kurz bleiben und wie gesagt nicht zu Vorträgen werden.

Wichtig ist es, dem Nachbarn die Freude nicht zu verderben. Schon vor mehr als 50 Jahren hat der Kulturkritiker Adolf Guggenbühl (damals unter dem Pseudonym Vinzenz Caviezel) in seinem heute noch gültigen Buch »Der schweizerische Knigge«[2] den Fall angenommen, daß ein anspruchsvoller Intellektueller in einen kitschig-rührenden Film gerät, »in dem am Schluss unter schmalziger Orchesterbegleitung das Förstermaderl von dem flotten Husarenleutnant auf ewig Abschied nimmt, weil die Standesunterschiede doch gar zu gross sind«; für einen solchen Fall rät er dem Intellektuellen: »wenn dann rechts und links die Schnupftücher zum Vorschein kommen, dann äussern Sie bitte nicht Ihre Verachtung gegen diese Menta-

---

1 Margaret Engeler, Das Zürcher Konzertleben – Meinungen, Moden Medien, Stäfa bei Zürich 1990.

2 Adolf Guggenbühl, Der schweizerische Knigge, Zürich 1933 u. öfters.

lität durch Lachen oder durch laute, störende Bemerkungen.« Die anderen Besucher haben gleichviel bezahlt, möglicherweise sind sie intellektuell und künstlerisch sogar überlegen; aber sie haben diesen Film gewählt, um wieder »einmal nach Herzenslust weinen zu können, und das ist ihr gutes Recht.«

Diejenigen Konzert- oder Theaterbesucher, die mit ihrem vermeintlichen guten Geschmack auftrumpfen, scheinen oft keine Ahnung davon zu haben, daß der andere zu seinem andere Urteil ebensosehr, vielleicht mehr, berechtigt ist, und daß jemand, dem die Vorführung gefallen hat, von einem rüden Urteil gleich doppelt betroffen wird: Der Interpret, von dem der Zuhörer begeistert ist, wird angegriffen, und zugleich wird auch das Urteil des Zuhörers in Frage gestellt.

Wir erinnern uns an eine Aufführung von Racines *Phèdre* durch die Compagnie Jean-Louis Barrault in Zürich. Wir waren ergriffen und mußten die Tränen zurückhalten – als eine alte Dame neben uns sagte: Die haben ja Racine richtig massakriert – *massacré*. Es war eine kalte Dusche, ja schlimmer, weil nicht erfrischend. Wir fragten uns: Sind wir denn so dumm? kennen wir denn die Ansprüche nicht, die man zu machen hat?

Ein prononciertes Urteil führt, wenn die anderen nicht gänzlich einverstanden sind, meist zu Diskussionen. Dabei geraten oft die verschiedenen Generationen aneinander. Manche jungen Leute mögen eine mit vielen Gags angereicherte Shakespeare-Aufführung voll genießen, auf die die älteren entsetzt reagieren – andererseits mögen sie das, was die älteren voll genießen (zum Beispiel ein Stück mit »lieben« Menschen und glücklichem Ausgang), kitschig oder eine verlogene »heile Welt« nennen.

Der Antagonismus der Generationen besteht übrigens nicht nur in der Differenz des Urteils selbst, sondern auch darin, daß die einen – meist die Jungen – das Problem ausdiskutieren wollen, in der Hoffnung, die besseren Argumente werden siegen, während die anderen – meist die Älteren – der Meinung sind, über »Geschmäcker« sei nicht zu streiten, und eine Diskussion sei deswegen mehr oder weniger sinnlos. Und dann halten die ersten die zweiten für auskneiferisch, umgekehrt die zweiten die ersten für aufdringlich. Toleranz ist also auf beiden Seiten vonnöten. Toleranz aber ist ein Kind der Phantasie. Wenn es mir gelingt, mich in den anderen Menschen hineinzuversetzen und seine Gefühle und Überlegungen nachzuvollziehen, dann werde ich ihn verstehen, dann bin ich zur Toleranz bereit.

Zu beachten

Den Kunstgenuß des anderen nicht durch Schulmeistern stören.

Keine extremen Urteile – weder gute noch schlechte – herausposaunen.

Toleranz ist ein Kind der Phantasie.

Vom Reden mit Trauernden

Für viele Menschen ist es eine Qual, mit Trauernden zu sprechen oder gar ihnen zu schreiben. Schuld daran ist nicht nur eine Aversion gegen alles, was mit dem Tod zusammenhängt. Noch belastender erscheint für viele die Möglichkeit, sich falsch zu verhalten, und zwar besonders in sprachlicher Hinsicht. Sie befürchten, die Trauernden noch trauriger zu machen, als sie schon sind, sie zu beleidigen und sich selbst unmöglich zu machen.

Die Abneigung gegen alles, was mit Tod und Trauer zusammenhängt, ist tief eingewurzelt und läßt sich nicht leicht überwinden. Hingegen ist die Furcht, sich gegenüber den Trauernden sprachlich unmöglich zu machen, meist unbegründet. Auf jeden Fall kann man durch Beachtung einiger weniger Regeln erreichen, daß man sich als Trauergast sprachlich richtig verhält.

Viele Trauergäste machen den Fehler, daß sie sich selbst zu wichtig nehmen. Sie meinen, das, was sie sagen, werde von den Trauernden ganz besonders wichtig genommen und für alle Zeit im Gedächtnis behalten. Dies ist natürlich Unsinn. Die Trauerfamilie hat, so will es die Sitte, mit Dutzenden von Leuten zu sprechen. Und da verschwimmt ihr in der Regel vollständig, was gesagt wurde und von wem. Es müßte sich schon um einen ganz besonderen Ehrengast handeln, daß man seine Äußerungen mehr als alle anderen im Gedächtnis behielte, und in diesem Fall würde man sie wohl positiv deuten. Der Fall, daß ein Trauergast aus sprachlichen Gründen bei der Trauerfamilie Anstoß erregt, dürfte darum viel seltener sein, als befürchtet wird.

Aber es gibt natürlich Dinge, die für das Gespräch mit Trauernden mehr oder weniger geeignet sind. Viele Menschen haben die folgende falsche Idee: Sie meinen, indem man mit den Hinterlassenen von dem Verstorbenen, von seinen Verdiensten, oder von der schmerzlichen Lücke, die er zurückgelassen hat, spreche, mache man diese nur noch trauriger, als sie es schon seien. Diese Menschen versuchen dann die Hinterlassenen abzulenken, indem sie es vermeiden, den Verstorbenen im Gespräch zu berühren, und statt dessen von anderen Dingen, von der überfüllten Kirche oder von der Person des Pfarrers sprechen.

Dies ist ganz falsch. Für die Hinterlassenen ist der Verstorbene das Wichtigste, und sie haben den Wunsch, von ihm zu sprechen. Wenn sie dabei in Weinen ausbrechen, so ist das völlig natürlich: Im rechten Augenblick richtig und gut weinen können ist eine große Wohltat. Der Gast soll sich also keineswegs Vorwürfe machen, wenn er dieses Weinen ausgelöst hat. Es mußte so oder so kommen; die Trauernden sind ihm vielleicht sogar (unbewußt) dankbar, daß er ihnen zum Weinen verholfen hat. Natürlich wird der Gast nicht in quälender Weise beim Negativen verbleiben – andauernd betonen, welch ein schwerer und völlig unersetzlicher Verlust dies gewesen sei – sondern auch auf anderes kommen, auf die Verdienste des Verstorbenen und auf freundliche Erinnerungen an ihn. Auch die Frage, wie es denn eigentlich in den letzten Tagen gegangen sei, wird eher als Interesse denn als Neugier gedeutet und darum meist gerne beantwortet.

Ähnliches gilt nun auch für einen *Kondolenzbrief.* Wer auch nur einigermaßen zum Schreiben befähigt ist, der sollte es nicht bei einer gedruckten Karte bewenden lassen, sondern selbst einen Brief schreiben – der übrigens heute durchaus auf weißem Papier geschrieben sein kann. Ein guter Kondolenzbrief ist ein großer Trost und hält noch vor, wenn alle Kränze schon verwelkt und abgeräumt sind. Wie schon gesagt, stürmen bei einer Trauerfeier alle möglichen Eindrücke auf die Trauernden ein; die verschiedenen tröstlichen Zusprüche verwirren sich, und am Abend weiß man kaum noch, wer was gesagt hat. Das Geschriebene aber überdauert die Zeit der Verwirrung; es kann später in Ruhe wieder gelesen werden und bleibt deshalb ein dauernder tröstlicher Besitz.

Was macht den guten Kondolenzbrief aus? Er soll ruhig ausführlich vom Verstorbenen sprechen, und er darf auch von der Lücke reden, die sein Tod in die Familie gerissen hat. Hingegen soll er nicht zu lang auf der Schilderung des Verlustes beharren – die Hinterlassenen wissen selber viel zu gut, was sie verloren haben, und man braucht sie darüber nicht zu belehren. Formulierungen wie: »den namenlosen Verlust« oder »Ihre grenzenlose Trauer« sind darum taktlos, weil sie den Hinterlassenen womöglich eine noch größere Trauer unterstellen, als sie schon haben. Also besser: »Ihr schmerzlicher Verlust«, »Ihre Trauer.«

Hingegen ist es durchaus erlaubt, von dem eigenen Schrekken und von der eigenen Trauer zu sprechen, die man beim Empfang der Nachricht empfunden hat. Man kann zum Beispiel den Brief mit der Wendung »In herzlicher Mittrauer« abschließen. Und vor allem: Man soll ruhig vom Verstorbenen sprechen: Wie man ihn noch gesehen und sich mit ihm unterhalten hat. Was einem an ihm einen großen Eindruck gemacht hat. Wo er einem Vorbild war. Dies mag die Empfänger des Briefes zum Weinen bringen, aber es ist tröstlich für sie, weil es vom Nachwirken des nun beendigten Lebens in anderen Personen spricht und damit den Tod in gewisser, wenn auch nicht in christlicher Weise, überwindet.

Aus diesen Gründen ist ein Kondolenzbrief nicht etwa ein Ersatz für den Besuch der Trauerfeier. Man soll ihn auch dann schreiben, wenn man diese besucht, und ihn entweder gleich mitbringen oder durch die Post schicken. In der Regel soll man mit dem Schreiben eines solchen Briefes nicht länger warten als etwa eine Woche. Das heißt aber nicht, daß man später nicht mehr schreiben könnte. Wir erinnern uns an folgende Begebenheit. Zwei Monate nach dem Tode des Vaters bekam eine Familie, völlig unerwartet, noch den Brief eines Unbekannten, der etwa folgendes schrieb:

»Nach dem Hinscheiden Ihres Vaters habe ich lange gezögert, Ihnen zu schreiben, möchte dies aber jetzt doch tun. Er hat, was Sie wahrscheinlich nicht wissen, in meinem Leben einmal eine grosse Rolle gespielt, als er in einem für mich bedeutsamen Zivilprozess – es ging um die Verwertung einer Erfindung – als Gutachter amten musste. Er hat damals, obwohl er sich damit Feinde schuf, in einer so klaren und eindeutigen Weise ausgesagt, dass der Prozess sogleich zu meinen Gunsten entschieden wurde. Und in seinem Schlusswort sagte er noch: ›Wenn ich dieses Gutachten nochmals machen müsste, ich käme wieder auf das gleiche Resultat‹. Es sind jetzt seitdem gut zwanzig Jahre her; aber diese seine aufrechte Haltung ist mir bis heute lebendig in Erinnerung geblieben.«

Dieser Brief hat den Empfängern große Freude gemacht, weil sie oft den Eindruck hatten, ihr Vater sei als stiller und bescheidener Mann von manchen Menschen zu wenig geschätzt worden, vor allem habe man seine aufrechte Haltung zu wenig gewürdigt. Da kam der Brief dieses Mannes als ein unerwarteter und willkommener Trost, und gerade weil er »verspätet« war, erhielt er mehr Gewicht.

Was hier von Kondolenzbriefen gesagt wurde, gilt übrigens für alle Briefe. Ein verspäteter Brief – und sei er ein Jahr zu spät – ist immer noch viel besser als ein nicht geschriebener Brief; er wird in der Regel ebenso große, wenn nicht noch größere Freude machen als ein rechtzeitiger.

Zu beachten

Mit Trauernden darf und soll man über den Verstorbenen reden. Sie dürfen ruhig zum Weinen gebracht werden.

Auch ein kurzer individueller Kondolenzbrief ist besser als alles Mündliche – er überdauert die Zeit und tröstet noch, wenn die Kränze längst abgeräumt sind.

Im Examen

Der eine Verfasser dieses Buches hat in Deutschland und in der Schweiz etwa tausend Prüfungen abgenommen – Doktorate, Lizentiate, Lehramtsprüfungen, Zwischenprüfungen aller Art. Er war auch selbst mehrere Male Kandidat und kann darum sagen, er habe einige Erfahrung. Damit dieser Abschnitt nicht zu einem Buch wird, werden wir hier nur von drei Dingen sprechen: von der Problematik schriftlicher Prüfungen, vom Verhalten der Prüfenden und vom Verhalten der Prüflinge.

Der rapide Anstieg der Kandidatenzahlen auf allen möglichen Gebieten – vom Führerschein bis zur Habilitation – hat es mit sich gebracht, daß man seit etwa dreißig Jahren versucht, die Prüfungen zu rationalisieren. Dabei hat man vor allem die (zugegeben zeitraubenden) mündlichen Prüfungen durch *schriftliche* ersetzt. Und bei den schriftlichen hat man das alte System, bei dem der Kandidat seine Kenntnisse in gewöhnlicher Sprache darlegen konnte, fast überall durch *formalisierte Systeme* ersetzt: Der Kandidat muß seine Antworten in einer bestimmten Form geben, zum Beispiel durch Ankreuzen von *einer* der angebotenen Antworten (sogenanntes »multiple-choice Verfahren«) oder durch Ankreuzen der Antworten »ja« oder »nein«.

Dadurch wird ohne Zweifel das Korrigieren vereinfacht; man kann es sogar einem Computer übertragen, nachdem man die Antworten von ungeschulten Kräften hat aufbereiten lassen. Auch gibt es keine »halbrichtigen« Antworten, die ja immer schwer zu beurteilen sind, sondern nur noch richtige und falsche. Man könnte also meinen, die Objektivität und damit die Gerechtigkeit der Prüfungen sei eindeutig größer geworden.

Sprachwissenschaftlich betrachtet, sehen die Dinge freilich anders aus. Bekanntlich stecken in jeder Kommunikation Anlässe zu Mißverständnissen. So auch bei Prüfungen. Und hier hat die mündliche Prüfung den unschätzbaren Vorteil, daß der Kandidat, wenn er etwas nicht ganz verstanden hat, rückfragen kann. Auch bei den schriftlichen Prüfungen der alten Sorte, bei denen der Kandidat in längeren Sätzen zu antworten hat, gibt es die Möglichkeit, so etwas wie eine Rückfrage einzufügen.

Die formalisierten schriftlichen Prüfungen haben das traurige Privileg, daß bei ihnen solche Rückfragen nicht möglich sind. Daraus ergeben sich potentiell Ungerechtigkeiten, wie wir an einem Beispiel zeigen möchten.

In einer Autozeitschrift waren einige Fragen, die bei (schriftlichen) Fahrprüfungen gestellt worden sind, abgedruckt. Darunter fand sich folgende:

»Sie fahren auf eine Kreuzung zu. Auf der Kreuzung steht quer zu Ihnen ein Polizist und hebt die Hand. Was tun Sie?«

Wir haben diese Frage einer Anzahl von Personen, die seit langem erfolgreich ein Auto fahren, vorgelegt. Die meisten sagten: »Ich bremse« und lieferten dazu folgende Begründung:

«Wenn der Polizist quer zu mir steht, so kehrt er mir das Gesicht zu; hebt er die Hand, so gilt das mir, also muß ich bremsen.«

Dies war nun aber merkwürdigerweise nicht die vom Tester verlangte Antwort. Was er erwartete und als richtig taxierte, war: »Ich mache mich fahrbereit«. Seine Überlegung war nämlich offenbar die gewesen:

»Wenn ein Polizist quer zu mir steht, so steht er so, als ob er in Richtung des Querverkehrs marschieren wollte; hebt er also die Hand, so gilt das dem Querverkehr, und ich kann demnächst losfahren.«

Fast alle unserer Versuchspersonen fanden diese Interpretation entweder einfach falsch, oder dann ausgesprochen spitzfindig. Und alle betonten, daß man die Antwort »Ich bremse« nicht als falsch bezeichnen dürfe.

Warum gerade diese Frage mißverständlich ist, kann mit Hilfe der Linguistik ermittelt werden[3]: Der Gebrauch des Wortes »quer« setzt eine prominente Horizontaldimension voraus. Man kann deshalb von einem *liegenden* Polizisten ohne weiteres sagen, ob er quer oder längs »sei«, von einem stehenden ist das jedoch kaum möglich. Der Linguist würde sagen: In dieser Testfrage wurde die Kollokations-Restriktion (Einschränkung der Verbindbarkeit von Wörtern) zwischen »quer« und »stehender Polizist« mißachtet, und darum ist das Wort »quer« nicht eindeutig.

Dem Prüfling in seiner Klause sagt niemand, wie es der Tester nun gemeint hat; er kann nur raten, und darum wird eine solche Prüfung zu einer unfairen Lotterie. Und selbstverständlich sind in solchen Fällen »falsche« Antworten nicht das geringste Indiz dafür, daß der Kandidat sich im wirklichen Verkehr falsch verhalten würde.

Wir hörten auch von einer medizinischen Prüfung, bei der verschiedene Symptome geschildert wurden, aus denen der Kandidat Diagnose stellen mußte. Dabei hieß es unter anderem: »Der Patient hat Fieber« – wobei aber nicht gesagt wurde, ob mittleres oder hohes Fieber gemeint sei.

Mißverständliche Testfragen sind häufiger, als man allgemein annimmt; sie führen zu krassen Ungerechtigkeiten in der Prüfung. Prüfungen, die keine Rückfrage erlauben, sind des-

3 Für einführende Bemerkungen siehe E. Leisi, Praxis der englischen Semantik, Kapitel 4: ›Bedeutungsanalyse‹.

halb grundsätzlich suspekt. Sicher gibt es gewisse »harte« Fächer, bei denen eine gerechte Prüfung durch Ankreuzen von »ja« und »nein«, von »richtig« oder »falsch« möglich ist, aber im allgemeinen sind solche Prüfungen aus reinem Sachzwang entstanden; je rascher sie durch andere ersetzt werden, umso besser. Wir möchten den Studenten warm ans Herz legen, gegen diese Art von Prüfungen zu demonstrieren.

Und nun ein paar Hinweise für mündliche Examina. Und hier zunächst einige Ratschläge für *Prüfer.* Unter ihnen gibt es solche, die aus Gutherzigkeit den Kandidaten nicht gleich am Anfang mit harten Fragen bestürmen wollen; sie beginnen dann mit einer Einleitung oder Einstimmung, die mit der Prüfung noch nichts zu tun hat. Dies ist falsch. Der Kandidat ist gekommen, um sich harte Fragen vorlegen zu lassen; er empfindet es als »Tierquälerei«, wenn eingangs noch allerhand Konversation gemacht wird, wodurch die auf ihn zukommenden Fragen bloß aufgeschoben und nicht aufgehoben sind. Die Sache kann auch, wie das folgende Beispiel zeigt, völlig schiefgehen.

Ein berühmter Professor der Romanistik wollte einen Kandidaten über die Liebesthematik bei Racine prüfen. Der Kandidat war zufällig ein katholischer Geistlicher, und der Professor begann die Prüfung so: »Nun, Herr Pater, sind Sie auch schon mal verliebt gewesen?« Damit wollte er sachte auf das kommende Thema, die Liebestragödie, hinlenken. Aber der Pater verstand es ganz falsch: er meinte, der Professor wolle ihn an diesem »Tag der Abrechnung« auch über sein Leben examinieren und ihn als Sünder entlarven. Er kam ins Schwitzen, und wenn er die Prüfung doch noch bestand, so war es eher ein Glücksfall.

Eine zweite Regel für Prüfer besteht darin, sich in den Reaktionen zurückzuhalten. Jeder Kandidat gibt einmal eine unerwartet falsche Antwort; dies geschieht besonders am Anfang, wenn man noch nicht aufeinander eingespielt ist. Wenn nun der Prüfer, was er sicher gerne möchte, seufzt oder gar in Wehklagen ausbricht, dann bringt er den Kandidaten aus der Fassung. Also in einem solchen Fall lieber ein trockenes »Hm, gehen wir mal weiter.« Natürlich darf man hier auch nicht zu weit gehen: Man darf dem Kandidaten, wenn er dauernd schlecht antwortet, nicht durch zustimmende Worte den Eindruck geben, er sei eigentlich recht gut; sonst fällt er nachher aus allen Wolken, wenn man ihm sagen muß, es sei nicht gut gegangen.

Ein geschickter Prüfer wird auch, wenn der Kandidat auf eine Frage schweigt, nicht dieselbe Frage wiederholen, sondern sie sogleich etwas umformulieren, eventuell das Problem von einer ganz anderen Seite her neu aufrollen. Wir haben von einem Professor erzählen hören, er stelle vier- bis fünfmal die gleiche Frage und trommle dazwischen mit den Fingern auf den Tisch; er sei sonst ein lieber Mensch, aber es falle ihm einfach nichts anderes ein. So ähnlich stellen wir uns die Hölle vor.

Was uns als das beste erscheint, das ist ein fast privates Gespräch, in das der Professor den Kandidaten unversehens verwickelt, indem er es nicht bei Fragen bewenden läßt, sondern auch immer seine eigene Meinung einbringt, bis der Kandidat fast vergessen hat, daß er sich in einer Prüfung befindet. Vor vielen Jahren ergab sich einmal Gelegenheit, dabei zu sein, als Paul Hindemith einen Doktoranden über Strawinsky prüfte – das war ein verschwörerisches Raunen; abwechselnd deutete einer der beiden eifrig auf eine Stelle in der Partitur, die vor ihnen lag – »sehen Sie sich bloß diesen Leitton an« sagte der eine, und »ja, so macht der das gerne, weil ...« der andere, und beide waren sichtlich enttäuscht, als ihre Zeit zu Ende war. So, als partnerschaftliches Gespräch, stellen wir uns eine akademische Prüfung vor, nicht als frontales Abfragen.

Und nun einige Regeln für *Prüfungskandidaten* – dabei soll es wiederum um mündliche Prüfungen gehen. Zunächst etwas, was nur indirekt mit Sprache zu tun hat. Mancher Kandidat wird vor der Prüfung von dem Albtraum heimgesucht, er könne in der Prüfung eine Art »Kurzschluß« erleiden und alles Gelernte plötzlich vergessen haben. Wir können diesen Kandidaten aus langer Erfahrung heraus beruhigen. Natürlich gibt es immer wieder den Fall, daß man sich auf einfache Dinge, die man sonst gewußt hat, plötzlich nicht mehr besinnen kann; aber das kennen die Prüfer, und es geht auch meist gleich vorüber. Daß jemand einen völligen und dauernden Blackout hat, ist so selten, daß man nicht daran zu denken braucht.

Wie soll man sich verhalten, wenn man eine Frage nicht beantworten kann. Darauf ist einmal folgendes zu sagen: *Rückfragen* an den Prüfenden, solange sie nicht zur Gewohnheit werden, sind durchaus erlaubt. Angenommen, ein Prüfer habe den Kandidaten etwas »über die Grenzen zwischen den Wörtern« gefragt, so ist es absolut legitim, wenn der Kandidat fragt:

»Meinen Sie jetzt Grenzen zwischen Wörtern, die in einem Satz aneinanderstoßen, oder meinen Sie die Grenzen zwischen bedeutungsmäßig benachbarten Wörtern wie ›Brücke‹ und ›Steg‹?«

Jeder einigermaßen gute Prüfer wird es schätzen, wenn der Kandidat Phantasie zeigt und verschiedene Möglichkeiten der Interpretation sieht, und er wird ihm gerne Auskunft geben. Wenn man nun wirklich einmal keine Antwort weiß, so mag es wenigstens den Fall geben, daß man wüßte, wo die Antwort zu finden wäre. Dann darf man getrost antworten:

»Ich weiß es im Moment nicht; aber ich würde in der großen Grammatik von Jespersen nachschlagen; der hat, es ist im zweiten Band, ein längeres Kapitel über die Adjunkt-Funktion.«

Eine solche Antwort muß jeden intelligenten Prüfer befriedigen, denn sie zeigt, daß der Kandidat sich im Normalfalle – nämlich außerhalb der Prüfungssituation – zu helfen wüßte. Es ist verwunderlich, wie selten sie gegeben wird. Offenbar sind die meisten Kandidaten der falschen Meinung, so etwas sei nicht statthaft.

Und nun eine allgemeine Regel. Der Kandidat soll weder zu viel noch zu wenig sprechen. Das klingt einfältig, ist aber ein gutes Prinzip. Als Prüfer beobachtet man beide Extreme. Da ist einerseits der Kandidat, der, sei es aus Angst, sei es aus Ehrerbietung, nur ganz kurz und einsilbig antwortet. Auf die Frage: »Kennen Sie ein wichtiges und umwälzendes soziales Ereignis im England des frühen 19. Jahrhunderts?« wird er antworten: »Ja, die industrielle Revolution«, und dann wieder schweigen. Das ist zwar eine richtige Antwort, aber erstens hat sie etwas Mechanisches – sie kommt wie das Bonbon aus dem Automaten – und kann darum den Prüfer nicht völlig befriedigen. Und zweitens nimmt sie nur ganz kurze Zeit in Anspruch, so daß der Prüfer gezwungen ist, gleich wieder eine Frage zu stellen, und je kürzer die Antworten, um so zahlreicher natürlich die Fragen.

Es ist also für beide Teile befriedigender, wenn man eine Antwort nicht auf das Minimum beschränkt. Unsere Antwort wird also besser so heißen:

»Ja, die industrielle Revolution, also die Summe aller Umwälzungen, die durch die Erschließung der technischen Mittel ausgelöst wurden. Man kann eigentlich sagen, daß sie bis heute fortdauert«.

So oder ähnlich soll geredet werden. Die Antwort soll nicht nur aus Knochen bestehen, sondern auch aus Fleisch. Dies gibt auch dem Prüfer Gelegenheit, an einer bestimmten Stelle einzuhaken und weiterzufragen, was seine Arbeit erleichtert und ihn fröhlich stimmt – und das ist erwünscht.

Auf der anderen Seite muß man sich natürlich vor dem Gegenteil hüten. Es gibt unter den Prüflingen auch den Tausendsassa, der auf jede Frage hin einen langen Redestrom ausschüttet, die Prüfung vereinnahmt und den Prüfer am weiteren Fragen zu hindern sucht. Von dieser »Technik« ist dringend abzuraten. Die meisten Prüfer, ausgenommen die grünsten Grünhörner, kennen sie und wissen wohl zu unterscheiden zwischen dem Kandidaten, der sich aus wirklicher Begeisterung für den Gegenstand zu längerem Reden hinreißen läßt, und dem, der in primitiver Weise auf Zeitgewinn aus ist.

Zu diesem Thema – zu viel und zu wenig sprechen – noch eine Nebenbemerkung. Zum Vielreden neigen vor allem diejenigen Kandidaten, die vor der Prüfung ein Anregungsmittel genommen haben; sie sind dann enthemmt und sprechen drauf los.

Andererseits tendieren diejenigen, die ein Beruhigungsmittel genommen haben, dazu, passiv zu sein, also nichts als das Allernötigste zu sagen. Beides ist falsch, und darum ist es ratsam, vor einer Prüfung überhaupt kein Mittel zu nehmen.

Wenn jemand schon meint, darauf nicht verzichten zu können, so soll er wenigstens die Wirkung des Mittels vorher ein- bis zweimal an sich ausprobieren. Es ist eine fast kriminelle Dummheit, in eine unbekannte Situation – wie sie eine Prüfung darstellt – einzusteigen und dazu erst noch die eigene Psyche durch ein nicht ausprobiertes Medikament in eine unbekannte Verfassung zu manövrieren.

Zu beachten

Mündliche Prüfungen sind gerechter als schriftliche.

Der Prüfer soll am Anfang nicht Konversation machen, sondern gleich mit dem Prüfen beginnen. Er soll seine Reaktionen auf schlechte Antworten auf ein Minimum beschränken.

Der Kandidat darf rückfragen und eine Präzisierung der Frage verlangen.

Wenn er eine Antwort nicht weiß, kann er wenigstens angeben, wo diese zu finden wäre.

Nicht zu viel und nicht zu wenig sprechen.

Pharmazeutische Mittel, wenn überhaupt, nur nehmen, wenn vorher ausprobiert.

Beim Arzt

Was wir hier kritisch darzustellen suchen, ist zunächst das Redeverhalten im Wartezimmer, sodann das Redeverhalten in der Sprechstunde, also die Frage, wie der Patient und wie der Arzt reden soll.

Den meisten Menschen ist das *Wartezimmer* ein Greuel. Nicht nur, weil man die ärztliche Sprechstunde mit Unannehmlichkeiten und Ängsten vor sich hat. Auch darum, weil man gezwungen ist, eine Menge Gesprochenes anzuhören, das man gar nicht hören will. Im Grunde sollte jeder Arzt in seinem Wartezimmer eine Tafel »SILENTIUM« anbringen. Das ist natürlich nicht möglich, weil man dem Menschen das Sprechen nicht verbieten kann. Und es gibt viele Menschen, deren Redebedürfnis gerade dann, wenn sie sich ängstigen, gewaltig anschwillt.

Andererseits gibt es die große Menge derjenigen, die eigentlich lieber schweigen möchten und die sich durch das Gerede empfindlich gestört fühlen, sei es, daß sie etwas lesen, sei es, daß sie einfach etwas denken wollen – auch das soll es geben.

Dazu kommt, daß die im Wartezimmer besprochenen Themen meist offensiver Art sind. Sie kreisen um Krankheiten und Ärzte, und hier wieder bemerkt man eine leidige Konzentration auf zwei Punkte: Krankheitsdetails einerseits und die Unfähigkeit gewisser Ärzte andererseits. »Und dann haben sie gesagt, es sei nicht die Gebärmutter, es müsse an den Eileitern liegen, die seien ganz vereitert und haben *solche* Knoten, und dann haben sie mir die auch herausgenommen ... «, schallt es durch den Raum, daß es jedermann hören muß. Es ist erstaunlich, wie viele Menschen, die im sonstigen Leben kaum ein derbes Wort sagen oder einen anstößigen Witz machen würden, angesichts einer Krankheit alle Hemmungen verlieren und ihre weiblichen oder männlichen Organe vor dem Publikum ausbreiten. Es wirkt da sicher ein sonst verdrängtes Bedürfnis nach Exhibition mit – Menschen, die sich ihrer *gesunden* Organe schämen, glauben mit den *kranken* plötzlich auftrumpfen zu müssen.

Das andere Ostinato-Thema ist die Arzt-Kritik. Sie hat meist das folgende Grundschema: »... hat er mich jahrelang auf Arthritis behandelt. Und es hat natürlich nichts genützt. Da ging ich in die Klinik und da kam der Professor und sagte: ›Welcher Idiot hat Sie so behandelt?, das ist doch sonnenklar, daß das was anderes ist.‹ Glauben Sie, wie da der andere klein wurde!«

Auch hier liegt wahrscheinlich eine Art Verdrängungsmechanismus zugrunde. Der Doktor ist bekanntlich eine Autoritätsperson; man muß ihm ehrfürchtig zuhören, er hat immer recht, und man darf ihm nicht widersprechen. Da packt denn manchen Patienten die Lust, den Spieß einmal umzukehren, den Doktor anzuschreien und ihn der Unfähigkeit zu bezichtigen. Er getraut sich aber nicht. Welche Seligkeit, wenn dann eine noch höhere Autorität – es ist fast obligatorisch »der Professor« – an unserer Stelle und völlig legitim – den herbeigewünschten Strafakt vollzieht!

Es ist nicht möglich, daß im Wartezimmer alle schweigen – zu viele Patienten würden das als eine feindselige Atmosphäre empfinden und es würde sie bedrücken. Aber man kann mindestens so viel wünschen, daß die beiden geschilderten Themen vermieden werden. Wen die Lust ankommt, davon zu reden, der soll sie in sich bekämpfen. Und wenn der Nachbar davon beginnt, so soll man ihn davon abhalten, zuerst höflich, in dem man ihn abzulenken versucht, später wenn nötig auch grob, indem man sagt: »Hören Sie, das ist doch nicht gerade das richtige Thema; wollen wir nicht lieber von etwas anderem reden.« Und im schlimmsten Falle bleibt noch das eisige Schweigen, mit dem man den Sünder einfriert.

Wie soll sich der *Patient* sprachlich verhalten, wenn er endlich zum Arzt eingelassen wird und diesem seine Leiden schildern soll? Sicher soll er keine Umschweife machen, sondern rasch zur Sache kommen. Er soll sich vorher überlegen, was für den Arzt wichtig sein könnte. Wenn er einen Hexenschuß bekommen hat, soll er sagen, wo und wann es war, ob er sich verhoben hat oder ob die Sache von selbst gekommen ist. Aber nicht, daß er an diesem Morgen seinen Vetter, der Geburtstag hatte, besuchen wollte.

Wer sich leicht aus der Ruhe bringen läßt, für den ist es gut, wenn er sich seine Symptome auf einen Zettel schreibt; denn es ist eine Tatsache, daß man, geht man erst einmal zum Arzt, oft halb vergißt, weshalb man eigentlich gehen wollte. Leicht geschieht es auch, daß einen im Verlauf der langen Wartezeit das Mitleid mit dem gestreßten Arzt übermannt, daß man schlaff und nachgiebig wird und denkt, es gehe jetzt vor allem darum, den armen Doktor nicht zu lange hinzuhalten; man sei doch eigentlich recht gesund, und es sei eine Schande, ihm noch weitere Zeit wegzunehmen. Wir kennen Menschen, die aus diesem Grunde schon wichtige Symptome nicht meldeten. Deshalb: Wenn man schon einmal beim Arzt ist, so soll man ihm auch alles sagen; er wird sich schon zu helfen wissen, wenn ihm die Patienten zu viel werden.

Das Gespräch zwischen Arzt und Patient, so alltäglich es scheint, ist keineswegs unproblematisch. Man begibt sich nämlich dabei notwendigerweise auf Gebiete, in denen die Sprache ganz oder teilweise versagt. Nicht alle Erscheinungen der Welt sind gleich leicht in Sprache zu fassen, und besonders schwer auszudrücken sind *Schmerzen* und *Ängste.* Sie gehören nämlich – zusammen mit Träumen, Räuschen und religiösen Erfahrungen – zu den Lebensbereichen, die der Mensch nur durch Introspektion (Innenschau) erfährt, und deshalb kann man darüber nicht so sprechen wie über äußere Dinge, auf die ich und mein Gesprächspartner mit dem Finger zeigen können. Und gerade um Schmerzen und Ängste geht es beim Gespräch des Patienten mit dem Arzt häufig.

An dieser Stelle möchten wir eine tragikomische Geschichte erzählen, deren Opfer ein guter Bekannter wurde. Ihm hat man einmal unnötigerweise den Blinddarm herausgenommen. Das kam so: Zu einer gewissen Zeit verspürte er gelegentlich Schmerzen auf der rechten Bauchseite, die sich allmählich zu verstärken schienen. Er ging zuerst zu seinem Hausarzt, dann zum Chirurgen; dieser sagte: »Ja, es ist die Blinddarmgegend«, und der Patient wollte nun auch kein Feigling sein, ging in die Klinik und ließ sich den Blinddarm herausnehmen. Nachdem er sich genügend erholt hatte, merkte er zu seinem Ärger, daß der Bauch immer noch weh tat, und es stellte sich dann nach einer längeren Zeit des Beobachtens heraus, daß die Sache eigentlich von dem Auto kam, das sich der Patient kurz vor dem Auftreten der Schmerzen gekauft hatte. Es war sein erstes, und in seiner Begeisterung fuhr er viele und lange Strecken, wobei sich sein rechtes Bein bis in den Bauch hinein zu verkrampfen pflegte – daher der angebliche Blinddarm.

Die Moral dieser Geschichte ist, daß man bei der Beschreibung von Schmerzen nicht genau genug sein kann. In unserem Falle wäre es vielleicht gelungen, dem Arzt klar zu machen, daß es sich nicht um einen Schmerz in der Tiefe, sondern um einen an der Oberfläche handelte. Ganz allgemein kann und muß man wahrscheinlich noch mehr Gebrauch machen von den Möglichkeiten, die unsere Sprachen uns bieten. Es verhält sich nämlich so, daß wir Schmerzen mit mindestens drei Wortarten bezeichnen können. Wir können ein *Substantiv* wählen, also sagen »ich habe hier einen Schmerz, ein Zwicken, ein Bohren etc.« Damit machen wir den Schmerz gewissermaßen zu einer Sache. Oder wir können uns mit einem Verb ausdrücken: »es schmerzt, brennt, drückt« – womit wir den Schmerz gewissermaßen zu einem Vorgang machen. Und schließlich können wir ein *Adjektiv* wählen und sagen: »es ist hier empfindlich, wund etc.«; in diesem Fall – im Deutschen eher selten, wogegen im Englischen das Adjektiv »sore« häufig ist – wird der Schmerz gewissermaßen als Eigenschaft aufgefaßt. Diese Tatsache zeigt, wie wenig faßbar so ein Schmerz eigentlich ist – ist er ein Ding, ein Vorgang, eine Eigenschaft oder alles zugleich? Und gleichzeitig mahnt sie uns auch, bei der Beschreibung unserer Symptome alle sprachlichen Möglichkeiten auszunützen – wobei wir allerdings sachlich bleiben und nicht barock-poetisch werden sollten.

Und nun andererseits: Wie sollen *Ärzte* mit ihren Patienten reden? Es gibt an einigen Universitäten Kurse über dieses Thema, und in neuerer Zeit hat sich eine Literatur dazu entwickelt[4].

Sicher ist einmal, daß der Arzt den Patienten nicht unnötig erschrecken soll. Dafür ein Beispiel: Ein Patient hat ein dunkles Muttermal unter dem rechten Auge, das ihm nicht geheuer ist. Er geht zum Vertreter seines Hausarztes, einem noch jungen Allgemeinpraktiker. Dieser möchte, daß sich ein Dermatologe die Sache ansieht. Er ruft den Spezialisten an und meldet ihm in Gegenwart des Patienten die Symptome wie folgt: »ein Muttermal, juckend, stark pigmentiert, infra-orbital.« Der Ausdruck »infra-orbital« beunruhigt den Patienten. Er weiß, daß man genau so gut sagen könnte: »unter dem Auge«. Das statt dessen gebrauchte lateinische Wort deutet er so: Entweder redet der Arzt lateinisch, damit ich nicht merke, was es ist, oder aber: der lateinische Ausdruck hat eine ganz präzise Bedeutung, die dem Spezialisten alles sagt. Nachdem ihm der Arzt keine weitere Auskunft gibt, ja eher etwas nervös scheint, redet sich der Patient ein, daß sein Muttermal ein Melanom sei. Er hält seine Tage für gezählt, ordnet seine Angelegenheiten, und verbringt eine melancholische Woche – bis ihm der Spezialist erklärt, daß es sich um etwas vergleichsweise Harmloses handelt.

Man kann hieraus den Schluß ziehen, daß man bei einem Gespräch mit dem Spezialisten in Gegenwart des Patienten lieber keine lateinischen Fachausdrücke verwenden soll. Wer den Dichter Conrad Ferdinand Meyer kennt, mag sich an die Stelle in »Huttens letzte Tage« erinnern, wo der Arzt Paracelsus den kranken Hutten untersucht und darauf einem Dritten halblaut »facies hippocratica« zuraunt – ›Gesichtszüge, die den Tod ankündigen‹ – was Hutten, der Humanist, nur allzudeutlich versteht.

4 Wir verweisen hier in erster Linie auf Linus Geisler, Arzt und Patient – Begegnung im Gespräch, Frankfurt/M. 1987, eine vorbildliche Darstellung, in der alle Aspekte, sogar die wechselseitige Deutung von Mienenspiel und Gebärden, Platz finden. Empfehlenswert ist auch F. Meerwein, Das ärztliche Gespräch, 3. Auflage, Bern, Stuttgart 1986, das sich allerdings mehr auf Grenzsituationen und grundsätzliche Entscheidungen bezieht.

Allgemein: Im Hintergrund sitzt bei den meisten Patienten die Vorstellung, daß der Arzt dann lateinisch rede, wenn es gefährlich oder gar aussichtslos sei. Also sollte man auch im Gespräch mit einem Spezialisten so wenig Latein wie möglich gebrauchen, auf die Gefahr hin, daß einen dieser für einfältig hält. In unserem Fall etwa: »Es ist da eine Pigmentierung unter dem rechten Auge, juckt auch etwas; ich möchte gern, daß Sie sich das einmal ansehen«.

Noch etwas zum Thema »Vermeidung unnötiger Angst«. Im Laufe längerer Untersuchungen ergeben sich immer wieder Momente, wo der Arzt eine Feststellung mit Worten bestätigen will. Er sieht zum Beispiel, daß der Kniereflex in Ordnung ist, und möchte das für sich selbst mündlich kurz registrieren. Viele Ärzte sagen in dieser Situation so etwas wie »aha« oder »mhm«. Diese Laute können aber auch bedeuten, daß etwas, was man vermutet hat, tatsächlich eingetroffen ist. Der Patient tendiert dazu, sie so zu interpretieren: »Aha, das ist es ja, was ich befürchtet habe«, und er wird erschrecken. Die Frage stellt sich also: Wie kann der Arzt während der Untersuchung von Zeit zu Zeit sprachlich reagieren, seine Wahrnehmungen durch kurze Äußerungen »abhaken«? Vor kurzem haben wir eine simple und triviale Äußerung angetroffen, die diesen Dienst ausgezeichnet tut. Der betreffende Arzt sagte nämlich: »o.k.« Dieses kleine »Wort« bedeutet fast überall in der Welt: ›Dieses ist erledigt, wir können zum nächsten übergehen‹. Es hat eine vage aufmunternde Wirkung, ohne daß man es nur bei negativen Befunden brauchen könnte. Für diejenigen, die aus irgendwelchen Gründen den Ausdruck »o.k.« nicht lieben und doch nicht auf eine »verbale Quittung« verzichten möchten, gibt es in dieser Situation noch einen anderen, der sich, wie wir hören, bei manchen Ärzten bewährt hat, nämlich ein kurzes »ja«. Auch dieses besagt, daß etwas erledigt ist, ohne daß sich daraus eine Verbindlichkeit ergibt.

Noch einiges zum Reden über *Befunde.* Es hat sich heute unter jüngeren Leuten, zu denen auch die jüngeren Ärzte gehören, so etwas wie ein »Ehrlichkeitsfimmel« herausgebildet, wobei »Ehrlichkeit« nicht mehr wie früher als ‹ehrliches Handeln, z.B. nicht stehlen‹ aufgefaßt wird, sondern als ‹nichts beschönigen‹, ›gerade herausreden‹. Wohin dies führen kann, zeigt das nächste (ebenfalls authentische) Beispiel:

Ein junger Mann, an einer schweren Krebsform erkrankt, liegt in einer Klinik in Süddeutschland. Er bekommt Besuch vom Oberarzt, der ihn mit folgenden Worten begrüßt: »Na, Sie haben sich ja einen besonders bösartigen Tumor ausgelesen.« Diese Formulierung ist nun freilich »ehrlich« in dem oben gezeigten Sinn. Erstens beschönigt sie ganz sicher nichts. Zweitens kommt dazu die Wendung: »Sie haben sich ... ausgelesen.« Sie ist mehr als eine bloße Burschikosität; denn sie deutet an, der Patient habe seine Krankheit im Grunde selber verschuldet oder gewünscht. Dies wiederum ist heute nicht bloß ein schlechter Witz. Immer mehr verbreitet sich nämlich in unserer Zeit – unter dem Einfluß von Versicherungs- und Renditedenken – die Meinung, Kranke seien im Grunde an ihrer Krankheit selber schuld; sie hätten sie sich durch falsche Lebensweise selber zugezogen und seien jetzt, da man für sie bezahlen muß, »Schädlinge« an der Gesellschaft. Deshalb: Höchste Vorsicht bei burschikosem Gerede, das in diesem Sinn gedeutet werden könnte!

Es bleibt die alte Frage, wie unerfreuliche Befunde dem Patienten »schonend« mitgeteilt werden können. Hier sind wohl kaum generelle Regeln zu geben. Aber ein konkretes Beispiel mag als Anhalt dienen. Ein Arzt, der einen älteren Patienten untersucht hatte, formulierte so: »Es könnte Parkinson sein. Vorläufig sieht es allerdings nicht danach aus. Wenn es aber so wäre, würden wir natürlich sofort mit X. (Name eines Medikaments) losschießen.« An dieser Äußerung ist zweierlei wichtig. Erstens nennt der Arzt zugleich mit einer möglichen Diagnose auch schon eine Therapie; er läßt den Patienten nicht auf der Diagnose »sitzen«. Zudem gebraucht er den Ausdruck »losschießen«, welcher rasches und wirksames Handeln impliziert: man sieht förmlich, wie der »Feind« auseinanderspritzt, und faßt sogleich Mut.

Was weiter zum »verbalen Wohlbefinden« des Patienten beiträgt, das sind die »Vorwarnungen«. Man soll den Patienten nicht mit einem erschreckenden oder schmerzhaften Eingriff überraschen, sondern ihn vorwarnen. Ein Zahnarzt sagte jeweils vor dem Ansetzen eines besonders groben Bohrers: »Achtung, es rumpelt!« Das Wort »rumpeln« – obwohl es sachlich nicht genau stimmt – ist ausgezeichnet gewählt: es beinhaltet ein großes Rumoren, hinter dem aber nicht viel steckt, und impliziert, daß der Patient nicht zu erschrecken braucht.

Gute und schlechte Krankenschwestern lassen sich unter anderem dadurch unterscheiden, daß die ersten sagen: »Jetzt gibts einen kleinen Pieks«, während die anderen einen hinterrücks anstechen.

Eine Vorwarnung oder Ankündigung ist auch dann am Platz, wenn der Patient lächerliche Dinge machen muß. Es ist daran zu erinnern, daß eine medizinische Untersuchung sehr oft eine gewisse Erniedrigung des »Opfers« mit sich bringt. Solange man den Patienten nur die gespreizten Hände ausstrekken läßt, braucht es sicher keine lange Ankündigung. Nötigt man dagegen einen älteren Patienten, auf einem Bein zu stehen, so ist bereits eine Erklärung am Platz. Sie kann übrigens ganz kurz sein. »Jetzt testen wir die Reaktionen« oder ähnliches genügt vollkommen; ein Zeitverlust ist damit nicht verbunden.

Das sind alles Kleinigkeiten, die mit der Heilkunst des betreffenden Mediziners an sich nichts zu tun haben. Aber sie unterscheiden den Arzt, zu dem man gerne geht, von dem, den man nur ungern aufsucht.

Zu beachten

Im Wartezimmer keine unappetitlichen und aggressiven Gesprächsthemen!

Ein Patient, der sich leicht durcheinander bringen läßt, soll seine Symptome auf einen Zettel schreiben.

Der Arzt soll den Patienten nicht unnötig erschrecken.

Einem schlechten Bescheid ist ein Therapie-Vorschlag beizufügen.

Unangenehme Eingriffe, auch kleine, nicht ohne Vorwarnung.

Am Telefon

Man stelle sich vor: Ein Mensch betritt unangemeldet die Wohnung eines anderen, stellt sich dort im Wohnzimmer auf und beginnt ein lautes Geschrei, das er alle paar Sekunden wiederholt, bis man herbeirennt und fragt, was er will. Ein unmöglicher Mensch, eine unmögliche Situation? Mitnichten, denn dies tun wir alle; nur gehen wir nicht persönlich in die fremde Wohnung, sondern »beauftragen« das Telefon, für uns Lärm zu machen, bis man uns antwortet.

In Hugo von Hofmannsthals Komödie »Der Schwierige« ruft der Held dem Diener Lukas zu, er solle die »indiskrete Maschine« abstellen. Das war 1919. Heute gibt es keine Lukasse mehr, und man kann das Telefon in den meisten Fällen nicht mehr abstellen. Aber indiskret ist es geblieben, weil es sich in die Privatsphäre anderer Leute eindrängt und dort Lärm macht, ohne zu fragen, ob dies gelegen komme. Wir haben uns heute so an das Telefon gewöhnt, daß wir es uns nicht wegdenken können. Und natürlich wissen wir alle, daß das Telefon absolut notwendig, ja lebensrettend sein kann. Dies, zusammen mit der Unbarmherzigkeit seines Geklingels, hat dazu geführt, daß wir einen hohen »Respekt« vor dem Telefon haben, daß wir zum Beispiel, wenn ein Mensch lebendig neben uns steht und das Telefon klingelt, diesen Menschen ohne weiteres stehen lassen und dem telefonisch Anrufenden eine absolut ungerechte Priorität geben. Dies geschieht sowohl im Privatleben wie in Geschäften.

Wir denken selten darüber nach, ob das so richtig sei. Nur

Gian Carlo Menotti, der italienische Komponist (*1911), hat die Sache hinterfragt und in seiner reizenden Kurzoper »Das Telefon« so dargestellt:

Ein junges Mädchen hat Besuch von ihrem Anbeter, der ihr (endlich) einen Heiratsantrag machen möchte. Mehrmals setzt er dazu an, aber immer wieder klingelt das Telefon dazwischen: Freunde melden sich mit irgendwelchen trivialen Angelegenheiten, und sie erhalten selbstverständlich Priorität, während der arme Liebhaber immer wieder stehen gelassen wird. Endlich reißt ihm die Geduld; er läuft weg – nur um sich wenige Minuten später telefonisch zu melden. Nun hört ihm das Mädchen zu, erst geduldig und dann begeistert, und es klappt mit dem Heiratsantrag.

Da wir auf das Telefon nicht verzichten können und wollen, sollten wir uns wenigstens bemühen, die ihm innewohnende »Indiskretion« durch eigene Diskretion zu vermindern. Einige Regeln mögen dabei helfen.

Erstens soll man sich vor jedem Anruf fragen, ob es in diesem Falle wirklich nötig ist, zu telefonieren – siehe unseren Abschnitt: »Warum nicht schriftlich?«, Seite 119. – Ein Liebes*brief* ist unendlich »dauerhafter« als ein noch so liebevoller Anruf; ähnliches gilt von einem schriftlichen Dank. Natürlich muß man dazu die Kunst des Schreibens einigermaßen beherrschen, und diese ist heute weit herum außer Kurs geraten: Viele Menschen können keinen ordentlichen Brief mehr schreiben. Aber man darf der »sauren Trauben« wegen nicht alles Schriftliche als altmodisch verwerfen.

Es ist durchaus nicht absurd, ein Telefongespräch vorher *schriftlich anzukündigen.* Auf jeden Fall ist dies die höflichste Weise, jemand um eine Gunst zu bitten. Also: Ich schreibe kurz, worum es sich handelt und was ich von meinem Adressaten erbitte, füge hinzu, daß ich in den nächsten Tagen anrufen werde, um seine Meinung zu hören und allenfalls Einzelheiten zu besprechen. Dies hat zwei Vorteile: Man fällt nicht mit der Türe ins Haus; der andere hat Zeit, sich die Sache gut zu überlegen. Und es wird ihm nicht zugemutet, auch seinerseits einen Brief zu schreiben. Er wird dankbar sein, daß man ihn nicht zu überrumpeln sucht – und geneigt, meiner Bitte mit Wohlwollen zu begegnen.

Und nun zum Telefonieren selbst. Eines ist klar: *Der Anrufende ist immer der »Schuldige«*, er ist es, der den anderen in seinen Beschäftigungen und Gedanken stört. Also muß er sich auch besonderer Rücksicht befleißigen. Dies sind die Mindestregeln für Anrufer:

Der Anrufer soll sich *deutlich* melden. Konkret heißt das: Er soll sich vorher überlegen, wer an den Apparat kommen könnte, und ob ihn diese Person kennt. Dann soll er, wenn möglich, seinem Namen einige Worte vorausgehen lassen, damit sich der Angerufene an seine Stimme gewöhnen kann. Also nicht zackig:

»Schmid!«,

sondern:

»Guten Morgen, Frau X., hier ist Hans Peter Schmid«.

Und wenn es danach aussieht, daß Frau X. ihn nicht kennt, soll er so etwas hinzufügen wie: »aus Basel« oder: »ein Kollege Ihres Mannes«. Bei Anrufen von Firmen beobachtet man oft, daß der Name der Firma und der Name der anrufenden Person zu einem unverständlichen Ganzen zusammengeschmolzen werden:

»Hier Grönerverlagmeyerhofer«,

statt wie einzig richtig, mit einer kleinen Pause:

»Hier Gröner Verlag – Meyerhofer«.

Eine greuliche und häufige Unhöflichkeit besteht darin, daß der Anrufende, sobald sich Frau X. gemeldet hat, loslegt: »Guten Morgen, kann ich Ihren Mann sprechen?« Wer immer das Telefon abnimmt, Frau, Mann oder Kind, tut mir einen Gefallen und hat darum ein Recht auf einige freundliche Worte. Es ist zum Beispiel durchaus angebracht, einer Frau kurz zu sagen, weshalb man ihren Mann anruft, und sie so ein wenig zu orientieren und »mitzufragen«. Wenn Sie sagt, »Da ist er sicher gerne einverstanden«, hat sie selbst ein wenig mitentschieden und kommt sich nicht mehr als bloßer Meldeläufer vor, und der Anrufende hat schon halb gewonnen.

Wenn mich ein Anrufer erst nach einigen vergeblichen Versuchen erreicht hat, so soll er nicht in ein vorwurfsvolles Lamento ausbrechen: »Wo seid Ihr bloß, ach Mensch, ich suche Euch ja schon tagelang!« Erstens ist es stets unerfreulich, wenn die ersten Worte, die wir – am Telefon oder sonst – vernehmen, Klagen und Vorwürfe sind. Zweitens ist es ungerecht, vom Gesprächspartner zu erwarten, er müsse den ganzen Tag präsent sein und auf uns warten; und drittens ist es indiskret, ihn dabei sozusagen zu kontrollieren – hier reden wir natürlich von privaten, nicht von geschäftlichen Anrufen. Schon bei Formulierungen wie: »Ich habe gestern zweimal vergeblich angerufen« geht das, was eine Entschuldigung für eine Verspätung sein sollte, unmerklich in eine Offensive über. Also höchstens: »Jetzt habe ich aber Glück gehabt, habs schon vorher probiert«. Dann liegt das Gewicht auf dem Glück und nicht auf dem Vorwurf.

Weil der Anrufer das Gespräch veranlaßt hat, ist er auch derjenige, der es wieder beenden muß. Auch das traulichste Gespräch muß einmal ein Ende haben. Da ist es nun genau so wie bei einem Besuch: Der Gast soll nicht so lange bleiben, bis man ihn herausschmeißen muß, sondern von selber gehen. Während man aber bei einem Besuch immer genau weiß, wer der Gast und wer der Wirt ist, ist es am Telefon nach längerem Hin- und Herreden oft nicht mehr leicht, zu sagen, wer nun eigentlich der »Gast« war. Darum muß sich der Anrufer stets darauf besinnen; denn seine Pflicht ist es, den Abschied einzuleiten. Und wenn er sich verabschiedet, so darf er auf keinen Fall so tun, als hätte der andere ihn hingehalten. Manche Zeitgenossen haben nämlich die Gewohnheit, einen anzurufen, dann längere Zeit ununterbrochen zu reden, und schließlich das Gespräch mit einer Wendung abzubrechen, die besagt, man hätte ihnen jetzt genug Zeit weggenommen. Eine erfolgreiche Taktik, dem Mitmenschen die Nerven zu zerreißen.

Zu beachten

Das Telefon ist und bleibt eine »indiskrete Maschine«; darum muß der Telefonierende umso diskreter sein.

Oft verlangt es die Höflichkeit, einen Anruf schriftlich anzukündigen.

Wer den Hörer abnimmt, hat Anspruch auf einige freundliche Worte. Nicht bloß: »Ist Ihr Mann da?«

Keine Vorwürfe, wenn man jemand nicht auf Anhieb erreicht hat.

Der Anrufende ist der »Gast«; er muß sich als erster verabschieden.

Warum nicht schriftlich?

In diesem Abschnitt – der Leser ahnt es schon – möchten wir ein wenig für die Schriftlichkeit plädieren. Wir haben festgestellt, daß in den letzten Jahrzehnten das private Briefeschreiben weitgehend aus der Mode gekommen ist. Dies ist ein großer Verlust, den man nur darum nicht beklagt, weil man seiner kaum bewußt ist. Für das (weitgehende) Aussterben des Briefeschreibens gibt es mindestens drei Gründe.

Der erste Grund: Das *Telefon,* vor fünfzig Jahren noch für Notwendiges und Unaufschiebbares reserviert, und deshalb von vielen Leuten (auch von Kindern) einigermaßen gefürchtet, ist heute zur Selbstverständlichkeit geworden. Kinder und Erwachsene gebrauchen es gleichermaßen für kurze Mitteilungen wie für lange Plaudereien. Wer mit einem Freund, einer Freundin, einer Liebsten kommunizieren will, wird deshalb heute kaum mehr einen Brief schreiben, sondern sich des Telefons bedienen. Siehe auch unseren Abschnitt »Am Telefon«.

Der zweite Grund, zusammenhängend mit dem ersten: Das

Telefon bietet, was heute sehr gefragt ist, sofortige Wunscherfüllung. Zwar ist das Verlangen danach schon uralt. In Goethes »Römischen Elegien« heißt es von der alten römischen Götterwelt:

> In der heroischen Zeit, da Götter und Göttinnen liebten,
> Folgte Begierde dem Blick, folgte Genuß der Begier.

Also: Die Götter wollten ihre erotischen Wünsche *sofort* verwirklicht sehen. Schon um 1290 berichtet der »Vater der englischen Dichtung«, Geoffrey Chaucer, in seiner »Erzählung des Müllers«, wie ein Student der Zimmermannsfrau, bei der er wohnt, Anträge macht:

> »And heeld hire harde by the haunchebones,
> And seyde: »Lemman, love me al atones«.

> Er hielt sie kräftig bei den Hüftknochen und sagte:
> »Schätzchen, liebe mich augenblicklich!«

Doch dies sind eher Ausnahmen. In der Regel war ein Liebhaber, eine Liebhaberin, bereit, geduldig zu warten (zum Beispiel drei Jahre, wie es im Volkslied heißt). Und während dieser Durststrecke waren ihr und ihm Briefe – geschriebene und empfangene – vielleicht der einzige Trost.

Heute sind wir wie gesagt im Zeitalter der sofortigen Wunscherfüllung. Gleichsam auf Knopfdruck hin sollen die Wünsche sofort verwirklicht werden. Lebenslauf eines jungen Mannes von heute: Mit sieben ein Walkman, mit zwölf eine Filmkamera, mit vierzehn ein Mädchen, mit achtzehn ein Auto. Und möglichst kein Intervall zwischen Wunsch und Erfüllung.

E. Kowalski hat dieses Thema in seinem (leider im Moment vergriffenen) Buch »Die Magie der Drucktaste«) aufgenommen und diskutiert[5]. Wir glauben übrigens, daß Frauen auch

5 E. Kowalski, Die Magie der Drucktaste, Wien und Düsseldorf 1976.

heute noch mehr Geduld haben und ruhiger – auf Liebe, auf Nachrichten, auf irgendetwas – warten können.

Dem Verlangen nach sofortiger Wunscherfüllung kommt das Telefon selbstverständlich besser entgegen als die Post. Es braucht auch in der Regel weniger Zeit – obwohl manche Menschen am Telefon so lange zu plaudern pflegen, daß man in dieser Zeit den längsten Brief schreiben könnte.

Und der dritte Grund. Auch er ist allgemein kultureller Art. Heute herrscht weit herum der Analphabetismus; das heißt, viele Menschen haben ganz allgemein mit dem Lesen und Schreiben Mühe und sind deshalb nicht mehr in der Lage, einen einfachen Brief so zu schreiben, daß er dem Empfänger Freude macht. In der Schweiz kommt erschwerend noch das ›Code-Switching‹ hinzu: das Umstellen vom einen, mündlichen Code (Lokaldialekt) auf den für Schriftliches notwendigen anderen (Hochdeutsch).

Das sind die drei Gründe – der erste ist technischer Natur, der zweite und der dritte liegen in allgemeinen Zeitströmungen – weshalb das Kommunizieren in Briefen so etwas seltenes geworden ist. Wir meinen aber, man sollte wieder lernen, wider den Strom zu schwimmen und mehr private Briefe zu schreiben.

Der Brief hat gegenüber dem Ferngespräch manche Vorteile. Erstens kann ich seinen Zeitpunkt auswählen: Ich kann ihn schreiben, und ich kann den empfangenen Brief dann lesen, wenn ich gerade in der richtigen Stimmung bin. Und eben: Ich kann einen Brief wieder und wieder lesen und mich daran erfreuen – wir reden hier von freundschaftlichen Briefen, von anderen ist am Schluß dieses Abschnittes noch kurz die Rede. Das heißt, ein Brief lebt und wirkt noch, wenn auch das schönste Telefongespräch längst verrauscht ist. Wir haben davon bereits in dem Abschnitt »Reden mit Trauernden« gesprochen.

Aber auch beim ersten Lesen haben schriftlich formulierte Worte etwas Gewichtigeres und Aufregenderes als ein mündlich gesprochener Satz – man denke an ein schriftliches Lob, an einen schriftlichen Dank, an eine schriftliche Liebes- oder

Freundschaftserklärung. Kein Wunder, daß Werther die Briefe seiner Lotte geküßt hat – einmal hatte sie zu viel Streusand drauf, »und die Zähne knisterten mir«.

Der Brief hat etwas Verbindliches, das heißt, Geschriebenes bindet den Schreiber. Wenn ich mündlich sage: »Ich liebe Dich«, oder »Ihre Dissertation ist ganz ausgezeichnet«, so erfreut das den Hörer einen Moment lang ungeheuer, ist aber rasch verhaucht und schließlich wie nie gewesen. Wenn man aber die gleichen Worte schriftlich gibt, so sind sie »perennierend«: sie sind Jahre hindurch gleich wahr und gewichtig. Hier sehen wir übrigens einen weiteren Grund, warum manche Leute keine Briefe schreiben wollen: weil sie, wenn sie den Brief wählen, zum Geschriebenen *stehen* müssen und nicht im Unverbindlichen verweilen können. In unserer Zeit des Schnupperns, des sich-nicht-binden-Wollens sind diese Menschen besonders zahlreich – im Grunde sind sie einfach Feiglinge, aber sie haben den Trend der Zeit als Rückenstärkung.

Da wir der Meinung sind, persönliche Briefe seien etwas Wertvolles, raten wir dazu, mehr Briefe zu schreiben. Und da es ganz offensichtlich ist, daß viele Menschen mit dem Briefeschreiben Probleme haben, geben wir im folgenden ein paar einfache Regeln:

Man muß lernen, kurze Briefe zu schreiben. Ein kurzer Brief macht unter Umständen mehr Freude als ein langer. Wenn jemand zum Beispiel folgendes schreibt:

Ihr Artikel in der »Zeit« – einfach großartig. Nehmen Sie meinen herzlichen Glückwunsch!
Stets Ihr X.Y.«

dann ist das bereits ein richtiger Brief, von dem der Empfänger begeistert sein wird. Die gebildeten Engländer beherrschen die Kunst des kurzen Briefes. Wir im deutschen Sprachgebiet haben sie leider fast verlernt. Wir quälen uns oft mit einer Antwort, und wenn wir uns dann endlich zum Schreiben durchringen, meinen wir gleich Nägel mit Köpfen machen zu müssen –

und tun es nicht unter drei Seiten. Das ist für den Leser bereits mühsam.

Hieraus ergibt sich die nächste Regel: Immer *an den Empfänger denken.* Der Empfänger will nicht bloße Information, er will, daß man sich in dem Brief auf ihn bezieht. Deshalb liest man auch die heute üblichen und »praktischen« *Rundbriefe* »An alle unsere Freunde« selten ohne eine gewisse Frustration. Weil diese Zirkulare an Dutzende von Leuten gehen, fehlt der Bezug auf den individuellen Empfänger fast ganz. Wir raten deshalb dazu, Rundbriefe überhaupt zu vermeiden, es sei denn, die Verfasser befinden sich in irgend einem entfernten Land, wo alles anders und objektive Information für alle Leser notwendig ist. Ein Rundbrief ist sicher viel besser als gar nichts, man kann ihn einmal im Jahr, etwa zu Weihnachten schreiben, aber er ersetzt den individuellen Brief nicht.

Was macht nun den individuellen Brief zu einem solchen. Es ist anzuraten, daß man am Anfang nicht von sich selber spricht, sondern *vom Empfänger.* Daß man seinen reizenden Brief mit großer Freude mehrmals gelesen hat. Ob wohl die dort erwähnten Probleme schon gelöst sind? Wie es dem anderen gesundheitlich und sonst gehen mag? Daß man an seinem Geburtstag an ihn denken wird. Es ist genau wie bei der Konversation (siehe Seite 45): Aus einem gewissen Zwang, sich für den Partner zu interessieren, ergibt sich bald ein echtes Interesse. Nach einem solchen Bezug auf den Empfänger darf man dann zu Informationen über sich selbst und über den eigenen Kreis übergehen.

Die Japaner, von denen wir noch vieles an Höflichkeit lernen können, beherrschen diese Kunst, es dem Leser wohl werden zu lassen, meisterhaft. Die vielen japanischen Briefe, die wir erhalten haben, begannen meist mit einem längeren Vorspann, der sich auf uns, die Empfänger bezog. Erst dann kamen Nachrichten vom Absender. Und noch etwas kann man von den Japanern lernen. Ihre Briefe beginnen sehr oft, noch vor der Erkundigung nach dem Ergehen des Empfängers, mit einer kurzen Natur- und Jahreszeit-Schilderung, die zudem auf den Empfänger bezogen sein kann. Also etwa so:

Nun hat sich der Frühling voll entfaltet. Gewiß blüht jetzt bei Ihnen wieder der schöne Amelanchier-Baum, der uns bei unserem letzten Besuch so viel Freude gemacht hat.

Dieses Anfangen mit Natur und Jahreszeit ist etwas sehr Schönes. Denn es geht von einer Naturbeschreibung eine große Ruhe aus – was immer nun der Brief an Nachrichten bringen wird, fröhliche oder traurige, die Natur wird bleiben und uns trösten und erfreuen.

Diese Natur- und Jahreszeiten-Bezüge gehen in Japan auf eine alte Tradition zurück. Das Haiku, das bekannte Dreizeilen-Gedicht, verbindet auch immer Natur, Jahreszeit und Stimmung.

Etwa:

Im Frühlingsregen gehen
Tief im Gespräch ein Mantel
Und ein Schirm vorüber.

Oder:

Die Blätter streifend, fällt
Eine weiße Kamelienblüte
In den dunklen Brunnen.[6]

Selbstverständlich sind wir Westler nicht so »blumig« wie die Japaner. Aber die Idee, einen Brief mit dem (ewigen) Fluß der Jahreszeiten beginnen zu lassen, damit die menschlichen Probleme in den richtigen Proportionen erscheinen, hat sicher etwas für sich.

Zum Schluß noch etwas Wichtiges, was die Frage: Mündlich oder schriftlich? allgemein betrifft. Wenn man jemand *lobt*, soll man das möglichst *schriftlich* tun; wenn man jemand *ta-*

6 Wir haben diese Dreizeiler dem Buch »The Japanese Haiku« von Kenneth Yasuda entnommen und sie (ohne genaue Beachtung der Silbenregeln) aus dem Englischen ins Deutsche übersetzt.

delt, so soll es (mindestens beim ersten Mal) *mündlich* geschehen. Meistens halten es die Leute umgekehrt: Für ein Lob geben sie sich nicht die zusätzliche Mühe des Schreibens. Wenn sie andererseits etwas zu tadeln, zu rügen, zu fordern haben, machen sie es des Nachdrucks halber gern schriftlich. Dies ist sicher falsch. Ein *Lob in schriftlicher Form* ist, wie oben ausgeführt, kräftiger und dauerhafter, gerade auch wegen der zusätzlichen Mühe, die sich der Schreibende machen mußte. Einen Tadel, eine negative Kritik, einen Vorwurf sollte man wenn immer möglich so halten, daß ein Einrenken der Beziehung nachher noch möglich ist. Und das ist viel leichter, wenn der *Tadel* mindestens zuerst *mündlich* ist.

Ein Professor sagte halb humoristisch, halb zornig zu einer Assistentin: »Sie sind schon das dümmste Roß, das herumläuft.« Es kam nicht einmal zu einer Verstimmung, weil die so Angesprochene den Sprecher und seinen Affekt leibhaftig vor sich hatte und sah, daß hier eine momentane Überreaktion vorlag, also kein Anlaß zu dauerndem Beleidigtsein. Man denke sich nun die gleichen Worte schriftlich. Da wird es nun ernst und tragisch. Ein Brief, das bedeutet: wohlüberlegt, nicht mehr bloß aus einem momentanen Ärger heraus, sondern sozusagen eine absolute Qualifikation, die zudem nicht vergessen werden kann, weil der Brief beständig da ist; es sei denn, man verbrenne ihn, was auch wieder Emotionen schafft. Also noch einmal: der Tadel sei mündlich.

Zu beachten

Man muß wieder mehr Briefe schreiben. Daß dies für viele Menschen schwierig ist, und daß es keine »sofortige Wunscherfüllung« bringt, spielt keine Rolle.

Der Empfänger will nicht unbedingt wissen, was der andere treibt. Aber er will unbedingt wissen, ob und wie der andere an ihn denkt.

Darum ist ein Brief dann gut, wenn er das Interesse des Absenders am Empfänger bekundet.

Rundbriefe »An alle unsere lieben Freunde« sind deshalb nur ein Notbehelf; sie können den persönlichen Brief nicht ersetzen.

Kurze Briefe tun ihren Dienst oft besser als lange.

Ein Lob sei schriftlich, ein Tadel mündlich.

Mit Schwerhörigen reden

Wer mit Schwerhörigen zu tun hat, muß sich zuerst von dem Vorurteil freimachen, Schwerhörigkeit sei eine Art Dummheit. Dieses Vorurteil wird leider durch unsere Sprachen gefördert. Im Österreichischen sagte man »terisch« (eigentlich ‹töricht›) für ›schwerhörig‹; in manchen Schweizer Dialekten bedeutet »taub« ›zornig‹. Vor allem die Doppelbedeutung von »verstehen«, was ja sowohl rein akustisch wie auch intellektuell gemeint sein kann, trägt immer wieder zur Fortpflanzung der falschen Meinung bei, daß jemand, der »nicht versteht«, einen intellektuellen Defekt habe. Hier sollte man an jenen alten Engländer denken, der, wenn er etwas (akustisch) nicht verstanden hatte, konsequent sagte: »I didn't hear« und nie: »I didn't understand.«

Was soll der *Gesprächspartner* eines Schwerhörigen im einzelnen beachten? Erstens soll er ihm das Gesicht zukehren. Wir reden hier zwar nicht von den völlig Gehörlosen, die auf das Ablesen angewiesen sind; aber auch für die nur leicht Schwerhörigen ist es eine große Hilfe, die Lippenbewegungen des Sprechenden verfolgen zu können.

Weiter: Man soll *deutlich* sprechen, das heißt, nicht unbedingt lauter, wohl aber besser artikuliert. Wie wir in unserem Kapitel »*Wie* soll ich reden« (Seite 14 ff.) bereits ausgeführt haben, bedeutet das: Erstens: die Konsonanten scharf von einander unterscheiden, zweitens: das Ende des Wortes und des Satzes besonders pflegen. Es ist daran zu erinnern, daß die meisten Menschen der Meinung sind, sie reden ganz deutlich. Selbsterkenntnis und darauffolgende Besserung bringt nur ein Lehrer oder allenfalls ein Tonbandgerät.

Wenn man noch mehr tun will, um dem Schwerhörigen das Hören zu erleichtern, so kommt ein drittes hinzu: deutlich segmentieren. Unter Segmenten versteht die Linguistik die Teile, aus denen die zusammenhängende Rede besteht. Wenn man gesprochene Texte analysiert, zum Beispiel mit Tonbandgeräten und Lautspektrographen, so bemerkt man, daß die Trennungen zwischen den einzelnen Wörtern, die in der Schrift so deutlich erscheinen, in der gesprochenen Sprache gar nicht existieren: Dort heißt es nicht: »Man hätte es der Bevölkerung mitteilen sollen«, sondern:

»Manhätteesderbevölkerungmitteilensollen«,

oder gar, wie eine sächsische Reisegruppe angesichts der näherrückenden Berge ausrief:

»Najezwärzawwertichdchhichlich.«[7]

Wenn wir uns so verständlich wie möglich ausdrücken wollen, so müssen wir unseren ungegliederten Redefluß in einzelne Wörter zerlegen, mit deutlichen Pausen dazwischen, so daß unser Partner weiß, wo ein Wort aufhört und das nächste beginnt. Was uns dabei etwas hilft, sind die sogenannten Grenzsignale[8]. Zum Beispiel kann im Deutschen ein Wort nicht mit *tm-* beginnen; deshalb nehmen wir, wenn wir die Lautfolge *tm* hören, automatisch an, daß dazwischen eine Wortgrenze liegt, wie z.B. in »hör*t m*ich«. Aber diese Signale funktionieren nur unvoll-

7 Aus dem wundervollen Büchlein von Herbert Schöffler, Kleine Geographie des deutschen Witzes, Göttingen 1955 u. öfters. Und der Satz heißt für die, die ihn bis jetzt nicht verstanden haben: »Na, jetzt wirds aber tüchtig hüglig«.

8 N. Trubetzkoij, Grundzüge der Phonologie, Prag 1939

ständig. So ist es denn immer gut, wenn der Sprecher die Wortgrenzen mit kleinen Pausen markiert – was übrigens gar nicht leicht ist, da man den natürlichen Sprachfluß »zerhacken« muß, was einem gegen den Strich geht.

Wenn man nun – sei es mit Schwer- sei es mit Normalhörigen – redet, so wird es immer wieder einmal vorkommen, daß der Partner einen nicht versteht. Er wird dann etwa fragen: »Wie bitte?« Die meisten Menschen machen auf eine solche Frage hin folgendes: Sie halten ein Wort ihres Satzes für besonders wichtig, und wiederholen dann nur dieses eine Wort. Jemand hat zum Beispiel gesagt: »Du mußt dann am Nachmittag den Hammer mitnehmen«. Der Angesprochene versteht nicht und fragt: »Wie bitte?« Darauf wird der erste mit ziemlicher Sicherheit antworten: »Den Hammer!« und glauben, er habe sich nun verständlich gemacht. Das ist aber nicht unbedingt der Fall. Es kann nämlich sehr wohl sein, daß der Angesprochene das Wort »Hammer« sehr gut, dagegen etwas anderes nicht verstanden hat, z.B. »Nachmittag« oder »mitnehmen«. Der Sprecher hätte also diese Wörter wiederholen müssen.

Dies läßt sich auch mit sprachwissenschaftlichen Überlegungen stützen: Ein Satz, das betont die neuere Linguistik nachdrücklich, hat in der Regel *zwei* Elemente: das, worüber gesprochen wird, und das, was darüber ausgesagt wird. In unserem Falle wird über einen »Hammer« gesprochen, und es wird gesagt, daß man ihn »am Nachmittag mitnehmen« soll. Beide Elemente sind gleich wichtig, und darum muß man, wenn eine Wiederholung nötig wird, auch beide wiederholen. Also nie auf die Frage »Wie bitte?« hin nur ein *einzelnes* Wort gebrauchen, sondern die zwei Teile des Satzes wiederholen.

Übrigens kann auch der Schwerhörige selbst noch etwas zur Verbesserung der Kommunikation tun. Meist wird ihm ja nicht der ganze Satz seines Partners unverständlich bleiben, sondern nur ein Teil davon. Da ist es nun unzweckmäßig, einfach zu sagen: »Wie bitte?« oder »Ich habe nicht verstanden«; vielmehr sollte man andeuten, *welchen* Teil der Aussage man nicht verstanden hat. Dies kann auf verschiedene Weise geschehen. Man kann zum Beispiel, das wird das häufigste sein, den Teil, den man verstanden hat, wiederholen. Also in unserem Fall, wenn man nur »Nachmittag« nicht verstanden hat, fragen: »Ich soll den Hammer bringen – was war noch?«. Noch besser ist folgendes – hier darf man sich allerdings nicht genieren –: Man wiederholt ungefähr, was man tatsächlich verstanden hat, sei es auch noch so unsinnig. Also in unserem Fall: »Wie, ich soll den Hammer dem *Admiral* bringen?«. Dann nämlich weiß der Gesprächspartner genau, *wo* das Mißverständnis liegt, und kann seine Korrektur dementsprechend gezielt anbringen. Er wird also in unserem Fall nicht ewig das unnötige Wort »Hammer« wiederholen, sondern sogleich das wirklich notwendige »am Nachmittag« nachliefern.

Zu beachten

Schwerhörigen das Gesicht zukehren.

Nicht lauter, aber deutlicher reden.

Segmentieren, d.h. die Wörter voneinander trennen.

Wer nicht verstanden worden ist, soll nicht nur ein einzelnes Wort wiederholen.

Wer einen Satz teilweise verstanden hat, soll den verstandenen Teil wiederholen.

Mit Fremdsprachigen

Der Clown Grock, vielleicht der berühmteste aller Clowns, hatte eine Nummer, die noch überwältigender war als alle anderen. Er wollte Klavier spielen, und zu diesem Zweck hatte man ihm einen gewaltigen Flügel bereitgestellt. Als er sich nun auf den Klavierstuhl setzte, bemerkte er, daß er nicht nahe genug an den Tasten war. Was tat er? Er stellte sich hinter den Flügel und schob diesen mit gewaltiger Kraftanstrengung an das Stühlchen heran.

An diese Nummer müssen wir denken, wenn wir das sprachliche Verhalten so mancher Zeitgenossen sehen. Sie machen nämlich die größten und zeitraubendsten Anstrengungen, fremde Sprachen zu lernen, geben sich aber fast gar keine Mühe, ihre eigene Sprache so zu kultivieren, daß sie von Fremdsprachigen *gut verstanden* wird – was um so viel leichter ist, wie das Schieben eines Klavierstuhls gegenüber dem Schieben eines Flügels.

Viele deutschsprachige Intellektuelle sind völlig ausgefüllt von der – nicht unsinnigen, aber einseitigen – Idee, daß Kommunikation mit Fremdsprachigen nur in *deren Sprache* stattfinden könne. Sie pflegen darum das Lernen dieser Sprachen – oft mit beachtlichen Resultaten. Nun ist es aber durchaus möglich, daß der Fremde unsere Sprache versteht, vielleicht besser als wir die seine, und sie gerne sprechen möchte. Deshalb gehört es zu den Voraussetzungen der Kommunikation mit Fremden, unsere eigene Sprache so sprechen zu lernen, daß sie von Anderssprachigen so gut wie möglich verstanden wird. Dies wird mit wenigen Ausnahmen gröblich vernachlässigt: Es gibt weder Kurse noch Anleitungsbücher zum Gebrauch der eigenen Sprache gegenüber Fremdsprachigen. Manche Menschen, die ein recht hübsches und phonetisch erfreuliches Englisch sprechen, behandeln ihr eigenes Deutsch so stiefmütterlich, nuscheln und mauscheln daher, daß selbst Landsleute sie nur mit Mühe verstehen.

Etwas ganz besonderes ist die Situation in der deutschen Schweiz. Der durchschnittliche Deutschschweizer, wenn er in der Straßenbahn von hilfesuchenden Fremden angesprochen wird, redet heute entweder die Fremdsprache, oder aber er spricht seinen schweizerdeutschen Dialekt, eine an sich liebenswerte aber vom Hochdeutschen weit entfernte Sprache – so weit entfernt, daß sie von einem uns bekannten deutschen Sprachwissenschafter nicht einmal als Deutsch identifiziert werden konnte, als er zufällig in Schottland auf sie traf. Die Abneigung des Deutschschweizers, Hochdeutsch zu sprechen, hat sich seit etwa 1968 rapid verstärkt. Schuld daran ist nicht etwa eine Änderung im Verhältnis zu Deutschland, sondern die binnenschweizerische Variante des weit verbreiteten Analphabetismus: Es wird immer weniger geschrieben, und dies hat in der Schweiz einen Rückgang der Schriftsprache, also des Hochdeutschen, zur Folge.

So viel ist sicher, daß eine Unterhaltung mit Fremdsprachigen sehr wohl auch auf deutsch geführt werden kann, und daß deshalb jedermann gut daran tut, sein eigenes Deutsch so verständlich wie möglich zu machen.

Hierfür gelten zunächst die gleichen Regeln wie im Verkehr mit Schwerhörigen, siehe den Abschnitt auf Seite 126. Wie diese haben Fremdsprachige Mühe, unsere Artikulation zu verstehen – deshalb deutliche Aussprache, besonders der vernachlässigten Endsilben. Und ebenso haben Fremdsprachige Mühe, unseren zusammenhängenden »Redefluß« in einzelne Wörter aufzuteilen – deshalb überdeutlich segmentieren: Künstliche Pausen zwischen den Wörtern machen.

Dazu kommt noch folgendes: Man soll nicht zu idiomatisch sprechen. Unter einem Idiom versteht die Sprachwissenschaft eine Wendung oder Redensart, deren Sinn aus den einzelnen Wörtern nicht hervorgeht. Wenn ich von einem Literaturkritiker sage, er habe ein Buch »am Boden zerstört«, so wird derjenige, der nur mäßig deutsch kann, wahrscheinlich wissen, was »Boden« und was »zerstören« heißt; er wird kapieren, daß man etwas zerstört hat, aber er wird sich fragen: »wieso am Boden?« Nur der Fortgeschrittene weiß, daß »am Boden zerstören« ein Idiom ist, eine Wendung, die man als Ganzes nehmen muß – wer alt genug ist, dem ist noch bekannt, daß sie aus dem letzten Krieg stammt, wo jeweils gemeldet wurde, feindliche Flugzeuge seien am Boden zerstört worden; das bedeutete also: ›bevor der andere nur anfangen kann, ist er schon erledigt‹ und später noch allgemeiner: ›völlig erledigt‹. Die Kenntnis solcher Idiome, die uns geläufig sind, darf man bei Fremdsprachigen nicht ohne weiteres voraussetzen, und deshalb muß man in ihrem Gebrauch zurückhaltend sein.

Das gleiche gilt auch von *schwer durchschaubaren Wörtern.* Ein Beispiel dafür: In einem Englischkurs für Deutschsprachige war auch ein Engländer anwesend. Es war zu einer Diskussion gekommen, ob ein bestimmter englischer Satz korrekt sei, und der Leiter fragte den Engländer auf deutsch: »Würden Sie das beanstanden?« Darauf der Gefragte in fröhlichem Ton: »Ja, ja, das würde ich schon beanstanden.« Später stellte es sich heraus, daß er das Wort »beanstanden«, das ihm noch nicht bekannt war, gedeutet hatte als: ›anständig, d.h. korrekt finden‹. In Wirklichkeit bedeutet es bekanntlich ›unrichtig finden‹, also das Gegenteil. Aber es ist tatsächlich schwer, dieses Wort aus seinen Teilen richtig zu interpretieren.

So wird es auch für jemand, der mit der deutschen Umgangssprache nicht gut vertraut ist, schwer sein, das Wort »durchgedreht«, welches ›verrückt‹, ›verwirrt‹ bedeutet, richtig zu verstehen, weil es aus den Teilen »durch« und »drehen« nicht erklärt werden kann. Deshalb unsere Richtlinie, man möge möglichst nur solche Wörter verwenden, welche »durchsichtig« sind, sich also aus ihren Teilen erklären lassen. Dies ist nicht so schwer, wie es scheint, wie es auch für einen Vater oder für eine Mutter ohne weiteres möglich ist, sich einem Kind sprachlich anzupassen und im Gespräch mit ihm schwierige Wörter zu vermeiden. Die Sprachwissenschaft nennt dieses Anpassen des eigenen Sprachinventars an die Situation »code switching« (Umschalten des Codes), und das »code switching« ist eines der natürlichsten Dinge von der Welt.

Auch wenn man das Gespräch mit einem Fremdsprachigen auf deutsch führt, kann man doch guten Willen und Charme bekunden, wenn man bei Gelegenheit ein paar Brocken der fremden Sprache mit einem freundlichen Lächeln einmischt. Am wichtigsten ist vielleicht das Wort für »danke«; darum geben wir es hier in einigen Sprachen (Kursiv bedeutet: betont; Kenner mögen die unwissenschaftliche Schreibung verzeihen):

italienisch: gr*a*zie t*a*nte
spanisch: »m*u*chas gr*a*cias«
portugiesisch: »obrig*a*do«,
jugoslawisch: »hv*a*la«,
französisch: merci beaucoup
englisch: thank you very much
russisch: »spass*i*va»
japanisch: »arr*i*gato gos*ei*mas«,
chinesisch: »schj*e*schje«.

Diese Wörtlein und ein paar ihresgleichen wirken bereits Wunder. Wer sich mit einer fremden Sprache näher vertraut machen will und nicht gerade in einen Kurs gehen möchte, wird normalerweise zu einem der bekannten Sprachführer greifen, wie sie von zahlreichen Verlagen angeboten werden. Diese, wenn vor Gebrauch seriös durchstudiert, sind bereits eine große Hilfe. Man muß sich nur bewußt sein, daß sie in der Regel drei Fehler haben:

1. Sie setzten meist voraus, daß der Mensch *allein reise,* haben deshalb nur die *ich-* und keine *wir*-Formen. Man wird deshalb zusätzlich in Erfahrung bringen müssen, wie die Plurale, zum Beispiel: »Wir möchten gerne«, heißen.
2. Sie sind *»herrisch«* und bestehen weitgehend aus Befehlen. Höfliche Anreden, Dank und Lob müssen deshalb zusätzlich gelernt werden.
3. Sie sind *kommunikativ einseitig,* indem sie nur das aufführen, was der *Reisende spricht,* aber nicht, was er etwa als *Antwort* erhalten könnte. Man muß sich deshalb bei der Vorbereitung die möglichen Antworten vorstellen.

Zum Trost ist zu sagen, daß schon geringe Kenntnisse einer fremden Sprache sich als sehr nützlich erweisen können; wir möchten also trotz des zu Anfang Gesagten jedermann ermuntern, sich wenigstens *etwas* mit der zu erwartenden Sprache zu beschäftigen. Dabei kommt es auch auf die einzelnen Länder und Menschen an. Französisch- und englischsprachige Menschen sind mehrheitlich wenig geneigt, eine fremde Sprache zu sprechen, während Griechen und Italiener eher willens und gewohnt sind, ein Gespräch auf deutsch zu führen.

Schließlich gibt es zwischen Vertretern verschiedener Kulturen nicht nur die Verschiedenheit der Sprache. Es kommen dazu sehr viele Unterschiede in den »behaviour patterns«, d.h. in den einzelnen Verhaltensmustern. Hier greifen wir, als wenig bekannt aber wichtig, die *Proxemik* heraus. Dieser Begriff, der von lateinisch *proximus* ›ganz nahe‹ abgeleitet ist und seit etwa zwei Jahrzehnten existiert, bezieht sich auf die Frage: Welcher räumliche Abstand zwischen zwei im Kontakt befindlichen Menschen wird von den Angehörigen einer gegebenen Kultur als richtig und angenehm empfunden?[9]

Die Proxemik hat wissenschaftlich bestätigt, was die meisten von uns instinktiv schon gespürt haben: Während es nördlichen Menschen, etwa Engländern oder Skandinaviern, richtig und normal erscheint, vom Gesprächspartner einen Abstand von etwa einem Meter einzuhalten, gehen südliche und östliche Menschen viel näher an ihren Partner heran – bis in die »olfactory bubble«, die ›Geruchsblase‹, wie es die englischsprachige Forschung nennt, die unsichtbare Kugel also, innerhalb derer man den Partner riecht; dazu kommen Berührungen an Unterarm, Schulter, Rücken.

In den Wandelhallen der UNO soll man deshalb oft das folgende Schauspiel zu sehen bekommen: Ein, sagen wir Engländer und, meinetwegen, ein Araber sind in einem angeregten Gespräch begriffen. Nun kann man beobachten, daß sich die beiden im Verlauf von etwa einer Stunde – wie ein tanzendes Paar – einmal um das ganze Rund der Wandelhalle bewegt haben: Der Engländer ist alle paar Minuten ein bißchen zurückgewichen, als ihm der andere zu nahe auf den Leib rückte, worauf je-

9 Über die Proxemik orientiert mit ausführlichen Literaturangaben das bereits zitierte Buch von Linus Geisler, Arzt und Patient – Begegnung im Gespräch.

ner zu dem ihm gemäßen Abstand nachrückte, worauf dieser wiederum – und so weiter.

Ein guter Bekannter, Universitätsprofessor, erzählte, wie er in einem kritischen Augenblick Gelegenheit hatte, die Proxemik auszuprobieren:

Als ich an der Universität für ein bestimmtes sprachliches Vorexamen zuständig war, meldete sich eines Abends für meine Sprechstunde ein Student aus dem mittleren Osten an, ein unruhiger, gehemmter und zu Ausbrüchen neigender Mensch. Die Sekretärin warnte: »Herr X. hat sich gemeldet, geben Sie acht, daß er Ihnen nichts zuleide tut!« Er kam denn auch wirklich, und als er die Tür hinter sich geschlossen hatte, begann er sich bitter über eine angebliche Ungerechtigkeit zu beschweren. Er nahm dabei eine so ausfällige und drohende Haltung ein, daß mir sehr unbehaglich wurde: Hat er jetzt »den Dolch im Gewande«, und was soll ich jetzt tun? Da besann ich mich auf die Proxemik: ich ging mit meinem Kopf ganz nahe an den seinen heran – bis tief in die »olfactory bubble« – und legte zudem die Hand auf seinen Arm. Und, o Wunder, der Wütende beruhigte sich und ging nachher ganz freundlich auf die Vorschläge ein, die ich ihm machte.

Zu beachten

Man kann mit vielen Fremdsprachigen auch deutsch reden.

Dann muß das Deutsch aber deutlich, gut segmentiert und durchsichtig sein.

Einige kleine Höflichkeiten in der fremden Sprache wirken Wunder.

Sprachführer sind immer noch sehr nützlich, vor allem, wenn man ihre Fehler kennt.

Die Proxemik beachten!

8. Sprache und Liebe

Wie Sprache entflammt und ernüchtert

Der glückliche Verlauf einer Liebesbeziehung, das wissen wir alle, ist nicht selbstverständlich. Eine Beziehung kann in die Brüche gehen, ja nicht einmal zustandekommen, weil der eine oder andere Partner »etwas falsch macht«. Es gibt eine große Menge von »Sex-Handbüchern«, die den Lesern zu sagen versprechen, wie sie »es« machen sollen, um das größtmögliche Glück zu erlangen. Da findet man – mit forcierter Munterkeit oder mit lehrhafter Pedanterie vorgetragen – eine Menge von detaillierten Ratschlägen. Etwa: Um sich die rechte Sinnlichkeit anzueignen, soll man sich nackt auf einen weichen Teppich legen und der Reihe nach an seine einzelnen Körperteile denken, bis diese vor lauter Denken warm und empfänglich geworden sind. Oder: Beim intimen Umgang soll man die Partnerin sanft am linken Ohrläppchen ziehen; man wird staunen, wie sehr das zu einem intensiven Glück beiträgt.

Hier haben wir natürlich ein wenig karikiert. Wir möchten nicht alles dergleichen von vorneherein aburteilen. Diese »Sex-Kochbücher« mit ihrem genauen »man nehme« haben sicher eine nicht unwichtige Funktion, sonst würden sie nicht so häufig gekauft. Liebe ist nur zum Teil ein Naturinstinkt, vielmehr zum guten Teil ein individuelles Talent, wie etwa Musikgehör oder eine Begabung zum Gärtnern. Und jedes Talent kann man mit Fleiß und gutem Willen erheblich fördern. Hier kommt übrigens noch etwas anderes dazu, nämlich die Autosuggestion: Sofern die Leser solcher Bücher glauben, daß sie damit auf dem richtigen Wege sind, werden sie auch einen Erfolg verspüren, denn der Glaube macht selig, ganz besonders in der Erotik.

Etwas muß allerdings erstaunen. In solchen Anleitungsbüchern ist praktisch nie von der Sprache die Rede. Das detaillierteste »erotische Kochbuch«, das in Indien entstandene »Kamasutra« des Vatsyayana (3. Jahrhundert n. Chr.) ist in seiner Ausführlichkeit noch heute ungeschlagen – 31 Paragraphen allein über das Kratzen mit den Fingernägeln, 43 Paragraphen über die Technik des Beißens und das Erzielen schöner Beißmale – es enthält aber nur sehr knappe und wenig sagende Regeln über die der Liebe förderliche Sprache.

Die einzige Liebes-Anleitung, die wesentliches auch über die Sprache sagt, ist die mit Recht zur Weltliteratur gezählte »Ars Amandi«, die »Liebeskunst« des Ovid (um 5 n. Chr.). Hier werden nun wirklich – neben den vielen auf das Körperliche bezogenen Regeln – viele wertvolle und detaillierte sprachliche Ratschläge gegeben. Etwa, für den Mann: Er solle die Dienerin der Geliebten freundlich behandeln, zum Beispiel ihren Namen nie vergessen – durch diese Aufmerksamkeit gewinnt er das Wohlwollen der Dienerin und damit indirekt vielleicht auch der Herrin. Oder, wichtiger und allgemeiner:

> Übe die Sprachen mit Fleiß, die jeder Gebildete spricht.
> Schön war Ulysses nicht, doch unterhaltend, das glaub mir.
> Göttinnen weinten um ihn, als er schied, jammergepeinigt.

Und für die Frau:

> Süße Geliebte, dehne im höchsten Berauschtsein die Glieder,
> Daß bis ins innerste Mark beide die Wonne durchdringt,
> Flüstre verschämt, wie selig du bist und wie dankbar.

Also: Wenn eine Frau einem Mann schon zuliebe tut, daß sie mit ihm schläft, so soll sie ihm dabei auch das sagen, was er am liebsten hört: daß sie zufrieden, ja beglückt ist, und daß nicht nur er ihr zu danken hat, sondern auch umgekehrt. Eine sehr wichtige Regel, besonders heute, wo von verschiedenen Seiten soviel von Selbstverwirklichung gepredigt wird, daß (weibliche und männliche) Hingabe als veraltet erscheint, worauf denn viele Menschen zwar »selbstverwirklicht«, aber auch allein dastehen. Übrigens hat Ovid auch den Fall, daß die Frau nicht so berauscht ist, wie sie gerne möchte, vorausgesehen und ihr dafür entsprechende Verhaltensregeln mitgegeben.

Wie gesagt steht Ovid mit seinem Einbezug der Sprache in die Technik der Liebeskunst einsam da. Die Sprache wird in den »Liebes-Anleitungen« stiefmütterlich behandelt. Umso notwendiger ist es, daß an dieser Stelle mehr gesagt wird. Wir wollen hier vor allem zwei Fragen stellen und zu beantworten suchen. Erstens: *Wie kann man mit Sprache die Flammen der Liebe entfachen*? Und zweitens das Gegenstück dazu: *Welches sprachliche Verhalten kühlt die Liebe ab, tötet sie vielleicht sogar*? Was wir damit meinen, wollen wir mit zwei Beispielen illustrieren; das erste stammt aus dem Jahr 1760, das zweite aus dem Jahr 1990.

Der Chevalier de Seingalt, besser bekannt unter dem Namen Giacomo Casanova, besuchte um die Mitte des 18. Jahrhunderts mehrmals die Schweiz. Im April und Mai 1760 hielt er sich in Zürich auf, wo ihn eine Kupplerin reichlich mit Mädchen versorgte. Aber:

Je me suis diverti quatre jours chez la femme que Giustiniani me fit connaître, mais fort mal, car les jeunes filles qu'elle me procura ne parlaient que le gros suisse. Sans la parole le plaisir de l'amour diminue au moins de deux tiers.[1]

(Ich vergnügte mich vier Tage lang im Hause der Frau, mit der mich Giustiniani bekannt gemacht hatte, aber nur sehr schlecht, denn die Mädchen, die sie mir vermittelte, sprachen nur das grobe Schweizerdeutsch. Und ohne die Sprache vermindert sich das Vergnügen an der Liebe gleich um wenigstens zwei Drittel.)

Um so viel also – Casanova, der »Fachmann«, schätzt es auf zwei Drittel – kann Sprache die Liebesfreuden vermindern.

Aber nun das Gegenteil. Im Sommer 1990, anläßlich einer Geburtstagsfeier, hielt ein (nicht einmal besonders schöner oder junger) Mann eine kurze Rede – auch auf schweizerdeutsch – in der er vom Geburtstagskind, von dessen Frau, von langjähriger Liebe und Treue sprach. Und als er sich wieder gesetzt hatte, da kam von einem andern Tisch auf ihn zu: eine hübsche, ihm unbekannte junge Frau und sagte: »Ich muß es Ihnen sagen: Sie haben so schön gesprochen, daß mir an den Armen alle Härchen aufgestanden sind.« Was kann sich ein Redner

1 Casanova: Histoire de ma vie, Brockhaus, Wiesbaden 1960, Tome V/VI, p. 107; den Hinweis auf diese Stelle verdanken wir Urs Boeschenstein.

schöneres wünschen? Der berühmte »frisson«, der süße erotische Schauder, wie er in den französischen Schlagern so gerne besungen wird, hier war er erreicht, ohne die geringste körperliche Berührung, allein durch Sprache.

Es ist gewiß: Sprache kann entflammen, so wie sie andererseits abkühlen kann. Wir werden uns dies im folgenden genauer ansehen, werden fragen, wie die entflammende und wie die abkühlende Sprache im einzelnen aussieht, und was deshalb ein ordentlicher Verführer oder eine ordentliche Verführerin sprachlich tun oder lassen soll.

Was der gute Verführer beachten soll

Welches sind die sprachlichen Mittel zur erotischen Stimulierung? Hierzu eine paradoxe Grundregel: Wichtig ist es, den Partner zu *beunruhigen* und gleichzeitig zu *beruhigen.* Im einzelnen heißt dies: Der Partner soll einerseits aus dem Zustand der Emotionslosigkeit heraus in eine gewisse Erregtheit geführt werden; andererseits soll er (trotzdem) gelöst und entspannt bleiben.

Für das Herbeiführen der *Beunruhigung* haben die Menschen aller Kulturen – und wohl schon die meisten Tiere – ausführliche Rituale entwickelt. Diese sind, wie alle Rituale, beim Menschen dort am stärksten, wo er noch volkstümlichen Verhaltensmustern folgt, also in archaischen Kulturen oder bei uns in ländlichen Gemeinschaften. Diese haben eine Menge von Neck- und Trutzliedern geschaffen, die zunächst einmal gar nicht nach Liebe aussehen: Der Sprechende oder Singende macht sich selbst wichtig und sucht den Angesprochenen herabzumindern, mit Formulierungen wie: »Du bist auch nicht die Schönste« – »Du bist auch nicht der Schönste« – »Ich habe noch viele andere an der Hand« – »Ich habe dich nicht nötig« – »Überhaupt will ich ewig ledig bleiben«, und so weiter. Oft sind solche Sprüche oder Lieder als Wechselrede ausgebildet, in denen der Bursche und das Mädchen einander abwechselnd angreifen, ja beinahe »heruntermachen«. Ein frühes und typisches Beispiel für ein solches Trutzlied ist das Gedicht »Donec gratus eram tibi« von Horaz (um 23 v. Chr.). Die beiden Liebenden haben sich vorübergehend entfremdet und sprechen (frei übersetzt) so miteinander:

Er: Als ich Dir noch lieb war ...
Sie: Als ich bei Dir noch die einzige war ...
Er: Aber jetzt habe ich eine andere, für die könnte ich sterben.
Sie: Aber jetzt habe ich einen andern. Zweimal könnte ich für den sterben.
Er: Aber, wer weiß, vielleicht ...
Sie: Aber, wer weiß, wenn Du auch leicht wie ein Kork und völlig unzuverlässig bist, vielleicht ...

Wir Modernen, die wir von den alten Traditionen abgelöst und ganz individualisiert sind, singen keine Trutzlieder mehr. Aber sie verdienen dennoch Beachtung: Wie alles Volkstümliche und Traditionelle enthalten sie gewisse Weisheiten. In unserem Falle kann man aus ihnen lernen, daß und wie man etwa den Partner »aus der Ruhe bringen« kann. Dies ist zwar heute nicht besonders nötig, denn wir heutigen beherrschen die Technik des aus-der-Ruhe-Bringens meistens nur allzu gut und brauchen sie nicht eigens zu lernen. Aber es mag – zum Beispiel unter jungen Intellektuellen – immer noch einige geben, welche der Meinung sind, die Liebe sei etwas Süßes (womit sie recht haben), und man dürfe darum in der Liebe nur süß sein (womit sie unrecht haben). Der Typus des »süßen« Liebhabers, der, wie der Volksmund sagt, nur »Süßholz raspelt«, ist wenig gefragt, sicher weniger als der, welcher auch ein wenig Pfeffer oder Paprika in seine Sprache mischt. Necken, ohne zu kränken, lautet die konkrete Forderung.

So wie einerseits eine gewisse Beunruhigung nötig ist, so gehört auch ein gewisses Maß von *Beruhigung* zur erotisch wirksamen Sprache. Nicht etwa in dem Sinne, daß der Partner eingeschläfert werde, sondern daß er gelöst und entspannt wird. Dies kann ich erreichen, indem ich sein Verhältnis zu sich selbst ins Reine bringe. Die meisten Menschen von heute sind ja nicht selbstzufrieden – obwohl uns das gewisse Medien einreden wollen – sondern äußerst selbstkritisch: Sie halten sich für dumm, unehrlich, häßlich, unverwirklicht, und was dergleichen negativer Eigenschaften mehr sind. Wenn uns nun einer oder eine sagt: »Du bist schön«, »Du bist gescheit«, »Du bist in jeder Beziehung in Ordnung«, und dies womöglich noch begründet, so sind wir geneigt, den Boten, der uns solches mitteilt, um seiner Botschaft willen in unser Herz zu schließen.

Dies gilt besonders für Paare, die schon sexuellen Kontakt haben. Die Befürchtung, »es« nicht recht zu machen und den Partner zu enttäuschen – heute angeheizt durch die Lektüre von aufklärenden Magazinen, die alles zum Problem machen – verunsichert manchen Partner so sehr, daß er am Ende wirklich nichts mehr recht macht. Wenn aber der andere die Gelegenheit wahrnimmt, solche Dinge zu sagen, wie: »Du bist herrlich im Bett«, oder: »Wir stimmen gut zusammen«, oder: »Du warst himmlisch gestern abend«, dann wird der/die Verunsicherte wieder sicher und damit auch objektiv »besser«.[2]

Und noch etwas Wichtiges in diesem Zusammenhang. Das Selbstbewußtsein der meisten Menschen hat leider die Tendenz, trotz Aufmunterung immer wieder abzubröckeln. In anderen Worten: Eine einzelne Aufmunterung hält nicht lange vor; sie muß darum immer wieder erneuert werden – natürlich nicht in der gleichen, sondern in einer variierten Formulierung. Wenn der (Anti-)Held von Somerset Maughams frühem Drama »A Man of Honour« (›Ein Ehrenmann‹) zu seiner jungen Frau sagt: »Natürlich liebe ich Dich. Ich bin schon blau im Gesicht, so oft habe ich es Dir gesagt«, so ist dies sicher nicht das Verhalten eines Liebenden – die Geschichte endet denn auch mit Mord und Totschlag. Vielmehr soll der Partner, soll die Partnerin dem anderen, ähnlich wie es in der Bibel heißt, sieben mal siebenundsiebzig mal etwas Liebes und Aufrichtendes sagen. Oder, wissenschaftlich ausgedrückt: Solche Bestätigun-

2 Dies haben natürlich die Autoren von Büchern über erfolgreiche Partnerschaft längst bemerkt, etwa H. und C. Clinebell, Ehe intim, München 1974, aus dem die eben angeführten drei Sätze stammen.

gen sind keine bloß individuellen Handlungen, sondern Rituale, zu denen es wesensmäßig gehört, daß sie immer wieder neu und immer wieder notwendig sind, genau so wie das Grüßen oder das Ostereiersuchen.

Wir sagten: sowohl Beunruhigung wie Beruhigung. Wer nun glaubt, dies sei ein unlösbarer Widerspruch und gar nicht ausführbar, dem kann man sagen, daß es eine einfache und immer wieder ausgeübte Sozialhandlung gibt, die definitionsmäßig beruhigt und beunruhigt, nämlich das Kompliment.

Das Kompliment

An sich ist das Kompliment nicht notwendigerweise etwas Erotisches. Ein Mann kann einem Arbeitskollegen ein Kompliment machen, eine Frau einer Kollegin. Aber besonders beliebt und geliebt ist natürlich das Kompliment über die Geschlechtsgrenzen hinweg: wenn ein Mann eine Frau, wenn eine Frau einen Mann lobt, womöglich gar für typisch weibliche, typisch männliche Eigenschaften, so daß man es zwischen ihnen knistern hört. In diesem Sinne wollen wir hier das Kompliment verstehen und uns fragen, wie man ein ordentliches Knistern erzielt.

Dazu eine Vorbemerkung. Wenn man von erotischen Komplimenten spricht, so denkt man auch heute noch zuerst an Komplimente, die ein *Mann* einer Frau macht. Natürlich ist auch das Umgekehrte möglich: Die Geschichte von den aufgestellten Härchen war ein – indirektes aber umso wirksameres – Kompliment einer Frau an einen Mann, und solche gibt es glücklicherweise in großer Menge. Wenn wir im folgenden uns doch primär (aber nicht ausschließlich) an die Männer wenden und ihnen einige Rezepte verraten, so haben wir dafür drei Gründe. Erstens ist es auch heute in unserem aufgeklärten und emanzipierten Zeitalter so, daß erotisch getönte Komplimente häufiger von Männerseite kommen als von Frauenseite. Denn, zweitens, dies ist nicht gesellschaftliche Rollenverteilung sondern biologische Anlage. Nicht nur in den archaischen Menschengesellschaften – mit ihren Schuhplattlern und Waffentänzen – sogar in den höheren Schichten des Tierreichs ist es so, daß in der Erotik der Mann die Führung übernimmt, balzt, springt, bedrängt, kurz, der aggressive Teil ist. Das Gegenteil gibt es zwar auch, aber es ist vergleichsweise selten.

Und schließlich der dritte Grund, über den wir uns besonders freuen: Frauen brauchen im allgemeinen »in solchen Dingen« weniger Ratschläge als Männer. Sie haben mehr Naturtalent, anmutig zu sprechen, besitzen mehr Einfühlung in das, was der Partner seelisch braucht, und weil ihre Komplimente weniger alltäglich sind, haben sie auch mehr Kraft.

Wie soll man sich nun verhalten, daß es »ordentlich knistert«? Schon die Stimmlage ist wichtig. Beim Mann wirkt eine tiefe Stimme, sei sie von Natur so oder nicht, allgemein männlicher; also soll ein Mann seine Stimme, wenn sie nicht ohnehin tief ist, eher senken als heben. Bei Frauen liegen die Dinge weniger eindeutig: Neben den schönen tiefen Stimmen – Marlene Dietrich und Zarah Leander hatten sie, und O'Neill preist in seinen Dramen die tiefen, vibrierenden Stimmen der Frauen aus den amerikanischen Südstaaten – gibt es doch auch das »süße Gezwitscher«, von dem wir schon in einem früheren Kapitel gesprochen haben (Seite 17). Aber dies ist schon mehr Geschmacksache; im allgemeinen möchten wir der tieferen Stimme auch bei der Frau das Wort reden, natürlich mit Maßen, nicht so, daß man sie für einen Mann hält.

Sei die Stimme eher tief, so soll sie doch nicht eine »Plüschstimme« sein. Denn diese verrät zu sehr den alten Profi, den gewohnheitsmäßigen Schwerenöter, bei dem schon das jüngste Mädchen merkt: Aha, jetzt hat er auf erotisch umgeschaltet. Also lieber eine natürliche Stimme; wenn sie später dennoch unvermerkt ins Vibrieren geraten sollte, umso besser.

Auch inhaltlich sollte das Kompliment stimmen: »Gnä' Frau sehen heut wieder entzückend aus!«, das ist der vergangene Stil des alten Wien, und die meisten Frauen werden bei einem so starken und direkten Kompliment automatisch Abstriche machen. Wir meinen deshalb, daß das Kompliment auf keinen Fall pathetisch, sondern eher spröde und indirekt sein soll. Mit spröde meinen wir: nicht schwül und wenn möglich mit einem Schuß Humor. Also statt: »Sie sind entzückend« lieber etwas Lustiges, vielleicht sogar ein bißchen Ausgefallenes, zum Beispiel: »Ich freue mich immer, Sie zu sehen, schon aus ästhetischen Gründen«. Wobei man sich natürlich stets fragen muß, ob man mit einer Dame spricht, die solches zu schätzen weiß.

In Spanien ist es immer noch der Brauch, daß junge Männer auf der Straße hübschen Frauen – wenn diese etwa in einem offenen Wagen vorbei fahren – Komplimente nachrufen. Dafür gibt es eine Anzahl fester Formeln. Eine davon ist besonders hübsch, nämlich »¡Olè su madre!«, wörtlich also: ›Ein Hurra für Ihre Mutter!‹. Zu ergänzen hat man dabei: ›... daß sie so etwas Schönes hervorgebracht hat.‹ Dies ist ein gutes Beispiel für das indirekte oder, wie man in der Linguistik sagen würde, »präsuppositionelle« Kompliment. Der Verehrer sagt nicht direkt: »Sie sind schön«, sondern: »Ihre Mutter ist zu preisen« und setzt damit voraus (präsupponiert), daß die Tochter etwas ganz Besonderes sei. Die angesprochene Dame bekommt also das Kompliment nicht offen serviert, sondern in Gestalt einer kleinen Nuß, die sie erst knacken muß oder darf. Dies liefert ihr ein angenehmes Spielchen – das Spielelement ist ja in der Erotik enorm wichtig.

Auch das indirekte Kompliment kann natürlich mehr oder weniger gut sein, aber im Prinzip ist es sicher besser als das (plumpere) direkte Kompliment. Wir möchten es deshalb empfehlen, etwa in folgender Form:

Dame zum Herrn: »Ja, die Zeit vergeht, mein Junge ist auch schon zwanzig.«

Herr (sehr erstaunt): »Da müssen Sie ihn ja mit fünfzehn gehabt haben, das geht doch nicht.«

Wir haben diese Formel mehrmals ausprobiert, und immer haben sich die beteiligten Damen über alle Maßen gefreut. Statt des direkten und etwas plumpen: »Sie sehen aus wie fünfunddreißig« nimmt der Sprecher das jugendliche Aussehen als Voraussetzung (Präsupposition) und »errechnet« daraus das Alter bei der Geburt des Sohnes. Das heißt, die Frage, wie alt die Dame jetzt sei, erscheint nicht direkt als Thema, vielmehr wird eine ganz andere Frage – wie alt sie bei der Geburt des Sohnes gewesen sein mag – ins Zentrum gestellt. Daß die Dame jetzt aussehe wie fünfunddreißig, steht als selbstverständlich am Rande – und die Empfängerin des Kompliments hat die angenehme Aufgabe, es zu ihren eigenen Gunsten in die Mitte zu rücken.

Wichtig ist hier noch folgendes: Dieses Kompliment folgt direkt auf eine Äußerung der Dame: daß ihr Sohn schon zwanzig sei. Vielleicht sollte jedes gute Kompliment direkt an etwas Vorangegangenes *anschließen.* Dann wirkt es nämlich spontan und zwanglos. Komplimente, die ohne Anschluß an eine Situation oder ein Gesprächsthema, gleichsam aus heiterem Himmel, auf eine Dame losgelassen werden, wirken dagegen einstudiert und unnatürlich. Das heißt: Es braucht zu einem guten Kompliment eine gehörige Portion Geistesgegenwart: man muß das »Stichwort« wahrnehmen und in einer Sekunde das Richtige darauf sagen. Aber auch das läßt sich lernen.

Auch das *Erwidern* auf Komplimente muß gelernt werden. Wenn sich jemand die Mühe genommen hat, ein Kompliment zu machen, so hat er Anspruch auf eine Gegen-Freundlichkeit. Also nicht: stachlig-keusch: »Ach was!«. Sondern freundlich: »Das ist lieb von Ihnen« oder, wie es uns manche Amerikanerinnen so reizend entgegensingen: »Oh, thank you!«

Zum Schluß noch etwas Wichtiges: Wie bei manchen Sprachäußerungen kommt es auch beim Kompliment darauf an, *wer* mit *wem* redet. Zum Beispiel darf ein alter Herr einer Dame feurigere Komplimente machen als ein junger, weil man ihn als notorisch harmlos einstuft und von ihm einen altmodischen und romantischen Sprechstil geradezu erwartet. Er darf also, wenn ihm eine junge Dame drei Rosen bringt, ohne weiteres sagen: »Sieh da, da kommen vier Rosen auf mich zu«, was man bei einem jüngeren Mann komisch fände.

Aber auch je nach der Adressatin muß das Kompliment verschieden gewählt werden. Wir haben – im Einklang mit dem erotischen Thema dieses Kapitels – bisher vor allem von solchen Komplimenten gesprochen, die sich auf die Schönheit oder Jugendlichkeit einer Dame beziehen. Damit ist nun aber in neuerer Zeit Vorsicht geboten.

Es ist ein wichtiges Element der modernen Frauenbewegung, daß sich viele Frauen, besonders jüngere, weigern, als bloßes Dekorationsstück, als bloße Augenweide für Männer angesehen zu werden. Diese Frauen wollen nicht mehr (nur) für ihr Äußeres gerühmt werden, sondern, wenn überhaupt, für alle ihre menschlichen Qualitäten, zu denen zum Beispiel auch der Intellekt gehört. Dies ist übrigens nicht schwer, denn es gibt mindestens so viele gescheite Frauen wie gescheite Männer. Zum »alten« Kompliment, das sich vorwiegend auf Schönheit und Jugendlichkeit bezieht, muß sich also heute ein neuer, umfassenderer Typus gesellen – aber auch hier gilt, daß die indirekte und spontane Form wirksamer ist als die direkte und einstudierte.

Vielleicht das beste von allen Komplimenten ist dasjenige, welches von jeder »objektiven« Feststellung ganz absieht, sondern einfach schlicht und subjektiv so etwas sagt wie:

»Mir ist wohl in Ihrer Nähe.«

Davor – dabei – danach

Bis jetzt haben wir uns mit harmlosen Dingen befaßt. Wie aber, wenn es nun mit dem Eros weiter geht,

> Wie es unversehens im Geplauder
> anders wird und ernsthaft« (Rilke).

Wie soll man dann reden?

Es gibt manche, vor allem junge Leute, die sich in ihren Träumen eine völlig wortlose Liebe vorstellen. Die Sprache, mit ihren vielen Beschränkungen und Vorurteilen, müßte bei wahrer

Liebe wie ein Kleid fallen, und es müßte sich eine neue Ausdrucksform finden, die die Körper und Seelen wortlos mit einander verbindet. An sich ein wunderbarer Gedanke – aber er muß ein Traum bleiben, da es dem normalen Menschen unmöglich ist, auf die Dauer nicht zu sprechen. Immerhin, soviel ist daran real, daß sprachliche Verständigungsschwierigkeiten für die Liebe, wenn überhaupt, nur ein geringes Hindernis sind. Die Fremdheit der Sprache des anderen kann eine angenehme Fremdheit sein, und vor allem bietet sie Gelegenheit zu anregenden, überraschenden und die erotische Stimmung fördernden Spielen. Aber im ganzen genommen muß auch bei der Erotik – mindestens von Zeit zu Zeit – *geredet* werden.

Wieder eine andere Gruppe, vor allem von Männern jeden Alters, meinen, um die Frauen in erotische Stimmung zu versetzen, müsse man ihnen vor allem erotische Witze oder Geschichten erzählen. Also etwa: »Es waren einmal zwei miteinander im Bett, und da sagte sie zu ihm ...«, oder wie die vielen hundert anzüglichen Geschichten alle beginnen mögen. Dies ist als erotisches Stimulans nicht zu empfehlen. Einmal gibt es nur sehr wenige solche Witze, die nicht mehr oder weniger versteckt eine Spitze gegen die Frauen enthalten.[3]

Weiter: Der Witz und die Anekdote sind unpersönlich, es geht ihnen um »die Weiber« im allgemeinen, oder allenfalls um unbekannte und fernstehende Individuen. Eine Frau will aber persönlich angesprochen sein. Sie bleibt kühl, wenn man irgendwelche Geschichten, seien sie auch noch so erotisch, über fremde Menschen erzählt, und erwärmt sich nur, wenn der Sprechende eine Beziehung zwischen ihm und ihr herstellt. Dies läuft darauf hinaus, daß das wirksamste erotische Zureden nichts anderes ist als ein Kompliment oder besser mehrere – wobei dann freilich die sonst bestehenden Tabu-Schranken zunehmend überschritten werden.

3 In ihrem polemischen und gescheiten Buch, »Wer muß da lachen? – das Frauenbild im Männerwitz«, Darmstadt 1979, hat Karin Huffzky eine große Anzahl typischer Witze analysiert und in ihnen eine starke Komponente von *Frauen-Feindschaft* nachgewiesen.

Fragen wir einen bewährten Verführer der Weltliteratur – diesmal nicht Casanova, sondern Don Giovanni, den Helden von da Pontes und Mozarts Oper – wie er beim Verführen vorgeht, und nehmen wir die Situation, in der er bestimmt Erfolg gehabt hätte, wenn nicht jemand dazwischen geraten wäre. Es ist ihm gelungen, die junge und charmante Zerline von der übrigen Gesellschaft wegzumanövrieren, und jetzt beginnt er seine – vorerst rein sprachliche – Attacke:

Vi par, ch' un onest'uomo,
Un nobil cavalier, com'io mi vanto
Possa soffrir che quel visetto d'oro,
Quel viso inzuccherato
Da un bifolcaccio vil sia strappazato?
(...)   Voi non siete fatta
Per essere paesana; un'altra sorte
Vi procuran quegli occhi bricconcelli,
Que'labretti si belli,
Quelle ditucce candide e odorose ...

Glaubst Du denn, ein Ehrenmann, / Ein Kavalier, wie ich es bin, / Solle es dulden, daß dieses goldige Gesichtchen, / Dieses süße Antlitz, / Von einem Bauerntölpel mißbraucht werde. / (...) Du bist nicht zur Bäuerin geboren: / Ein schöneres Los verschaffen Dir diese schelmischen Augen, / Diese schönen Lippen, / diese weißen duftenden Fingerchen...

Dies genügt bekanntlich, Zerline fortzureißen; es folgt das berühmte Duett »Là ci darem la mano«, ›Reich mir die Hand, mein Leben‹, und sie wäre ihm bestimmt auf das Schloß gefolgt, wenn nicht Elvira, die frühere Liebschaft, als rächende und hindernde Instanz dazwischengetreten wäre.

Woraus besteht Don Giovannis Zureden? In der Hauptsache ist es einfach eine Aufzählung von Zerlines (harmloseren) Reizen: Gesichtchen, Augen, weiße Fingerchen und so weiter. Ähnlich – wenn auch natürlich der Zeit angepaßt – ist fast jedes erfolgreiche erotische Zureden. Dies scheint nun auf den ersten

Blick ziemlich schlicht, ja trivial. In Wirklichkeit aber wird dadurch eine ganze Reihe von Dingen kundgegeben und ausgelöst.

Erstens einmal – und das ist vielleicht das Wichtigste – werden die einzelnen reizvollen Körperteile der Frau vor ihren Ohren laut aufgezählt. Das heißt, es wird ihr erlaubt, ja, sie wird sogar aufgefordert, sich in Gedanken mit diesen ihren eigenen körperlichen Reizen zu beschäftigen, was der mehr oder minder jedem Menschen immanenten narzißtischen Komponente entgegenkommt. Und dies erregt bereits intensiv.

Zweitens signalisieren diese Worte, daß der Liebhaber diese Reize bemerkt hat. Und drittens: daß er sie nicht nur bemerkt hat, sondern sich demnächst noch intensiver mit ihnen beschäftigen wird. Also eine Art Vorankündigung, die keine Angst, aber einen angenehmen Schauer hervorruft. Die Liebende im biblischen »Hohelied« – diesem kräftigsten aller frühen Liebeslieder – bekennt: »Anima mea liquefacta est, ut locutus est", ›Bei seinen Worten schmolz meine Seele dahin‹ (5.4), oder noch wörtlicher: ›Als er sprach, ist meine Seele verflüssigt worden.‹ Mehr kann sich ein Liebhaber nicht wünschen.

Psychologen haben festgestellt, daß folgender »Rückkopplungseffekt« nicht selten ist: Ein Mann macht einer Frau ein Kompliment über ihre Augen. Darauf erweitern sich ihre Pupillen, und ihre Augen werden – ganz objektiv – noch schöner.

Und in diesem Zustand wird auch die sprödeste Frau den Wunsch fühlen, zu entgegnen, auch dem Manne ein Kompliment zu machen. Zum Beispiel, was einen Mann immer glücklich macht: »Ich liebe Deine Hände.«

Und wenn der Eros dann ernsthaft wird und die Liebesvereinigung näherrückt – was soll man dann reden? Soll man überhaupt? Es gibt hierüber sehr verschiedene Auffassungen. Manche meinen, wie wir gesehen haben, die Sprache habe die Tendenz zu lügen, und es sei eine Entweihung, wenn man in der »Stunde der Wahrheit« spreche. Andererseits haftet, so meinen andere, dem sprachlosen Akt etwas Tierisches an. In Shakespeares spätem Drama »Cymbeline« kommt der Held Posthumus auf die (gänzlich abwegige) Idee, seine Frau habe ihn mit dem »gelben Iachimo« in schamloser Weise betrogen, und er malt sich dies (II 5 9) selbstquälerisch im Detail aus:

I thought her
As chaste as unsunned snow. O, all the devils!
This yellow Iachimo in an hour, was't not?
Or less? At first? Perchance he spoke not, but
Like a full-acorn'd boar, a German one,
Cried ›Oh!‹ and mounted...

Ich glaubte, / Sie sei keusch wie unbesonnter Schnee. O, alle Teufel! / Der gelbe Iachimo – in einer Stunde, nicht, / Oder gar weniger. Auf Anhieb! Vielleicht *redete er nicht einmal,* / Sondern brüllte nur, wie ein eichelgemästeter deutscher Eber, / O! und stieg auf ...

Das ist die andere Auffassung, die den sprachlosen Liebesakt als gemein und tierisch verurteilt. Es ist in der Tat natürlich, daß ein Paar, das in allen vorhergehenden Situationen sprachlichen Kontakt hat, auch in dieser Situation Wortkontakt behält. Sicher darf geseufzt und gestöhnt werden. Aber nicht ausschließlich. Und *wenn* gesprochen wird, dann nicht – wie in einer Zeitungsumfrage an den Tag kam – »Flüche, an die man sich nachher ungern erinnert«. Sondern dies: Der Mann soll die Komplimente weiter führen und der Frau auch ihre geheimen Reize liebend und lobend ins Ohr flüstern. Und die Frau darf sich ruhig an die bereits zitierte, vorzügliche Richtlinie von Ovid halten:

Flüstre verschämt, wie selig Du bist und wie dankbar.

Für den Fall, daß dies bis jetzt noch nicht deutlich genug gesagt worden ist: Der sprachliche und der körperliche Teil der Liebe sind nicht zwei »Phasen«, die von einander abgetrennt sind; vielmehr fügen sich beide ineinander. Manche jungen intellektuellen Männer machen den folgenden Fehler: Sie glauben, das Sprachliche müsse zuerst »erledigt« werden, und reden auf ihre Partnerin ein, in der Hoffnung, von ihr (ebenfalls sprachlich) eine General-Erlaubnis für körperliche Berührungen zu erhalten. Diese wird so schwerlich zu erreichen sein. Vielmehr müssen das Sprachliche und das Körperliche von Anfang an »Hand in Hand« gehen.

Zum Schluß dieses Abschnittes noch folgendes: Wenn ein Mann seine Partnerin mit liebevoller Sprache aus dem Alltag zum Höhepunkt der Liebesvereinigung begleitet hat, dann soll er sie auch wieder mit liebevoller Sprache von diesem Höhepunkt in den Alltag zurückbegleiten. Also weder sich stumm eine Zigarette anzünden, noch etwas Unverständliches knurren, noch einschlafen, noch von den hohen Steuern sprechen. Man macht den Männern gern den Vorwurf, daß sie Sexualität von Zärtlichkeit trennen können, und die Lehrbücher der Sexualität betonen, daß das Nachspiel ebenso wichtig ist wie das Vorspiel. Und – so fügen wir hinzu – zu diesem Nachspiel gehört auch Sprache. Einige liebe Sätze – wie glücklich er war, wie dankbar er immer noch ist, wie unbeschreiblich sie war – gehören *obligatorisch* zum Liebesritual. Wem nichts Eigenes einfällt, der mag sich an die ersten Worte des Octavian im »Rosenkavalier« erinnern:

> Wie du warst! Wie du bist!
> Das weiß niemand, das ahnt keiner!

Wundervoll präzis hat Hofmannsthal diese Worte gewählt – »warst« heißt: ›wie du diese Nacht warst‹, »bist« bedeutet: ›wie du überhaupt bist‹. Richard Strauß hat dazu seine süßeste Musik geschrieben. Und miteinander haben beide Ovid übertroffen, der mit dem Höhepunkt aufhört und vom Nachspiel nichts sagt – weder vom sprachlichen noch vom körperlichen.

Gutes und böses Zitieren. Der Privatcode

Ein junger Mann baut ein Schiffsmodell. Seine Freundin hilft ihm dabei. Einmal hebt er mit der Pinzette ein kleines Ding in die Höhe und sagt: »Das ist einer der Lüfterköpfe«. Acht Tage darauf sind die beiden in einer Konditorei und bekommen ein komisch geformtes Gebäck vorgesetzt. Darauf das Mädchen: »Das sieht aus wie Lüfterköpfe«.

Das nennen wir das *gute Zitieren.* Jemand wiederholt eine bestimmte Äußerung des anderen, vielleicht nach Tagen, Wochen oder Monaten, sobald sich eine Gelegenheit bietet. Es braucht kein Fachausdruck zu sein, wie in unserem Beispiel; der Partner mag gesagt haben »tomatenrot«, oder »kapitale Idee«, oder »ich bin erfreut« – irgend eine Äußerung, die nicht völlig trivial ist, kann zitiert werden. Dieses gute Zitieren ist stets ein Liebesbeweis. Nicht unbedingt ein erotischer; denn es kommt auch unter guten Freunden des gleichen Geschlechts vor: Hemingway hat in seinem Roman »The Sun also Rises« gezeigt, wie junge Männer Wörter und Wendungen voneinander übernehmen und sich dadurch als Freunde erweisen[4].

Aber das gute Zitieren ist besonders wichtig in der *Liebesbeziehung,* denn es heißt: »Was Du sagst, ist mir wichtig; ich vergesse es nicht«. Und genau das ist es, was jedermann von der Liebe erwartet: angenommen werden in dem, was man zu geben hat, ernstgenommen werden in dem, was man »erfunden« hat. Darum ist es in der Liebe notwendig, dem andern solche Zeichen des Erinnerns zu geben, und zwar nicht einmal, sondern *immer wieder.* Sicher ist auch dies: Schon ein einziges konkretes Zeichen, daß man sich erinnert *hat,* ist besser als ein Dutzend Versprechen, daß man sich erinnern *werde.* Wir glauben übrigens, daß Frauen eine größere Begabung zu diesem guten Zitieren haben als Männer; vielleicht haben sie allgemein eine bessere Begabung zum Zuhören, Einfühlen und sich Merken.

Zum guten Zitieren gibt es ein Gegenstück, das böse Zitie-

---

4 Vergleiche den Aufsatz von E. Leisi, Hemingway der Intellektuelle, in *Neue Zürcher Zeitung* 2.7.1985.

ren. Dafür ein Beispiel: Die Frau hat es unterlassen, wie abgemacht die Fahrscheine zu kaufen. Sie sagt:

»Ich habe halt nicht daran gedacht.«

Darauf der Mann:

»Ich habe halt nicht daran gedacht! Hä, hä!«

Dieser Mann gehört geohrfeigt. Seine Äußerung ist schon auf den ersten Blick lieblos; sie wird noch liebloser, wenn man sie analysiert. Die Frau hat nämlich mit ihrer etwas hilflosen Äußerung »Ich habe halt nicht daran gedacht« ihre Schuld und »Dummheit« bereits zugegeben. Darauf könnte der Mann auf zweierlei Weise reagieren. Er könnte zur Tagesordnung übergehen, etwa so: »Na ja, macht auch nichts, nun müssen wir uns eben beeilen.« Oder er könnte etwas weniger freundlich sagen: »Du bist wirklich blöd. Nun müssen wir uns furchtbar beeilen.« Auch in diesem zweiten Fall wäre die Sache nicht weiter schlimm. Statt dessen aber nimmt er das Schuldbekenntnis der Frau auf und wirft es ihr *parodierend* an den Kopf. Damit sagt er dem Sinne nach: »Du hast selber zugegeben, wie dumm du bist, hör nur noch mal.« Das heißt, er blamiert sie mit ihren eigenen Worten. Sie wird sich sagen: »Kann man mit einem Menschen noch weiter reden, der einen so verhöhnt?« Darum geben wir hier den Rat: Das gute Zitat brauche man so häufig wie möglich, das schlechte Zitat meide man wie die Pest – klinge es auch noch so witzig.

Das gegenseitige gute Zitieren, und noch allgemeiner: die Bereitschaft, gemeinsam Wörter und Wendungen zu schaffen, kann dazu führen, daß ein eigentlicher *Privatcode* entsteht. Darunter verstehen wir einen Schatz von sprachlichen Elementen, vor allem Wörtern, die dem Paar gemeinsam sind, nur von diesem gebraucht werden und für Außenstehende unverständlich sind.

Was innerhalb eines solchen Privatcodes das Wichtigste und wohl auch zeitlich das erste ist, das sind die neuen *Namen,* die die Partner einander geben. Er kann *sie* nennen:

Mäuschen, Häschen, Ente, Watschelente, Laus, Hamster, Butz, Käferchen, Ampel, Öfchen, Paketchen, Schnügerli, Schleckstengel, Nanu, Ladli, Gigi, Hagara, Schputz, Glogu, Schä, Tschigo, Hexlein, Engelchen, Kind, Genoveva, Siebenschön.

Anderseits kann sie *den Partner* nennen:

Mutzer, Tiger, Leu, Böckli, Würmli, Frosch, Bär, Bartli, Löffeli, Teddy, Schadibu, Schmüderli, Fui, Pip, Biest, Biestli, Viech, Schlamper, Lümpli, Kobold, Tarzan, Teufelchen, Bubi, Cheri, Hedgehogli, Piglet, Sugar ...

Das sind einige wenige von Hunderten von Namen, die eine Umfrage unter Studenten an der Universität Zürich erbrachte[5].

Im Vorbeigehen können wir bemerken, daß die Tiernamen einen großen Teil ausmachen, und daß sehr viele Namen in keiner Weise schmeichelhaft sind, etwa »Laus », »Biest« oder »Schlamper«. Interessant sind für den Linguisten diejenigen Namen, die an keine bekannten Wörter anschließen, also etwa »Ladli », »Fui », »Hagara«, »Schputz«, »Schadibu«, »Glogu«, »Schä«. Vielleicht gehen sie auf eine Art »Analogiestreben« zurück: Die absolute Einmaligkeit des geliebten Wesens soll durch einen absolut einmaligen Namen ausgedrückt werden. Weiter läßt sich durch solche Umfragen feststellen, daß der Partner fast immer eine *ganze Anzahl* von Namen bekommt. Über die Gründe siehe das in der Anmerkung genannte Buch.

Im Laufe einer Paarbeziehung entstehen aber nicht nur Namen für die beiden Partner, sondern auch Namen für alle möglichen Handlungen, Dinge und Situationen. Meist ist es so, daß diese neuen Ausdrücke erstmals in einer bestimmten Situation gebraucht worden sind, die für beide gefühlsmäßig wichtig war. Sie erhielten dadurch besonderes Gewicht und wirken für das Paar verbindend. Darum werden sie auch nachher gern gebraucht, oft etwas umfunktioniert, und sie bestätigen jedesmal die Zweisamkeit des Paars.

5 Über solche Namen und ihre Hintergründe, allgemein über die Sprache von Paaren, orientiert das Buch von Ernst Leisi, Paar und Sprache: Linguistische Aspekte der Zweierbeziehung, (UTB 824) Heidelberg, 3. Auflage 1990.

Ein klassisches Beispiel aus der Literatur, das auch von Linguisten zitiert wurde, ist das »auf den Steinen sitzen« in Thomas Manns »Buddenbrooks«. Die junge Tony Buddenbrook (reich) hat sich in Travemünde mit stud. med. Morten Schwarzkopf (arm) angefreundet. Sie beginnen sich zu lieben und machen Spaziergänge am Meer. Gelegentlich tauchen junge Leute aus Tonys Kreisen am Strand auf, und Tony fühlt sich dann verpflichtet, einige Zeit mit diesen zu verbringen. Morten möchte nicht vorgestellt werden; er setzt sich während dieser Zeit lieber »dahinten auf die Steine« und liest dort, während Tony sich mit der Gesellschaft unterhält.

Diese »Steine« waren seit dem ersten Tage zwischen den beiden zur stehenden Redewendung geworden. »Auf den Steinen sitzen«, das bedeutete: ›Vereinsamt sein und sich langweilen‹. Kam ein Regentag (...) dann sagte Tony: »Heute müssen wir beide auf den Steinen sitzen ... das heißt in der Veranda oder im Wohnzimmer (...).

»Ja«, sagte Morten, »setzen wir uns ... Aber wissen Sie, wenn Sie dabei sind, so sind es keine Steine mehr!« ... Übrigens sagte er dergleichen nicht, wenn sein Vater zugegen war; seine Mutter durfte es hören.

Hier haben wir alle Elemente des Privatcode. Ein Ausdruck, entstanden in einer gefühlsmächtigen Situation, die unmittelbar mit der Beziehung des Paars zu tun hat – nämlich eine zeitweilige Trennung, die beide schmerzlich empfinden, wodurch ihnen zum erstenmal ihre Liebe richtig bewußt wird, beginnt, etwas besonderes zu bedeuteten – nämlich: »frustriert sein« oder noch genauer: ›frustriert sein in bezug auf unsere Liebe‹ – und wird von nun an in dieser neuen Bedeutung gebraucht.

Meist entstehen solche Privatausdrücke aus gemeinsam erlebten Situationen. Aber auch aus gemeinsam erlebter Lektüre können Elemente für eine Privatsprache entnommen werden. Auf eine Rundfrage unter Studenten: »Welche Texte oder Textstücke hatten einmal für Sie als Liebespaar eine ganz besondere Bedeutung?« gingen zahlreiche Antworten ein; sie reichten von dem mittelalterlichen Gedicht

Du bist min, ich bin din,
Des solt du gewiss sin.

über Paul Celan

Wir lieben einander wie Mohn und Gedächtnis

bis zu Elvis Presley

It's now or never.

und darüber hinaus.

Es ist klar, daß ein Schatz von solchen persönlichen Code-Wörtern die Liebesbeziehung eines Paares festigt. Denn der Gebrauch eines jeden solchen Wortes sagt den Partnern immer wieder: Dies haben wir gemeinsam erlebt, gemeinsam geschaffen; es gehört allein uns, niemand anders weiß, was es bedeutet. Man kann sogar sagen, daß der gemeinsame Besitz solcher Ausdrücke ein Liebesbeweis ist. Die Situation ist ja leider nicht selten, wo der eine oder andere Partner sich im Geheimen fragt: »Liebe ich ihn wirklich?« »Liebe ich sie wirklich?« Er sucht dann nach einem (möglichst objektiven) Test, der ihm aus seinen Zweifeln so oder so heraushilft. Für diese Situation schlagen wir den »Privatcode-Test« vor. Wir fragen so:

Habt Ihr untereinander eine Privatsprache: einen Schatz von Ausdrükken, die nur Euch gehören und anderen Menschen unbekannt sind? Wenn ja, so liebt Ihr Euch, wenn nein, dann nicht.

Natürlich meinen wir das nicht tierisch ernst. Liebe ist etwas so Komplexes, daß man sie nicht objektiv »testen« kann. Aber wenn schon einen Test, dann eher den mit dem Privatcode als andere, etwa den, ob man die Zahnbürste gemeinsam haben könne. Ein Liebespaar ist – soziologisch gesprochen – eine »Gruppe«; eine Gruppe ist eine kleinere oder größere Anzahl von Menschen, welche durch gemeinsame Verhaltensmuster nach innen zusammengehalten und gegen außen abgegrenzt ist. Und zu den Verhaltensmustern gehört ganz besonders die Sprache. Gemeinsame und exklusive Sprachmerkmale tragen also zur Festigung des Gruppenzusammenhalts bei; in andern Worten: Je größer die Menge der gemeinsamen Sprachelemente, umso stärker der Zusammenhang – und dies ist wahrscheinlich etwas vom Objektivsten, was sich überhaupt über Liebe und Liebespaare sagen läßt.

Lassen sich daraus sprachliche Verhaltensregeln ableiten? Gewiß. Zwar wird man nicht positiv von jemandem verlangen können, daß er/sie aktiv sprachschöpferisch tätig ist und beständig neue Namen und andere private Sprachelemente schafft. Man kann der Phantasie nicht befehlen. Hingegen kann man verlangen, daß ein Partner den andern nicht bei solchen Aktivitäten hindert, und dessen Sprachschöpfungen nicht als »einfältig«, »kindisch« oder sonstwie abtut, sondern im Gegenteil hilft, das gemeinsame Sprachspiel weiter auszubauen.

Und noch etwas, was bereits Thomas Mann in der Geschichte von den »Steinen« angetönt hat: Die Sprachspiele Liebender sind ihre Privatsache, das heißt: Kein Außenstehender braucht zu wissen, daß er sie »Äffchen« nennt und sie ihn »Laus«, oder daß für ein bestimmtes Frustriertheitsgefühl der Ausdruck »auf den Steinen sitzen« gebraucht wird. Es gibt von dem österreichischen Schriftsteller Franz Nabl eine Erzählung »Der Vogel Tscheap«, die genau diese Code-Geheimhaltung zum Thema hat. Ein verlobtes und scheinbar glückliches Paar trennte sich ganz unvermittelt, zum Schrecken aller Bekannten. Einige Zeit später stellte sich dann folgendes heraus: Einmal, bei einem ihrer Spaziergänge, in einer Waldlichtung, hatten sich die beiden besonders nahe und harmonisch gefühlt; und in diesem Augenblick hörten sie einen Vogel, dessen eintönigen Laut sie mit Worten nachahmen wollten. Nach einigen gemeinsamen Versuchen kamen sie auf den Namen »Tscheap«, und dieses Wort wurde ihnen zu einer geheimen Bestätigung für ihre Liebe. Wenn sie sich zum Beispiel in einer großen Gesellschaft nicht privat miteinander unterhalten konnten, brauchten sie es sich nur zuzuraunen, um wieder glücklich zu sein.

So ging alles gut, bis das Paar eines Tages, zusammen mit einem Dritten, der für keines von beiden wichtig war, an einem Waldrand spazierte. Wieder sang der Vogel. Da sagte der Dritte mitwisserisch lächelnd: »Aha, das ist der Vogel Tscheap.« Die junge Frau hatte das »Zauberwort« dem Dritten mitgeteilt; sie hatte es offenbar nicht nötig gefunden, es geheim zu halten. Dem Manne aber kam das wie ein Schlag auf die Brust. Daß seine Partnerin das geheime Zauberwort, das Symbol der intimen Zusammengehörigkeit, einem gleichgültigen Dritten verraten hatte, darüber kam er nicht hinweg; er entlobte sich und reiste in ein fernes Land, in dem er wenig später starb.

Als diese Geschichte mit Studenten diskutiert wurde, gab es zwei Meinungen. Die einen fanden, schließlich sei hier alles nur um ein einziges Wort gegangen, und man müsse in der Liebe großzügiger sein. Die anderen, fast gleich an Zahl, waren der Meinung, dieser Mann habe richtig gehandelt, sie könnten seine Gefühle gut nachvollziehen. Ähnlich mögen die beiden Meinungen auch außerhalb dieser Testgruppen in der Welt der Liebenden verteilt sein. Und dies heißt für uns:

Man muß in beiden Richtungen tolerant sein: Derjenige Partner, für den die gemeinsamen Wortschöpfungen des Paares mehr lustig als heilig sind, soll gegenüber dem anderen rücksichtsvoll sein und die privaten Wörter nicht verraten; der andere Partner, für den diese Schöpfungen heilige Geheimnisse sind, soll Verständnis für den anderen aufbringen, wenn dieser einmal ohne Absicht das eine oder andere Privatwort preisgibt.

Anderseits muß man hier aber auch eine Warnung anschließen: Wenn bei einem Paar die Anschauungen über diese (nicht ganz unwichtigen) Dinge total verschieden sind, so muß sich das Paar unbedingt fragen, ob es wirklich auf die Dauer zusammenbleiben soll. Denn, wie schon gesagt, eine Liebe, bei der die Sprache nicht mitspielt, kann sich leicht als eine Illusion erweisen.

Sprachliche Sünden gegen die Liebe

So wie es eine entflammende Sprache gibt, gibt es auch eine abkühlende oder gar entfremdende Sprache. Es ist klar, daß diese, soweit das möglich ist, vermieden werden soll. Das aber ist nicht ganz leicht. Vieles an der Sprache eines Menschen besteht aus dem, was die Soziologen »Zuschreibung« nennen. Der Begriff der Zuschreibung umfaßt alle Elemente, die ein Mensch notwendigerweise mitbekommt, die er nicht wählen kann. Daß jemand in einer bestimmten Gegend geboren und aufgewachsen ist und deshalb einen vielleicht rauhen Dialekt hat, daß ihm eine höhere Schulbildung abging – dies kann dazu führen, daß er eine Sprache spricht, die manchen Leuten mißfällt und die die Liebe eines Partners abkühlen mag. Früher, als man noch Liebesbriefe schreiben mußte, hat sich viel ungebildete Sprache sogleich im Brief verraten; wir kennen einen Mann, der seinerzeit mit mindestens drei Mädchen sogleich wieder aufhörte, als er von ihnen einen ersten Brief – mit allerhand orthographischen und grammatischen Fehlern – bekam. Heute kann man die »verräterischen« Liebesbriefe durch das harmlosere Telefon ersetzen. Aber auch die gesprochene Sprache verrät im Grunde alles: Herkunft, Kenntnisse, Bildungsstand und so weiter.

Im Roman »Mitsou« von Colette gibt es die tragikomische Episode, wo der »blaue Leutnant« mit der bildhübschen Revuetänzerin Mitsou in einem vornehmen Pariser Restaurant diniert. Er möchte sie an diesem Abend zu seiner Geliebten machen; aber seine Hoffnung, erregt zu werden, schwindet dahin, sobald Mitsou den Mund auftut und »in belehrendem Ton allerhand spießbürgerliche Binsenweisheiten zum besten gibt«. Er möchte eigentlich am liebsten weggehen. Und am Morgen nach der Liebesnacht, die dann doch stattfindet, ist er traurig; er blickt auf die noch Schlafende nieder und denkt: »Sie ist so hübsch. Sie wird etwas Dummes sagen, sobald sie aufwacht.« Und er richtet es so ein, daß die nachfolgende Trennung eine endgültige wird.

Es ist leider unmöglich, gegen solche »zugeschriebenen« sprachlichen Liebeshindernisse mit Rezepten anzugehen. Im Falle Mitsous müßte eine Welt von Gescheitheit, von Bildung, die ihr fehlt, nachgeholt werden, bis das Mädchen den blauen Leutnant auf die Dauer fesseln könnte. Es ist eine alte Geschichte, daß in der Liebe die Schönste längst nicht immer die Erfolgreichste ist, besonders dann nicht, wenn ihr die sprachlichen »Waffen« abgehen. Und das gleiche gilt natürlich für den Mann – obwohl bei einem Mann die »rauhe Schale« grundsätzlich eher toleriert wird.

Natürlich werden die sprachlichen Liebeshindernisse in der ersten Zeit rasender Verliebtheit gern übersehen oder verdrängt. Dann aber, in Zwischenzeiten der Trennung und Besinnung, treten sie wie Nachtgespenster wieder hervor. Und es empfiehlt sich, dem Rat dieser Gespenster zu folgen und eine Beziehung abzubrechen, wenn mit ihr ein Gefühl der Scham über sprachliche Dinge verbunden ist.

Nun stammen glücklicherweise nicht alle sprachlichen Liebeshindernisse aus der Zuschreibung. Viele der sprachlichen Gewohnheiten, die einen Partner abkühlen und entfremden können, hat man einfach einmal angenommen; und ebenso leicht, wie man sie angenommen hat, kann man sie auch wieder ablegen. Wir wollen im folgenden eine Liste von liebesfeindlichen sprachlichen Verhaltensmustern geben, die sich, wenn man sie nur einmal kennt, ohne weiteres vermeiden oder ablegen lassen.

Vom »bösen Zitieren« haben wir bereits gesprochen. Weiter wird man wahrscheinlich vor allem an das Schelten und die Scheltwörter denken. Hier muß man freilich differenzieren. Schelten ist nicht an sich liebesfeindlich; es gibt nämlich auch ein »schönes Schelten«, das vom Gescholtenen als angenehm empfunden wird, weil es in eine nicht vulgäre, sondern »edle« Form gekleidet ist. Ein hübsches Beispiel findet sich in »As You Like it« / »Wie es euch gefällt« von Shakespeare. Die Heldin Rosalinde, als junger Mann verkleidet, beobachtet, wie die Schäferin Phoebe den Schäfer Silvius, der ihr in rührender Weise den Hof macht, brüsk abweist. Sie tritt hervor und sagt der Spröden gründlich ihre Meinung, etwa so: »Was fällt Euch ein, so stolz zu tun. Ihr seid auch nur Dutzendware der Natur. Schön schon gar nicht: Ihr löscht am besten die Kerze aus, wenn Ihr zu Bett geht, damit Ihr Euch nicht zu genau seht. So fügt doch zu Eurer sonstigen Häßlichkeit nicht noch die Häßlichkeit des Spötters hinzu!« Und wie reagiert die so Gescholtene?

> Sweet youth, I pray you, chide a year together,
> I'd rather hear you chide than this man woo.
>
> Holder Jüngling, scheltet ein ganzes Jahr lang so; / Lieber höre ich Euch schelten, als diesen Mann werben.
> (Akt III, Szene 5).

Also: Ein »schönes« Schelten, von jemandem, den man liebt, ist nicht liebesfeindlich. Vielleicht möchte man es nicht gerade »ein ganzes Jahr lang« anhören, aber es löst und befeuert die Emotionen, fast wie ein kühnes Kompliment.

Ähnliches gilt von den eigentlichen Scheltwörtern. Zartbesaitete mögen es nicht glauben; aber ein handfester Krach mit »Huhn« auf der einen und »Esel« auf der anderen Seite schadet der Liebe nicht. Ein solches »reinigendes Gewitter« ist sicher viel besser als eine unentladene gespannte Atmosphäre. Die entfachten Emotionen wenden sich bald ins Positive, die angekratzte Seele wird zärtlich, und sehr oft folgt dem Gewitter eine süße Versöhnung in oder außer dem Bett.

Man kann dazu von der Sprachwissenschaft aus noch etwas genauer sagen: Schelte ist harmlos, solange sie nur allgemeine Schimpfwörter gebraucht. Was hingegen gefährlich ist, das sind gewisse harmlos aussehende kleine Wörter, die oft im Laufe einer Auseinandersetzung gebraucht werden. Zu diesen gehören im Deutschen die Wörter »immer« und »nie«. Sätze wie: »Nie gibst Du mir Freiheit« oder »Immer denkst Du nur an Dich«, sind darum nicht mehr harmlos, weil sie *generalisieren.* Sobald diese kleinen Wörter auftreten, geht es nicht mehr um den Vorwurf des Fehlverhaltens in einer einzelnen begrenzten Situation, sondern um eine zeitlose Anklage, welche impliziert, daß der Partner es regelmäßig falsch macht, ja schon immer falsch gemacht hat. Kein Wunder, daß der Gescholtene dann aus allen Wolken fällt. Es eröffnen sich ihm nämlich zwei unangenehme »Wahrheiten«: Erstens, daß sein Charakter als ganzes angezweifelt wird, zweitens, daß der schimpfende Partner offenbar bei früheren Gelegenheiten geheuchelt oder sich gewaltsam zurückgehalten haben muß, da er sich vorher nicht beklagt hat.

Den gleichen Effekt hat eine grammatische Form, die wir das »aggressive Perfekt« nennen. Sätze wie: »Jede Weihnacht hast Du mir genau so verdorben« oder: »Schon den ganzen Sommer bist Du unausstehlich gewesen« sind darum aggressiv, weil in ihnen jetzt plötzlich ausgekramt wird, was vorher keine Rolle zu spielen schien; wieder erhält der Angesprochene gleich zwei Schläge: ›Dein Charakter ist schlecht‹ und ›Zwischen uns klappt die Kommunikation nicht‹. Natürlich ist man bei heftigen Auseinandersetzungen nicht immer in der Lage, seine Worte sorgfältig zu wählen. Aber so weit kann man sich doch wohl beherrschen, daß man diese drei, »immer«, »nie« und das »aggressive Perfekt«, vermeidet.

Was ebenfalls vermieden werden soll, ist das dauernde Zurückkommen auf einen Vorfall, der in der Vergangenheit liegt. Da kann uns Mozart ein Vorbild sein. Als ihm zu Ohren kam, daß seine Braut Constanze sich von einem Chapeau (Begleiter) bei einem Gesellschaftsspiel habe die Waden messen lassen, schreibt er ihr (am 29. April 1782), er hätte nichts dagegen gehabt, wenn sie selber das Meßband genommen und gemessen hätte, aber einen Kerl messen zu lassen, nein, das gehe nicht, schon gar nicht bei einer versprochenen Braut. Und er redet ihr noch eine Zeitlang tüchtig ins Gewissen.

Aber dann fährt er weiter: »Doch das ist vorbey«, und tatsächlich ist er, so viel wir sehen, nicht wieder auf den Vorfall zurückgekommen. Wer einigermaßen vernünftig, ja wir möchten sagen, wer menschlich ist, handelt wie Mozart. Das Gegenteil:

eine alte Geschichte immer wieder aufwärmen, andauernd nörgeln, kann der Tod einer Liebesbeziehung sein. Für denjenigen, der so angegriffen wird, gibt es nur ein Rezept: Schweigen, und zwar eisern. Dann langweilt sich der Angreifer in seinem eigenen Monolog und wird früher oder später versanden und aufhören.

Noch schlimmer, weil völlig absichtlich, ist das Herumreiten auf Themen, von denen man weiß, daß sie schwache Punkte des Partners sind. Ein abschreckendes Beispiel sind die entfremdeten Ehegatten in Edward Albees »Who's afraid of Virginia Woolf?« / »Wer hat Angst vor Virginia Woolf?«, die mit sadistischem Eifer diejenigen Themen suchen und vorbringen, von denen sie wissen, daß sie den Partner am meisten kränken.

Von diesen Auswüchsen soll hier nicht weiter die Rede sein; man gibt ja in einem Buch über gutes Benehmen auch nicht den Ratschlag, andere Leute nicht totzuschlagen. Tatsächlich gibt es noch viel harmlosere sprachliche Verhaltensmuster, die sich ebenfalls verderblich auswirken können. Hierzu gehört einmal das zähe Festhalten an Lieblingswörtern und -Wendungen, die dem Partner auf die Nerven geben. Wenn ein Mann – Frauen unterliegen diesem Fehler weniger – bei allen möglichen und unmöglichen Gelegenheiten »Scheiße« sagt, wenn er seine Hände nur »Pfoten« nennt, wenn er vulgäre Wendungen wie »Ran an den Speck« oder kleinbürgerliche wie »Meine Wenigkeit« gebraucht, dann strapaziert er unter Umständen die Nerven seiner Partnerin. Daß sie sich daran gewöhnt, oder daß sie gar – was auch geschieht – aus Liebe seine sprachlichen Eigenheiten übernimmt, wäre zu viel verlangt. Sie darf ihn also darauf aufmerksam machen, daß dies und jenes ihr mißfällt, und daß er ruhig etwas variantenreicher sprechen könne – in der Tat gehen solche Verstöße meist auf Denkfaulheit zurück.

Verderblich ist es auch, wenn einer der Partner zu lang und zu ausschließlich ein Thema verfolgt. Zum Beispiel das Thema Beruf. Probleme können dadurch entstehen, daß ein Mann (seltener: eine Frau) zu viel oder zu wenig vom Beruf erzählt. Es gibt den Typus des Mannes, der alles Berufliche – Erfolge, Frustrationen, Demütigungen – streng abkapselt und zuhause nichts davon erzählt. Wir halten dies für falsch. Ein Paar kommuniziert nur dann richtig, wenn sich die Partner einander anvertrauen. Der Mann, der stumm und geladen heimkommt, dem man meilenweit anmerkt, daß er im Geschäft gekränkt worden ist, und der kein Wort darüber sagt, handelt falsch. Er sollte seine Hemmungen und seinen Stolz überwinden und seiner Frau alles sagen, auch wenn er dabei nicht als Held dasteht. Dies kann er allerdings nur tun, wenn er in bezug auf ihre Reaktion zuversichtlich sein kann: wenn er erwarten kann, daß sie sagt: »Immer der x. – das ist ein ausgekochter Intrigant. Dem möchte ich am liebsten die Augen auskratzen!«. Und nicht: »Ach Du bist immer der Gleiche, immer läßt Du Dir alles bieten und bist zu feig, Dich zu wehren.« Und es ist selbstverständlich zu wünschen, daß sie ihn überhaupt reden läßt und nicht gleich mit eigenen Belangen überfällt.

Wie man über Beruf und Geschäft nicht zu wenig sprechen soll, darf man auch nicht zu viel darüber reden. Wiederum kommt es besonders bei Männern häufig vor, daß sie von einem Gegenstand – sei es ihr Beruf oder ein Hobby – so eingenommen sind, daß sie fast nur davon reden und nicht merken, daß die Partnerin etwas auf dem Herzen hat, von dem sie lieber sprechen würde. In dem reizenden Chronik-Buch: »Kleine Welt Große Welt: Frauen erleben ein Jahrhundert am Bodensee«[6] findet sich die Tagebuchnotiz einer jungen Dame aus der Biedermeierzeit:

13. Juli [1808], abends spät:

Nun war ich heute den ganzen Tag mit ihm zusammen. Sind wir uns näher gekommen? Ach, ich war so aufgeschlossen, so bereit und voll Sehnsucht! Und nun sitze ich bei einer Kerze in der stillen Nacht und schreibe, schreibe das Resultat unserer Fahrt und möchte dabei bitter lachen oder bitter weinen.

Wir haben nicht unsere Herzen gefunden, sondern – einen Frosch,

6 Lilly Braumann-Honsell, Kleine Welt – Große Welt: Frauen erleben ein Jahrhundert am Bodensee, Konstanz 1938.

einen versteinerten Frosch aus der Tertiärzeit, im Steinbruch von Öhningen! Eugen war wie berauscht. »Eine Kostbarkeit, eine Seltenheit, etwas Einzigartiges. Die Wissenschaft wird beglückt sein. Eva, Eva, das ist ein wunderbarer Tag!« [...] Und dann hielt er mir einen Vortrag über den Wert des Öhninger Steinbruchs, über die Zeit der Funde, und mir schwirrte der Kopf von Namen wie Tertiär, subtropisches Klima, botanisch-zoologische Beziehungen. [...]

Der Tag stand also unter dem Zeichen des versteinerten Frosches, ich hatte mich damit abgefunden – sollte der Abend nicht unter einem anderen Zeichen stehen?

Wir fuhren langsam den Rhein hinauf, und als wir wieder in den breiten See zwischen Berlingen und der Höri kamen, stieg prächtig der rote Vollmond auf. Da fing ich an zu singen, das schöne Goethelied vom Mond. Ich weiß, meine dunkle Stimme klingt gut auf dem Wasser. [...] Als ich geendet hatte, sagte er leise: »Wie schön Sie singen, Eva!«

»Es ist ein Goethelied.« –

Ach, ich wartete auf eine Antwort, die in die Stimmung des Liedes, des Abends und meiner Sehnsucht passen würde – da sagte er plötzlich wieder kühl und sachlich: »Goethe! Da habe ich gestern seine Abhandlung über den Zwischenknochen bekommen, sehr neu, sehr interessant, viel umstritten« – und er begann mir die Entdeckung zu erklären. So ging die Fahrt zu Ende – im schönsten Mondschein, im weichsten Zauber der Sommernacht –, und ich hörte den versteinerten Frosch quaken und den Zwischenknochen knirschen – o Liebe, Liebe! – es war doch zum Lachen.

Obwohl dieser bittere Stoßseufzer einer jungen Dame bald zweihundert Jahre alt ist, könnte er – mit kleinen Veränderungen – in unserer Zeit geschrieben sein. Denn die Situation ist auch heute noch häufig, daß ein junger Mann, es braucht kein Gelehrter zu sein, seine ganze Befriedigung darin findet, einem Mädchen, das ihn liebt, etwas Fachliches so ernsthaft und langfädig zu erklären, daß er nicht sieht, wenn seine Chance für anderes gekommen wäre – oder daß er es nicht sehen *will.* Bis zu einem gewissen Punkt ist diese Situation natürlich auch eine Liebesprobe für die Frau: Wenn sie nicht gewillt ist, den Mann samt seiner fachlichen Begeisterung auszuhalten, dann liebt sie zu wenig. Wenn aber das Fachliche bei ihm so überwiegt, daß sie am Ende eines langen Tages nur »den versteinerten Frosch quaken und den Zwischenkieferknochen knirschen« hört, dann liegt der Fehler auf seiner Seite. Allgemein ausgedrückt: jedes eigensinnige Beharren auf einem Thema, sei es noch so interessant, ist im Grunde liebesfeindlich, wirkliche Liebe ist stets bereit, dem Partner zuliebe ein Thema aufzugeben.

Sicher darf ein Thema nicht aufgedrängt werden. Aber ein Thema darf auch nicht *verboten* werden. Häufiger, als man denkt, geschieht es, daß der eine Partner dem anderen schlichtweg verbietet, über eine bestimmte Sache zu sprechen. Man assoziiert solche Verbote gern mit bürgerlicher Repression. Doch kommen sie auch in völlig unbürgerlichen Paarbeziehungen vor. In dem erotischen Roman »Fear of Flying« von Erica Jong (1974) hat sich die Heldin auf Gedeih und Verderb dem jungen Engländer Adrian Goodlove angeschlossen und macht mit ihm ein »erotisches Europa-Trekking«. Am Anfang des 11. Kapitels findet sich folgende Passage:

When I threw in my lot with Adrian Goodlove, I entered a world in which the rules we lived by were his rules – although, of course, he pretended that there *were* no rules. It was forbidden, for example, to ask what we would do tomorrow. Existentialists were not supposed to mention the word ›tomorrow‹. It was to be banished from our vocabulary. We were forbidden to talk about the future or to act as if the future existed. The future did not exist. Only our driving existed and our campsites and hotels.

(Als ich mein Leben mit dem von Adrian Goodlove zusammenlegte, begab ich mich in eine Welt, deren Regeln seine Regeln waren, obwohl er natürlich behauptete, wir hätten *keine* Regeln. Zum Beispiel war es verboten, zu fragen, was wir morgen tun wollten. Für Existenzialisten gab es das Wort »morgen« nicht. Es mußte aus unserem Wortschatz verbannt werden. Es war uns verboten, von der Zukunft zu reden oder so zu tun, als gäbe es eine Zukunft. Die Zukunft existierte nicht. Nur unser Fahren existierte und unsere Campingplätze und Hotels.)

Das Verbot, von der Zukunft zu sprechen, erweist sich nachher als ein ziemlich billiger Trick: Adrian bricht es selber, als er (gegen den Schluß, im 16. Kapitel) Isadora unversehens mitteilt, er müsse sich beeilen, da er morgen seine Frau und Kinder – von deren Existenz er bisher kein Wort gesagt hatte – in Cherbourg treffen und zu ihnen zurückkehren wolle.

Übrigens ist der ganze Roman, den viele Kritiker äußerst lustig fanden, eher traurig: Er zeigt, wie eine angestrebte schrankenlose Freiheit sich auch heute noch als unrealisierbare Illusion erweisen kann, ja, daß innerhalb einer scheinbar schrankenlosen Beziehung die engsten und drückendsten Schranken aufgebaut werden können.

Für uns, die wir uns mit Sprache beschäftigen, heißt dies: Traue nie einem Menschen, der Dir sprachliche Verbote auferlegt, welche über das Übliche hinausgehen, möge er noch so viel von Freiheit reden.

Es gibt – leider – noch eine ganze Reihe von sprachlichen Sünden, welche das Verhältnis eines Paares stören und seinen Fortbestand als Paar gefährden können. Einige von ihnen sind allgemein verbreitet, so daß wir sie unter anderen Titeln eingereiht haben:

Den Partner nicht ins Gespräch ziehen, wenn Besuch da ist: Siehe das Kapitel »In Gesellschaft«, Seite 54 f.

Den Partner niederreden und ihn nicht zu Worte kommen lassen. Siehe Seite 36 ff.

Falsche Dosierung der Metakommunikation, d.h. zu viel oder zu wenig über die Sprache des Partners reden: Siehe den Abschnitt über die Metasprache, unten Seite 198 ff.

Das »Argumentum ad hominem«, d.h. statt sachlich zu argumentieren, die Person des Gesprächspartners zum Gegenstand der Diskussion machen. Etwa: »Seht, wie sie sich aufregt«, oder »Du bist eben ein ewiger Kleinbürger.« Siehe das Kapitel über das »Uneigentliche Reden«, Seite 195 ff.

Zu beachten

Die Sprache ist für die Liebe wichtiger als fast alles andere.

Der gute Verführer soll zugleich beunruhigen und beruhigen: beunruhigen, indem er Emotion schafft, beruhigen, indem er den Partner bestätigt.

Ein gutes Kompliment soll nicht einstudiert sein, sondern aus der Situation kommen. Das indirekte Kompliment wirkt stärker als das direkte.

Liebe beweist, wer sich an Worte des andern erinnert und sie liebevoll zitiert.

Nur ein Paar, das eine Privatsprache hat, liebt sich wirklich.

Bei Auseinandersetzungen darf man ruhig »Huhn« und »Esel« sagen, aber nicht »immer« und »nie«.

Nicht ständig auf alte Geschichten zurückkommen, sondern mit Mozart sagen: »Das ist vorbey«.

9. Wahrheit, Lüge und die Zwischenbereiche

Was ist Lüge?

Auf den ersten Blick scheint alles ganz einfach: Man soll die Wahrheit sagen und die Lüge unterlassen. Aber schon Pilatus hat (nach Johannes 18.38) gefragt: »Was ist Wahrheit?«, und die Lüge zu definieren ist auch nicht ganz einfach. Wenn ich zum Beispiel sage: »Letzten September waren wir in Wetzlar; das hat uns sehr gefallen«, und wir aber im Oktober in Wetzlar waren – ist das nun gelogen? Die meisten würden sagen: Nein. Gelogen ist es erst dann, wenn damit eine Täuschungsabsicht verbunden ist, ein *dolus,* wie es das Recht nennt. Wenn ich dadurch, daß ich »September« sage, dem Gesprächspartner direkt oder indirekt einen Schaden zufüge, oder mir einen ungerechten Vorteil verschaffe, dann handelt es sich um eine Lüge, sonst nicht.

Eine Lüge wird also offenbar nicht einfach durch das Verhältnis der Aussage zu den Tatsachen bestimmt, sondern zu einem guten Teil durch die Absicht oder die Folgen eines Sprechakts. Hieraus ergibt sich, daß man im Gebrauch des Wortes »Lüge« sehr vorsichtig sein soll; mit Recht kann jemand beleidigt sein, dem man Lüge vorhält, wenn die Absicht des Lügens fehlt. In England zitiert man gern und schmunzelnd Churchill, der im Parlament einmal von »terminological inexactitude« (›terminologischer Ungenauigkeit‹) gesprochen habe, wo ein anderer seinen Gegner der Lüge bezichtigt hätte.

Es gibt sehr viele Menschen, die es lieben, das, was sie erzählen, etwas auszuschmücken, sei es, um die Sache dramatischer zu machen, sei es, um den Gesprächspartner zu erfreuen, aber keineswegs in böser Absicht. Dies ist bei südlichen oder östlichen Völkern noch ausgeprägter als bei uns. Das klassische Erzählwerk über die englisch-indischen Beziehungen, aber auch über die Probleme der Wahrheitsfindung, der Roman »A Passage to India« von E. M. Forster (1924), enthält eine Fülle von Aussagen, die jenseits der Wahrheit liegen und doch keine Lügen sind. Der junge indische Arzt Aziz wird (im Kapitel 16) von einer Engländerin gefragt, ob er verheiratet sei. Seine Frau ist vor ein paar Jahren gestorben, aber er antwortet:

»Yes, indeed, do come and see my wife« – for he felt it more artistic to have his wife alive for a moment.

(»Ja, gewiß. Sie müssen meine Frau unbedingt einmal besuchen«, denn er fand es geschmackvoller, daß sie in diesem Moment am Leben sei.)

Oder an einer anderen Stelle (Kapitel 2):

He raised his voice suddenly, and shouted for dinner. Servants shouted back that it was ready. They meant that they wished that it was ready, and were so understood, for nobody moved.

(Er [der indische Gastgeber] erhob seine Stimme und fragte, wie es mit dem Essen stehe. Die Diener riefen zurück, es sei fertig – damit meinten sie, sie hofften, es werde bald fertig sein, und so wurden sie auch verstanden, denn keiner [der indischen Gäste] rührte sich.

»So wurden sie auch verstanden«. Darauf kommt es an. Die Gäste hatten offenbar ein Gefühl für das entwickelt, was unter der sprachlichen Oberfläche verborgen liegt. Wer das nicht tut, wer am Wortlaut kleben bleibt, der enthüllt sich als Außenseiter. So ergeht es Panna Lal, wiederum in Indien und in dem selben Roman (Kapitel 6). Aziz (ein Moslem) hat Hemmungen gehabt, an einer für ihn problematischen Garden Party teilzunehmen. Sein Kollege Panna Lal (ein Hindu) hat lange vergeblich auf ihn gewartet und fragt ihn nachher, warum in aller Welt er nicht, wie abgemacht, gekommen sei. Darauf Aziz:

»I am so awfully sorry – I was compelled to go to the Post Office.«

(»Es tut mir furchtbar leid; ich mußte zum Postamt gehen.«)

Und der Autor fährt dann weiter: »Jedermann aus Aziz' Kreisen hätte sogleich verstanden, daß Aziz sich eben anders besonnen habe; aber Dr. Lal, der aus einfachen Verhältnissen stammte«, fragte bohrend weiter: »Aber Sie haben doch mehrere Diener. Konnten Sie denn nicht einen von denen schicken?« und zwang so Aziz, noch direkter zu lügen als vorher, was beide ärgerlich machte.

In unserer westlichen Welt geht es ein bißchen anders zu – aber sicher nur ein bißchen. Auch bei uns gibt es *Konventionen,* die sich sogleich als solche enthüllen und deshalb keine Unwahrheiten sind, und es gibt mühsame Leute, wie Dr. Lal, welche die Konventionen nicht durchschauen, oder nicht durchschauen wollen, und so den Partner zwingen, aus einer halben Lüge eine ganze zu machen.

Eine solche gängige Konvention ist zum Beispiel der Gebrauch des Wortes »verhindert«. »Ich bin leider verhindert, daran teilzunehmen«, sagt man, wenn man keine Lust hat. Ein bekannter Professor, als man ihn fragte, ob er auch noch in den zweiten Vortrag seines (unsympathischen) Kollegen kommen wolle, sagte freundlich: »Ich werde verhindert sein«, zu gut Deutsch: ›Ich werde es einrichten, daß ich zur gegebenen Zeit nicht kommen kann.‹ Und so wurde er auch verstanden.

»Verhindert sein« ist eine Konvention; aber es ist gleichzeitig mehr. Es sagt nämlich dem Gesprächspartner genau so viel, wie er beanspruchen darf. Im Grunde genommen hat kein Mensch das Recht, von mir genau darüber orientiert zu werden, *aus welchen Gründen* ich nicht in einen Vortrag, zu einer Einladung oder sonst wohin komme, oder noch allgemeiner: welches meine tiefsten und persönlichsten Gründe dafür sind, etwas zu tun oder nicht zu tun.

Gerade heute, wo die Begriffe der *Privatsphäre* und des *Persönlichkeitsschutzes* immer wichtiger und notwendiger werden, muß das betont werden. Die Technik des indiskreten, bohrenden Interviews – die erste Klage darüber findet sich laut »Oxford Dictionary« (unter »Interview«) schon 1870 – wird heute von allen Medien praktiziert. Es ist dabei üblich, dem Gesprächspartner mit Fragen solange zuzusetzen, bis er fast die Fassung verliert. Für das Publikum geht es praktisch nicht mehr um die Wahrheitsfindung, sondern um den Spaß am Kampf – wie einstmals bei den Gladiatorenkämpfen. Der Zuschauer sieht das ganze als Sport, und er will wissen, wer es länger aushält.

Von den Medien hat sich diese Sitte auch auf das Privatleben übertragen. Häufiger als früher gibt man sich nicht zufrieden, wenn jemand etwas Unbefriedigendes sagt, sondern bohrt seinen Gründen nach. Wir halten deshalb ausdrücklich fest: Zum Persönlichkeitsschutz gehört das Recht des Angesprochenen, die Aussage zu verweigern. Das gilt für das öffentliche Interview gleichermaßen wie für das private Gespräch. Man kann das auf grobe wie auf höfliche Weise tun. Wir haben beides ausprobiert.

Als der eine Verfasser einmal bei einem Fernseh-Interview eine Frage vorgesetzt bekam, die ihm besonders unfair erschien, da stand er bei laufender Kamera auf und machte sich daran, aus dem Aufnahmeraum wegzugehen – worauf er dann freundlich zurückgeholt und freundlich »fertig interviewt« wurde. Dieses grobe Vorgehen hat sich also bewährt und ist zu empfehlen.

Andererseits gibt es die höfliche Verweigerung. Sie kann zum Beispiel darin bestehen, daß man von mehreren Gründen den am wenigsten aggressiven gibt. Eine Bekannte, Lehrerin an einem Gymnasium, litt (als ausgesprochen musikalischer Mensch) bei einer Schüleraufführung beträchtlich unter der mißglückten Orchesterdarbietung; zudem war die Luft im Raum so dick, daß sie es kaum noch aushielt. Sie entfloh also in den Korridor – und traf dort prompt auf einen Kollegen, der sie eifrig befragte, warum sie den Saal verlassen habe. Darauf sagte sie: »Sauerstoffmangel!«

Wir meinen, sie habe vollkommen richtig gehandelt. Einer ihrer Gründe *war* sicher der Sauerstoffmangel. Der andere war, daß das Schülerorchester elend spielte. Indem sie den ersten Grund nannte, machte sie es möglich, einer längeren Konversation zu entgehen und ihren müden Kopf zu schonen. Hätte sie den andern Grund angegeben, also etwa gesagt: »Das Orchester hat so schlecht gespielt, daß ich es nicht mehr aushielt«, so hätte das zu Konsequenzen geführt, die sie vermeiden wollte: Der Kollege, der das Orchester schätzte, wäre gekränkt gewesen; er hätte ihr Urteil bestritten und sie in eine längere Kontroverse verwickelt, vielleicht hätte er ihre Worte sogar an die falschen Leute weitergeklatscht. Es war das volle Recht dieser Frau, der Konversation diejenige Wendung zu geben, die sie für die weniger zeitraubende und weniger unangenehme hielt.

Echte und falsche Ehrlichkeit

Wir haben diese Episode etwas ausgeführt, weil sich in letzter Zeit ein interessanter, aber im Grunde unerwünschter Gebrauchswandel der Wörter »Wahrheit« und »Ehrlichkeit« vollzogen hat. »Wahrheit«, früher ein mehr oder weniger neutraler Begriff, wird immer häufiger nur noch für Unangenehmes gebraucht. »Jetzt will ich ihm die Wahrheit sagen« bedeutet: ›Jetzt will ich ihm etwas Unangenehmes sagen‹. Die Technik eines bekannten Porträtfotografen wurde in einer Zeitschrift dem Sinne nach so beschrieben: »Seine Kamera schraubt sich von unten heran, wählt noch nie gehabte Perspektiven, rückt dem Gesicht in die Nähe, bis die *Wahrheit* zum Vorschein kommt.«

In Wirklichkeit ist natürlich das Gesicht eines Menschen gleich wahr abgebildet, ob es aus der normalen Sprechdistanz oder ob es makroskopisch aufgenommen ist; ja man könnte sogar argumentieren, daß das Übliche – also die Sprechdistanz – das Wahrere sei. Aber eben: die Mondlandschaft der Poren und Warzen ist weniger schön als die normale Aufnahme; darum wird sie als »die Wahrheit« bezeichnet.

Parallel läuft die Entwicklung von »ehrlich« und »Ehrlichkeit«. Bis vor einigen Jahrzehnten verstand man unter einem ehrlichen Menschen einen, der nicht lügt und nicht stiehlt. In neuerer Zeit – kurz nach dem Zweiten Weltkrieg durch literarische Werke wie etwa Osbornes »Look back in Anger« (›Blick zurück im Zorn‹) oder Kingsley Amis' »Lucky Jim« angebahnt – hat sich ein Bedeutungswandel vollzogen: Als »ehrlich« gilt heute in erster Linie, wer zu sich selbst steht und nichts beschönigt. Ein klassisches Beispiel ist der eben genannte Roman »Lucky Jim« (1954), dessen »ganz große, noch nie dagewesene Ehrlichkeit« von der Kritik immer wieder hervorgehoben wurde. Dabei hat der Held dic Eigenschaften eines kleinen Gauners: Er haut seine Mitmenschen über die Ohren, drückt sich von Verantwortungen, telefoniert unter falschem Namen, ist also alles andere als ehrlich im ursprünglichen Sinn – aber eben: Er gibt alles offen zu, zum Beispiel, daß er die Kulturwerte, an welche die anderen Menschen glauben (zum Beispiel Mozart) für Mist (»filthy«) hält – und dies trug dem Roman den Ruf einer nicht zu überbietenden Ehrlichkeit ein.

Der neue Ehrlichkeitsbegriff ist nicht in allen sozialen Schichten gleich vertreten. Man findet ihn am prononciertesten bei militanten Aussteigern. Dort ist er ein Teil des Credo. Sie verbinden mit dem Begriff »Bürgertum« unweigerlich den Begriff der Heuchelei, einer Maske, die es abzureißen gelte. Und unter »Heuchelei« verstehen sie unter anderem das, was wir vorher an Beispielen geschildert haben, nämlich den Ersatz von aggressiven Gesprächswendungen durch harmlosere. Wir erlauben uns, unsere Meinung dem entgegenzusetzen: Es ist das Recht jedes Menschen, in einer Konversation statt des aggressiven Wegs den friedlicheren zu wählen, also statt »die Musik war gräßlich» zu sagen: »der Sauerstoffmangel war schlimm«. Wir ermuntern damit niemand zum Lügen, denn dies ist keine Lüge.

Übrigens sind wir der vollen Überzeugung, daß diejenigen Menschen, die in solchen Fällen die unhöflichere Version wählen, dies nicht aus Wahrheitsliebe tun, sondern aus schlichter Aggression.

Sprachliche Aggression kommt – obwohl sie von manchen politischen Richtungen systematischer gepflegt wird als von anderen – in allen sozialen Schichten und in allen politischen Bereichen vor. Dafür ein Beispiel, das wir die »Trüffel-Geschichte« nennen. Eine Dame aus »feinsten Kreisen« kam zu uns zum Tee und brachte als Geschenk eine große Schachtel Schokoladetrüffeln mit. Wir bedankten uns hocherfreut. Dann aber fragte die Dame: »Welche mögen Sie lieber, die hellen oder die dunklen?« Wir waren im Zweifel: »Ach das können wir gar nicht so sagen; wir mögen beide gern.« Die Dame: »Aber man muß doch eine Meinung haben.« Wir: »Nun, wenn es sein muß: die hellen.« Die Dame streng: »Kenner sagen, sie mögen die dunklen lieber.«

Da hatten wir es. Zwar kriegten wir ein schönes Geschenk, aber die Freude wurde uns in zwei Etappen verdorben. Erstens sagte man uns, wir seien Menschen ohne Meinung – was nicht erfreulich ist – und darauf, wir gehörten nicht zu den Kennern. Dies alles in wenigen Sekunden.

Was ist das jetzt? Gewiß werden manche sagen: Wahrheitsliebe. Aber viel wahrscheinlicher ist doch, daß es sich hier um schlichte Aggression handelt, die den von ihr besessenen Menschen fast zersprengt. Er überwindet sich und kauft seinen Gastgebern eine große Schachtel Trüffeln, aber dann, beim Reden, geht ihm aus irgendwelchen Gründen die Aggression durch, und er muß das Geschenk wieder zunichte machen, indem er die Beschenkten mit Worten angreift.

Eine gewisse Neigung besteht bei fast allen Menschen, Unhöflichkeit mit Ehrlichkeit zu identifizieren. Nicht von ungefähr wird der berühmte Ausspruch des Baccalaureus im »Faust II« so gerne zitiert. Auf seine Grobheit aufmerksam gemacht:

»Du weißt wohl nicht, mein Freund, wie grob du bist«

antwortet er ganz gelassen:

»Im Deutschen lügt man, wenn man höflich ist.«

Ein noch konkreteres Beispiel bringt in einem Essay über die Höflichkeit der einstige Bremer Bürgermeister und Übersetzer Otto Gildemeister: Als um die Jahrhundertwende ein prominenter Bürger einer deutschen Stadt der Unterschlagung überführt worden war, da verwunderten sich diejenigen, die ihn persönlich kannten, aufs höchste und sagten: »Wer hätte das gedacht? Ein so grober Mann!»

Darum noch einmal: Aggression ist noch nicht Ehrlichkeit, und Höflichkeit ist noch nicht Lüge. Erst im folgenden Abschnitt kommen wir der Lüge langsam näher.

Mentalreservation – die Dreiviertellüge

Wir nehmen folgendes an: Ein Mensch hat im Februar eine böse Grippe gehabt, von der er sich aber schon im März komplett erholt hat. Dieser Mensch erhält im April eine Einladung, die er nicht annehmen will. Nun schreibt (oder telefoniert) er:

»Bitte seien Sie nicht böse, wenn ich Ihrer freundlichen Einladung nicht Folge leiste. Ich hatte dieses Frühjahr eine böse Grippe, die mir schwer zu schaffen machte.«

Diese einfachen Sätze erweisen sich bei genauerer Betrachtung als nicht ganz einfach. Zunächst ist festzustellen, daß beide wahr sind. »Ich leiste Ihrer Einladung nicht Folge« ist wahr, und »Ich hatte dieses Frühjahr eine böse Grippe« ist ebenfalls wahr. Also die reinste Wahrheit? Ja, aber nur, solange man jeden Satz einzeln betrachtet. Denn wir pflegen, wenn wir zwei oder mehr Sätze hören, diese logisch zu verbinden. Darum wird der normale Hörer oder Leser dieser Sätze sie so verstehen: »Ich leiste Ihrer Einladung nicht Folge, weil ich noch unter einer Grippe leide.« Und dies ist nicht mehr wahr.

Wir haben also den paradoxen Fall, daß sich aus zwei Wahrheiten eine Unwahrheit ergibt. Oder noch zugespitzter gesagt: daß der Sprecher (oder Schreiber) den Hörer (oder Leser) mit Wahrheiten belügt, weil er weiß, daß Sätze normalerweise – von jedem Hörer, der nicht extrem mißtrauisch ist – logisch verknüpft und dementsprechend interpretiert werden.

Dies ist nun ein typischer Fall von *Mentalreservation*, lateinisch *reservatio mentalis*. Der Sprecher sagt nichts Unwahres, aber er macht »mental« (in seinem Geiste) eine Einschränkung oder Klausel (reservatio), die er dem Hörer nicht mitteilt. Die Mentalreservation hat in der Geschichte in wichtigen Situationen – vor Gericht und in Disputationen – eine große Rolle gespielt; vor allem den Jesuiten hat man den exzessiven Gebrauch dieser »Technik« vorgehalten. In »Macbeth» (2. Akt, 3. Szene) läßt Shakespeare eine der Personen von einem »Zweideutler« (equivocator) sprechen, und die Forschung nimmt an, es handle sich um eine Anspielung auf einen kurz vorher (1606) stattgehabten Prozeß gegen einen Jesuiten, welcher bekannte, »Zweideutelei« (Mentalreservation und ähnliches) getrieben zu haben.

Heute ist die Mentalreservation wohl nicht mehr von historischer Bedeutung, sondern eher etwas Triviales. Wenn man sie einmal beherrscht, ist sie ungeheuer einfach und verführerisch einladend. »Verzeihen Sie, daß ich Ihren Brief erst so spät beantworte. Ich war auf einer Vortragsreise in Österreich.« Ich war es zwar, aber zwei Monate vorher. Damit habe ich den Adressaten geschont, habe ihm auch keine Unwahrheit gesagt. Aber eben: Ganz sauber ist die Sache nicht; ein Schuß von »Zweideutelei« bleibt. Darum: Zurückhaltung beim Gebrauch der Mentalreservation – im Notfall und wenn dem Adressaten kein Schaden entsteht, mag sie hingehen, aber zur Gewohnheit sollte sie nicht werden.

Die Insinuation – schlimmer als Lüge

Eine alte Journalisten-Anekdote – es spielt hier keine Rolle, ob sie erfunden ist oder nicht – zeigt sehr schön, worum es geht. Ein englischer Erzbischof reiste einmal (damals noch zu Schiff) nach Amerika. Bei der Ankunft fragte ihn ein Reporter: »Gehen Sie in New York auch in einen Nachtklub?« Der Erzbischof sagte: »Soso, gibt es das bei Euch auch?« Am nächsten Tage stand in der Zeitung: ERSTE FRAGE DES ERZBISCHOFS: GIBT ES NACHTKLUBS IN NEW YORK?

Man kann sagen: dieser Titel war keine Lüge; denn die erste Frage des Erzbischofs, als er in New York angekommen war, galt tatsächlich den Nachtklubs. Aber es war auch nicht das, was man unter Wahrheit versteht. Der Erzbischof wurde nämlich als jemand dargestellt, der im schlimmen New York, weitab vom keuschen Canterbury oder York, so schnell als möglich ein paar nackte Mädchen sehen und sich einen tüchtigen Schluck Whisky genehmigen wollte. Dafür bestand in unserem Falle sicher nicht der geringste Anhaltspunkt. Der Erzbischof wurde also zu Unrecht (indirekt aber deutlich) der Inkontinenz bezichtigt, was bei einem Erzbischof sicher gravierender ist als bei einem gewöhnlichen Menschen; aber auch weitaus pikanter und deshalb als bessere »news« empfunden wird.

Dies ist nun ein klassischer Fall von *Insinuation*, von indirekter Andeutung, die den Leser oder Hörer mit Sicherheit auf eine bestimmte Fährte bringt. Die Herkunft dieses Wortes ist übrigens interessant: *sinus* ist der ›Bausch‹ der römischen Toga, die über die linke Schulter und um den linken Arm so geworfen wurde, daß quer über die Brust eine breite Falte lief; »insinuare« bedeutete: ›(eine geheime Mitteilung etc.) dem anderen in die Falte der Toga stecken‹, und von da aus hat sich dann die heutige Bedeutung entwickelt: ›jemandem etwas indirekt (anspielungsweise oder geheim) suggerieren‹.

Man muß anfügen, daß im Falle unseres Erzbischofs der Reporter und seine Zeitung vom Gesetz sicher nicht wegen übler Nachrede belangt werden konnten, weil ja nichts Ehrenrühriges direkt gesagt worden war. Das heißt, der Insinuator, wenn er seine Sache gut macht, ist gesichert; er sendet seinen Pfeil vom sicheren Lehnsessel aus, wo er auch nachher ebenso gemütlich sitzen bleibt. Denn er hat ja »nichts gesagt«, hat es »nicht so gesagt«, »hat es nicht so sagen wollen«. Das gibt der Insinuation etwas Unfaires, Hinterhältiges.

Welches sind die sprachlichen Mittel der Insinuation? Sehr oft wird sie durch Streichungen erzielt, in andern Worten: durch *Weglassung von Kontext.* Unter Kontext versteht man in der Linguistik die ganze situationelle Umgebung, die ein Stück Sprache begleitet, und die natürlich für die Interpretation einer Aussage sehr wichtig ist. Im Falle des Erzbischofs wurde etwas für das sachlich korrekte Verständnis Notwendiges unterdrückt: die Tatsache nämlich, daß sich der Erzbischof ja nicht spontan nach den Nachtklubs erkundigt hatte, sondern erst als Reaktion auf ein Stichwort, das ihm der Reporter geliefert hatte. Deshalb war auch seine »Frage« gar keine richtige Frage, sondern nur eine höfliche »Quittung« für das ihm Gesagte.

Natürlich kann man sagen, der Reporter habe sich hier einfach einen Spaß erlaubt. Es ist aber ganz sicher, daß die Insinuation auch ernsthafte und weitreichende Folgen haben kann. Am wirksamsten ist sie natürlich, wenn sie in den Medien oder gar in einem Buch erscheint. Für das letztere noch ein Beispiel, diesmal etwas komplizierter:

In einer bekannten neueren Mozart-Biographie kommt der Autor auf die Zeit zu sprechen, wo Mozarts Frau Constanze auf längeren Badekuren abwesend war. Er sagt dazu unter anderem:

»Was er in Constanzes Abwesenheit trieb und mit wem, bleibt im Dunkel, denn Zeugnisse und Memoiren gibt es nur auf der Ebene der Respektabilität.«

Nach seiner *Denotation*, d.h. nach seinem logisch feststellbaren Informationsgehalt, sagt dieser Satz nur, daß wir nicht wissen, was Mozart in Constanzes Abwesenheit tat. Viel wichtiger ist aber die *Konnotation*, der Beiklang, und damit auch die Insinuation. Was sich dem Leser vor allem einprägt, ist nämlich, daß es Mozart »mit jemandem trieb«, und daß dies »im Dunkel blieb« und »nicht respektabel« war.

Das »Gelenk«, mit dem die Konnotation an der Denotation befestigt ist, ist das Verb »treiben«. Zunächst wird es allein verwendet und hat dann noch den harmlosen Sinn von ›tun‹, also: ›Wir wissen nicht, was er in jener Zeit tat‹. Aber schon im nächsten Halbsatz wird ein »mit« eingefügt, und dadurch ergibt sich die Wendung »es mit jemandem treiben«, die nun einen eindeutig sexuellen Sinn hat. Dieser wird noch verstärkt durch die Zusätze »im Dunkel« und »Respektabilität«. So entsteht beim

Leser der unklare Eindruck von allerhand Ausschweifungen, die aber, sei es von Mozart selbst, sei es von jemand anderem, heuchlerisch vertuscht worden seien.

Dieser Eindruck ist geschichtlich falsch. Mozart vertuschte nichts, und vieles spricht dafür, daß er Constanze treu war, zum Beispiel der ungenierte Brief an sie vom 23. Mai 1789, der alles andere als duckmäuserisch ist.

Wir fassen noch einmal zusammen, was die Insinuation bedeutet:

1. Es wird Schaden zugefügt: jemand wird um seinen Ruf gebracht,
2. Der »Täter« drückt sich nicht direkt aus.
3. Er kann deshalb die Verantwortung ablehnen und sagen: So habe ich es nicht gesagt und auch nicht gemeint. Der Leser (Hörer) bleibt im Unklaren, ob Absicht oder Zufall vorliegt.
4. Der Leser (Hörer) hat einiges zu tun: Da die »Information« nicht direkt gegeben wird, muß er ein wenig »Rätsel lösen«, d.h. die indirekte Mitteilung in direkte übersetzen, was ihm unter Umständen zusätzlichen Spaß macht.

Alles in allem ist die Insinuation kein sauberes sprachliches Verhalten. Wer sie bewußt treibt, handelt ähnlich wie ein Lügner, wem sie unterläuft, der ist fahrlässig. Nicht von ungefähr »arbeiten« die großen Schurken der Weltliteratur gern mit ihr: Shakespeares Jago bringt Othello durch Andeutungen in rasende Eifersucht. Durch Andeutungen veranlaßt Domingo im »Don Carlos« (III, 4) den König, die Treue seiner Königin und die Legitimität seiner Tochter anzuzweifeln:

> Das Volk denkt an den Monat noch zurücke,
> Der Eure Königliche Majestät
> Dem Tode nahebrachte – dreißig Wochen
> Nach diesem liest es von der glücklichen
> Entbindung –

Auf gut deutsch: Zur Zeit, als die Tochter gezeugt wurde, war der König todkrank.

Heute hat sich die Situation insofern verändert, als nicht mehr die Theaterschurken die Insinuation gebrauchen, sondern die Medien.

Aber auch im täglichen Leben kommt sie häufig vor:

»Haben Sie nicht gesehen, wie blaß die Frau A. aussieht? Der Mann hat doch diese schöne Sekretärin.«

»Frau B. nimmt sich die erste Junihälfte Urlaub, Herr C. nimmt sich die erste Junihälfte Urlaub – na ja.«

»Na, wer solche Geschäfte macht wie Herr D., kann sich wirklich einen Wintergarten leisten.«

»Der Sohn soll das Examen mit Glanz bestanden haben. Die hatten doch den Professor immer auf die Jacht eingeladen.«

Alle die geläufigen Skandalthemen: wer mit wem schläft, wer unsaubere Geschäfte macht, wer sich von wem hat bestechen lassen, können Gegenstand von Alltags-Insinuationen sein. Wir sehen jetzt auch klarer, was diese Kommunikationsform so »angenehm« macht: Der Sprecher darf andeuten, ohne daß er zur Verantwortung gezogen wird; der Hörer bekommt nicht das Ganze geliefert, sondern Mosaiksteinchen, die er zusammensetzen darf, und freut sich, daß ihn der Sprecher für so klug hält. Beide, Sprecher und Hörer, haben einen Moment der Intimität und fühlen sich dadurch verbunden und verstanden. Und schließlich – wenn es sich um Skandale handelt, was ja meistens der Fall sein wird – bringt das (gemeinsame) Beurteilen von unmoralischen Menschen und unmoralischen Handlungen noch eine zweifache Lust: erstens die voyeuristische Beschäftigung mit fremden Sünden, zweitens die moralische Satisfaktion, die im (gemeinsamen) Verurteilen von Sünde besteht.

Gerade weil diese Art von Insinuation für beide Teile so »attraktiv« ist, muß man vor ihr warnen. Sie ist »fies«, und sie fällt früher oder später auf den Urheber zurück. Man wird diesem zwar lange Zeit fasziniert zuhören, aber am Schluß doch sagen: »Der N.N. ist ein fürchterliches Waschweib, weiß immer alles und ist immer voller Andeutungen, zu denen er doch nicht stehen will.« Wem es gleichgültig ist, daß dies von ihm gesagt wird, der mag ruhig weiterfahren – wem es nicht gleichgültig ist, der soll sich vor Insinuationen hüten.

Zu beachten

Zur Lüge gehört Absicht.

Konventionen sind keine Lügen.

Kein Mensch muß sich bieten lassen, ausgefragt zu werden.

Höflichkeit ist nicht Heuchelei, Grobheit ist nicht Ehrlichkeit, Aggression ist nicht Wahrheitsliebe.

Mentalreservation nur dann gebrauchen, wenn kein Schaden entsteht.

Insinuation meiden wie die Pest.

10. Wann reden, wann schweigen?

Verschweigen ist Gold

Dieser Untertitel scheint auf den ersten Blick allem am Ende des letzten Kapitels Gesagten zu widersprechen, ist doch das Verschweigen auch ein Element der (keineswegs goldenen) Insinuation. Wir meinen aber hier zwei verschiedene Dinge. Bei der Insinuation wird ein Tatbestand angedeutet, und der Hörer wird auf gewisse Gedanken gebracht. Bei unserem »goldenen Verschweigen« wird ein Tatbestand, von dem der Sprecher weiß, weder direkt noch indirekt angedeutet, so daß der Hörer überhaupt nichts davon erfährt. Das ist ein großer Unterschied. Allgemeiner: »es kommt drauf an«, oder, wie es im biblischen »Buch des Predigers« heißt:

»Ein jegliches hat seine Zeit ... geboren werden und sterben ... pflanzen und ausrotten ... töten und heilen ... weinen und lachen ... zerreißen und zunähen, *schweigen und reden* (3.7).

Es gibt aber auch eine zeitlose Regel: *Nicht alles weiterplappern, was man weiß.* Der große Schriftsteller und Menschenkenner E. M. Forster, auf dessen »Passage to India« wir bereits (Seite 169 f.) hingewiesen haben, sagt in seiner frühen Kurzgeschichte »The Story of a Panic«: »Aufdringliches Hausieren mit der Wahrheit schafft nur Verwirrung und Unbehagen, und ist darum meiner Meinung nach falsch.« (Importunate truthtelling, which brings only bewilderment and discomfort to the hearers, is, in my opinion, a mistake.)

Dafür zwei Beispiele, beide authentisch. Das erste: Der Unteroffizier R. sagt zu anderen Unteroffizieren: »H. (der Kompaniekommandant) ist ein trauriger Weiberheld.« Der Unteroffizier C. hat das gehört und hinterbringt es dem H.; dieser haßt von diesem Moment an den unvorsichtigen R. und bereitet ihm allerlei Schikanen. Das Schicksal will es, daß die beiden auch später in der gleichen Kompanie bleiben, und so dauert dieser Zustand über fünf Jahre.

Das ist die einfachste und zugleich gemeinste Form des Hausierens mit der Wahrheit. Vielleicht hat sich C. etwas von »Wahrheitsliebe« oder von »Pflicht« gedacht; in Wirklichkeit war er einfach ein Zuträger oder Denunziant, von dem es zu Recht heißt:

Der größte Schuft im ganzen Land,
Das ist und bleibt der Denunziant.

Vielleicht wollte er sich selber einen Vorteil verschaffen, oder, was noch wahrscheinlicher ist, dem R. schaden, sei es, daß er gegen ihn persönlich etwas hatte, sei es, daß er einfach voller Aggression war und diese bei erster Gelegenheit »herauslassen« mußte.

Ähnlich handelt die in den Witzblättern und Magazinen herumgeisternde »gute Freundin«, die etwa folgendes kolportiert: »Hast Du nicht gehört? Die haben gesagt, Dein Kleid sei völlig unmöglich, viel zu jugendlich für Dein Alter und Deine Figur.« Auch sie ist eine Art Denunziant und gehört entsprechend behandelt.

Der zweite authentische Fall verkörpert ebenfalls einen häufigen Typus; hier handelt der »Wahrheitsager« etwas besser, aber immer noch nicht gut genug. Herr S. besucht in einer fachlichen Angelegenheit den Professor L.; beide reden über dies und das und kommen schließlich auf Frau H. zu sprechen, eine literarisch tätige Dame. S. sagt zu L.: »Ach, da fällt mir ein: Frau H. sagte mir neulich, sie möchte Sie gerne persönlich kennen lernen. Könnten Sie sich nicht einmal beide bei mir treffen«. Darauf L.: »Ach wissen Sie, ich habe gegenwärtig so viel zu tun; ich glaube auch, wir (Frau H. und ich) haben einander nichts zu sagen.«

Später stellt sich heraus, daß S. der Frau H. diesen Ausspruch wörtlich erzählt hat. Resultat: Frau H. ist tief beleidigt, beginnt eine jahrelange aktive Feindschaft gegen L. und sucht ihm zu schaden, wo sie kann.

Da wir den Fall kennen, können wir noch etwas genauer

über die Gründe reden, die S. bewogen haben, der Frau H. »die Wahrheit« zu sagen. Er war kein a priori aggressiver Mensch, auch schätzte er L.; es konnte ihm also nicht daran gelegen sein, diesem zu schaden. Hingegen hatte er Mühe mit seinem eigenen Selbstbewußtsein, vereinfacht gesagt: er neigte zu Minderwertigkeitsgefühlen. Er wollte darum um alles in der Welt vermeiden, daß die (sehr energische) Frau H. denke, er habe sich nicht ordentlich für sie eingesetzt, oder gar ihren Wunsch vergessen. Darum berichtete er dem Sinne nach: »Ich habe getan, was ich konnte; daß ich erfolglos war, daran ist allein L. schuld, denn er sagte wörtlich: ›Wir haben einander nichts zu sagen‹.« Dieser Grund – Selbstverteidigung – ist wahrscheinlich in solchen Fällen häufig, vielleicht noch häufiger als die nackte Aggression.

Sollte es denn nicht mehr erlaubt sein, sich selber zu verteidigen? mag hier mancher fragen. Die Antwort führt uns noch etwas weiter: Viele Leute zögern nicht, andere in ein schiefes Licht zu setzen, nur damit sie *selber* gut dastehen. Es sind nicht die schlechtesten Menschen – aber es sind solche, die es nicht ertragen können, eine Schuld, und wäre es auch nur eine kleine, auf sich zu nehmen. Sie sind im Grunde Moralisten. Aber der Fehler, den sie machen, ist groß: Sie sind Egozentriker, denken nur an sich selbst und ignorieren ihre Umgebung. S. hätte durchaus ermessen können, was seine »Wahrheitsliebe« bei den beiden anderen Personen anrichtete, aber er konnte oder wollte nicht daran denken, weil ihm sein eigenes Selbst am wichtigsten war.

Daraus ergibt sich die vor allem für Moralisten notwendige Regel: Es ist unmoralisch, sich selbst vor einer (kleineren oder größeren) Sünde zu bewahren, wenn man dadurch andere belastet, das heißt, kränkt, in ein schiefes Licht bringt und dergleichen. Konkret: Es wäre besser gewesen, S. hätte ein wenig gesündigt, z.B. den Ausspruch des L. in der Wiedergabe gemildert oder dessen anderes Argument (»keine Zeit«) in den Vordergrund gerückt.

Von dem irischen Dichter W. B. Yeats gibt es ein Schauspiel

»The Countess Cathleen« (1892), das mit seiner Thematik gut hierher paßt. Es ist die Dramatisierung einer alten irischen Sage. Bei einer Hungersnot verkauft die Gräfin Cathleen ihre Seele den bösen Geistern, damit den Armen dafür Brot gekauft werden kann. Als sie aber stirbt, verbietet eine höhere Gewalt den Teufeln, ihre Seele »einzuziehen«, denn sie hat aus Güte gehandelt.

Daran, so meinen wir, müßten diejenigen Menschen denken, die ängstlich darauf bedacht sind, ihre eigene »Sündlosigkeit« zu wahren, ohne Rücksicht darauf, was für Folgen sie für die anderen Menschen hat. Wie Yeats' Drama sagt: Man darf ungestraft selbst »die Seele verkaufen«, wenn es zugunsten anderer geschieht. Oder in unseren harmlosen und trivialen Situationen: Besser eine Halbwahrheit, die sich für andere Menschen gut auswirkt, als eine volle Wahrheit, die den anderen Schaden zufügt. Anders gesagt: Rein dastehen auf Kosten anderer ist eine Sünde; Schuld und Selbstvorwürfe ertragen können, wenn es anderen hilft, ist eine Tugend.

Nach diesem moralischen Exkurs wieder zurück ins Sprachliche. Wir sind also dafür, daß jemand dem Gesprächspartner *spontan* etwas verschweigt, so daß der andere in seinen Gedanken überhaupt nicht darauf kommt. Wie nun aber, wenn der andere bereits etwas weiß und von mir nähere Auskunft verlangt, die ich ihm nicht geben will?

Wir greifen noch einmal auf, was wir (Seite 172) angedeutet haben: Jeder Mensch besitzt das Grundrecht, die Antwort zu verweigern, vor Gericht wie im Alltag. Allerdings ergibt sich hier durch das Schweigen eine neue Schwierigkeit: Die Verweigerung der Antwort ist nämlich auch eine Art von Antwort. Oder, wie die Kommunikationsforscher sagen: Es ist unmöglich, *nicht* zu kommunizieren; d.h. alle meine Reaktionen, auch mein Schweigen, werden vom Gesprächspartner irgendwie interpretiert.

Es gibt zwei besonders häufige Typen solcher Interpretation. Erstens: Der Schweigende sei mit dem Partner einverstanden. Wie der alte lateinische Spruch lautet:

Qui tacet, consentire videtur.

(Wer schweigt, scheint zuzustimmen.)

Die andere Interpretation ist die: ›Hier hat er eine Schwäche, einen wunden Punkt‹. Sie kann den Partner – oder muß man schon sagen: Gegner? – veranlassen, erst recht nachzustoßen und weiterzubohren. Man müßte also das Schweigen »ersetzen«. Am besten geht dies noch im Englischen, wo eine lange Tradition in der Abwehr von Indiskretion besteht, die freilich heute am Abbröckeln ist. Man kann auf englisch ohne weiteres sagen: »I'd rather not say«, während die deutschen Entsprechungen wie: »Darauf möchte ich nichts sagen« oder: »Dazu möchte ich lieber nichts sagen«, den Partner bereits lüstern machen, mehr zu vernehmen.

Aus dem Englischen stammt auch die offizielle Formel, mit der ein Interviewter eine Stellungnahme ablehnt, ohne direkt zu sagen, er verweigere die Antwort, nämlich »No comment«. Auch hier sind die deutschen Entsprechungen – ›Dazu habe ich nichts zu sagen‹, oder: ›Kein Kommentar‹ – ungewohnter und reizen den neugierigen Partner zum Weiterstoßen. Man muß also im Deutschen zu anderen Mitteln greifen. Es gibt mindestens zwei: Das erste besteht in Ausflüchten und Umschreibungen, das zweite ist das sogenannte »argumentum ad hominem«.

Eine direkte und zugleich noch höfliche Abwehr von neugierigen Fragen kann etwa heißen:

»Ach, das ist eine lange Geschichte.«

»Ach, das erzähl ich dir ein andermal.«

»Das ist eine komplizierte Geschichte, da müßte ich mehr Zeit dazu haben.«

Die andere Lösung, schon etwas gröber, ist das sogenannte »argumentum ad hominem«, ›das Argument, das auf den Menschen zielt‹; wir werden (Seite 195) darauf zurückkommen. Es besteht darin, daß man von der Sachfrage abweicht und statt dessen den *Gesprächspartner* zum Thema macht. Das geht etwa so: Der neugierige Frager hat mir eine Frage gestellt, die ich nicht beantworten will. Ich verlasse darum die sachliche Ebene, nehme ihn zum Thema und sage etwa folgendes:

»Was du nicht alles wissen willst!«

Oder ironisch:

»Ei, siehe da, welch lebhaftes Interesse!«

Oder gar klassifizierend:

»Typisch für dich, diese Frage.«

In allen diesen Fällen ist der Gegenstand jetzt nicht mehr die Frage und ihre (ausbleibende) Beantwortung, sondern der Gesprächspartner und sein Charakter; jetzt ist *er* aufgefordert, sich zu verteidigen: daß er nicht wirklich neugierig sei, daß er in vielen andern Fällen, wo andere neugierig waren, es nicht gewesen sei, daß er immer nur aus reinem Interesse frage – kurz, er rutscht aus der Rolle des Klägers in diejenige des Angeklagten.

Das »argumentum ad hominem« ist im Prinzip nichts Gutes. Es führt von der sachlichen Diskussion weg in den persönlichen Angriff und ist deshalb grundsätzlich abzulehnen, siehe die Beispiele und die Stellungnahme auf Seite 195 ff. Aber in Fällen von handfester Neugier und Indiskretion gehört auf einen groben Klotz auch ein (etwas) grober Keil, und dafür eignet sich das »argumentum ad hominem« wie kaum etwas anderes.

Segensreiche Indiskretionen

Eben haben wir noch vom Nutzen des Verschweigens gesprochen. Und nun kommen wir schon zum Gegenteil. Es kann Indiskretionen geben, die absolut segensreich sind, wie das folgende Beispiel zeigt:

Frau A und Frau B sind Assistentinnen im gleichen Institut; beide sind tüchtig und sympathisch, aber damit hört die Gemeinsamkeit auf. Frau A ist – in Sprache, Kleidung, Auftreten, in allem – eine *Dame.* Frau B, mit bräunlichem Gesicht und intensiven Augen, würde man am besten als (wildes) *Mädchen* bezeichnen. Wie kommen die beiden miteinander aus? Beide bleiben auf Distanz, beide scheinen vor einander leichte Hemmungen zu verspüren.

So geht das eine Zeitlang, bis eines Tages Frau B, das »wilde Mädchen«, mit einem Dozenten des Instituts privat ins Gespräch kommt. Ausnahmsweise hat man etwas Zeit, man kommt vom einen zum anderen, und plötzlich ist man bei dem Thema Frau A., und da beginnt das »wilde Mädchen« zu seufzen und sagt: »Ach, für die schwärme ich so!« Mit einem leisen Unterton von Trauer, der besagt: »aber sie will ja doch nichts von mir wissen.« Der Dozent, nicht faul, nimmt die nächste Gelegenheit wahr: Bei einem kurzen Gespräch mit Frau A. sagt er: »Übrigens, da habe ich neulich mit Frau B. gesprochen; die gehört auch zu den Leuten, die Sie gut mögen; die schwärmt, glaube ich, sogar für Sie.« Darauf Frau A.: »Die mag ich auch gut leiden, aber ich hatte immer geglaubt, die möge mich nicht.«

Und die Hindernisse waren hinweggeräumt: die beiden Frauen begannen sich einander anzuvertrauen und wurden Freundinnen. Was sonst mit Recht verpönt ist, nämlich das Weitersagen von Dingen, die einem im Vertrauen gesagt worden sind, hier war es nicht nur erlaubt, sondern sogar notwendig. Es gibt also auch eine »gute Indiskretion«. Man darf indiskret sein, wenn man »gute Dinge« weitererzählt, welche die Menschen nicht trennen sondern einander näher bringen.

Aber Achtung: Indiskret darf man nur mit der größten Diskretion sein! Das will folgendes heißen: Wenn man etwas, was einem anvertraut wurde, weitererzählt, dann muß man jeden, auch den leisesten Anschein vermeiden, man mache sich über die »beichtende« Person lustig. Also: Wenn mir Frau B. stokkend und seufzend anvertraut hat, sie schwärme für Frau A., dann darf ich wohl der Frau A. das *Faktum* weitererzählen, daß und von wem für sie geschwärmt wird – aber niemals das *Wie.* Völlig verkehrt wäre es, der Frau A. zusätzlich zu sagen: »Und dabei hat Frau B. soo geseufzt, und ›Ach‹ hat sie gesagt.« Dadurch würde Frau B. zur Komödienfigur herabgewürdigt. Und das hat sie nicht verdient.

Aber im allgemeinen kann man sicher sagen: die »gute Indiskretion«, das Hinterbringen von positiven Aussagen, kann viel Glück stiften. Einerseits sind die meisten Menschen viel unsicherer und viel empfänglicher für ein lobendes Wort, als man im allgemeinen glaubt – sogar »großen Tieren« geht es oft so (Seite 72) – und eine positive Indiskretion kann für sie lebenswichtig sein. Andererseits sind viele Menschen gehemmt und geben ihre guten Meinungen, die sie von anderen haben, nicht preis, sei es, daß sie nicht als Schmeichler gelten wollen, sei es, daß sie Schwierigkeiten mit dem Formulieren haben. Da kann die Zwischeninstanz – der diskrete Indiskrete – Wunder wirken.

Wo darf man nicht schweigen?

Das Verschweigen hat noch andere Grenzen. Überall dort, wo ein Verschweigen dem Partner schadet und niemandem nützt, dort *muß* geredet werden. Wenn ich höre, daß sich vor einer wichtigen Versammlung eine Camorra bildet, die meinen Freund in der Abstimmung zu Fall bringen will, dann ist Diskretion nicht mehr am Platz.

Ein Mann, der vor der Heirat steht, darf seiner Braut keine Krankheit verschweigen, an der er leidet – nicht einmal ein Ekzem – denn das kann für ihr Wohlbefinden entscheidend sein. Im allgemeinen nimmt man an, daß ein Heiratswilliger nicht mit verborgenen Mängeln behaftet sei; ist er es dennoch und verschweigt es, so geht das gegen Treu und Glauben – ganz wie es beim Kauf und Verkauf einer Sache zugeht.

Ein Mädchen, das vor der Heirat steht und vorher von einem andern Mann ein Kind gehabt hat, muß dies ihrem künftigen Gatten sagen. Man mag einwenden, die voreheliche Keuschheit sei aus der Mode gekommen. Darüber kann man verschiedener Meinung sein. Wenn aber ein Mensch existiert, sei er noch so klein, der elementare Ansprüche an seine Mutter hat, dann muß der künftige Mann dieser Mutter davon wissen.

Durch behutsames Sondieren können Menschen, die sich verheiraten oder sonst in verbindliche Beziehungen treten wollen, ohne Mühe herausfinden, auf welche Dinge der künftige Partner besonderes Gewicht legt, ob er zum Beispiel frühere sexuelle Erfahrungen des anderen für verwerflich, für unwichtig oder für das einzig Richtige hält. Und überall dort, wo man merkt, daß eine Sache dem Partner lebenswichtig erscheint, dort muß man ihn auch rückhaltlos ins Bild setzen. Und zwar rechtzeitig, nicht erst unter Gewissensdruck am Hochzeitsabend.

Dies gilt natürlich nicht nur für die Heirat, sondern für alle partnerschaftlichen Situationen. Um wissen zu können, ob Verschweigen oder Reden das bessere ist, muß man den Gesprächspartner gut kennen lernen, so daß man weiß, welches Maß von Wissen für ihn das richtige ist. Dies läßt sich nur in längeren Gesprächen und mit Einfühlung erreichen.

Zu beachten

Nicht alles weiterplappern. Das Maul nicht halten können ist ein schlimmer Fehler.

Etwas Schlechtes hinterbringen ist perfid.

Die Fähigkeit, am rechten Ort zu schweigen, kann durch Training gesteigert werden.

Besser zum Nutzen anderer sündigen, als zum Schaden anderer tugendhaft sein.

Auf grobe Neugier gehört ein grober Keil.

Diskrete Indiskretionen können segensreich sein.

11. Vom uneigentlichen Reden

In diesem Kapitel fassen wir einige Sprechweisen zusammen, die sich durch »Uneigentlichkeit« auszeichnen. Ich kann zum Beispiel ironisch sprechen, und meine dann das Gegenteil von dem, was ich sage. Oder ich kann, statt den Dialog fortzusetzen, plötzlich den Gesprächspartner und seinen Charakter zum Redethema machen. Oder aber, ich rede, statt sachlich weiterzufahren, von der Sprache meines Partners und mache diese zum Gegenstand. In allen Fällen weiche ich irgendwie aus, und man kann sich fragen, ob und wie weit dies berechtigt ist.

Die Ironie

Wir glauben im allgemeinen zu wissen, was Ironie ist: Man sagt etwas und *meint das Gegenteil.* Ich sehe einen Jungen mit einer verspritzten und dreckigen Hose und sage: »Du hast aber eine saubere Hose.« So weit so gut. Es kommt aber bei der Ironie immer noch etwas dazu. Die Ironie läßt sich nämlich nicht umkehren. Ich werde, wenn ich einem Jungen mit sauberer Hose begegne, nicht sagen: »Du hast aber eine dreckige Hose.« Das wäre zwar das Umgekehrte dessen, was gemeint ist, aber es wäre keine Ironie. Ironie geht nur »in einer Richtung« und zwar so: Man sagt etwas Positives, wo man etwas Negatives meint. Die Umkehrung: etwas Negatives sagen und etwas Positives meinen, ist keine Ironie; sie kommt übrigens so selten vor, daß man sie vernachlässigen kann.

Man sieht daraus, daß in der Ironie stets ein wertendes Element steckt. Man kritisiert ethische oder ästhetische Mängel, indem man sie mit ihrem Gegenteil bezeichnet und so das wünschbare Gute oder Schöne dem festgestellten Schlechten oder Häßlichen gegenüberhält. Ironie ist also immer Kritik, und weil sie ein gewisses Maß von Künstlichkeit und Distanz impliziert, absichtlicher und damit auch verletzender als direkte Kritik. Hieraus folgt als erste Regel, daß man mit dem Gebrauch der Ironie allgemein *zurückhaltend* sein soll.[1]

Verschiedene Menschen sind auf Ironie verschieden empfindlich. Manche sagen, daß Ironie besonders bei Frauen schlecht ankomme. Wilhelm Busch schrieb:

Bei Damen sollst du fein,
Gar niemals nicht ironisch sein.

Das steht am Schluß der Geschichte »Ein galantes Abenteuer«, wo ein feiner Herr einer Gruppe von fünf Straßenkehrerinnen zuruft:

»Seid mir gegrüßt, ihr edlen Frauen –
So wunderlieblich anzuschauen!«

worauf er prompt von fünf nassen Besen verdroschen wird. Wir meinen, mit Recht. Aber nicht so sehr, weil er gegenüber Frauen ironisch war, sondern, weil er einen sozialen Abstand von oben herab ironisch kommentiert hat, was gemein von ihm war. Daß Frauen an sich gegenüber Ironie allergischer sind als Männer, ist möglich, aber nicht besonders wahrscheinlich.

Hingegen gibt es starke soziale und regionale Unterschiede. In einer Stadt oder in einem Land, wo die Leute ernsthaft oder gar stur an ihre Arbeit gehen, ist Ironie unbeliebt, ja sie wird oft überhaupt nicht verstanden. Ebenso in einer angestrengten sozialen Schicht, wo man keine Zeit für Spielereien hat, etwa bei manchen Arbeitern oder Managern. Anderswo dagegen, wo man den Sinn für das Spielerische bewahren konnte, ist sie eine beliebte und ohne weiteres verstandene Kunst.

In dem amüsanten Roman »Stepping Westward« von Malcolm Bradbury (1965) kommt ein englischer Dozent als Gast an eine Universität im amerikanischen Westen, und es ergibt sich eine herrliche Konfrontation englischer und amerikanischer

1 Für alte und neue Definitionen der Ironie s. Edgar Lapp, Linguistik der Ironie, Tübingen 1992.

Werte und Verhaltensmuster. Unter anderem versucht der Engländer, seinen amerikanischen Studenten ein Werk des großen Ironikers Jonathan Swift (des Autors von »Gullivers Reisen«) nahezubringen; aber die Amerikaner reagieren zuerst mit Verwirrung und sind nachher ernstlich darüber aufgebracht, daß der Autor sie dermaßen »auf den Arm nehmen« wollte.

Ein ähnlicher Unterschied besteht zwischen Basel und Zürich. Als ein (vierzigjähriger, jugendlich aussehender) Basler auf ein Zürcher Ordinariat berufen wurde, erschien sein Bild in der »Neuen Zürcher Zeitung«. Seine Basler Kollegen sollen sofort ausgerufen haben: »Dein Konfirmationsbild ist ausgezeichnet gelungen!« Und der »Konfirmand« strahlte – er hat uns die Geschichte selbst erzählt. Oder etwas anderes, ebenfalls baslerisches. Wir kamen an einem heißen Tag mit dem Auto von Deutschland her gefahren und tankten bei der ersten Basler Gelegenheit. Der Tankwart machte sich an die bös verklebte Windschutzscheibe und sagte fröhlich: »Mir miend Platz mache fir di neien Insäggte.« (Wir müssen Platz machen für die neuen Insekten).

So etwas käme in Zürich, wenn überhaupt, bestimmt weniger häufig vor. Ein Professor, der aus einer anderen Gegend der Schweiz nach Zürich berufen worden war, meldete als erste sprachliche Beobachtung, daß die Zürcher immer fragten: »Wie meinen Sie das?« Da haben wir das Gegenteil der Basler; diese haben einen Instinkt, der ihnen sagt, wie die Dinge gemeint sind, also zum Beispiel, ob ironisch oder nicht, während der Zürcher sich vom Gesprächspartner am liebsten schriftlich bestätigen ließe, ob sein Ausspruch jetzt als Beleidigung gemeint sei oder als Harmlosigkeit!

Es liegt uns ferne, unsere liebe Wahlstadt und zweite Heimat anzuschwärzen. Man kann die Abneigung gegen die Ironie auch als etwas durchaus Positives sehen. Nämlich als völlige Aufrichtigkeit, die sich schließlich auf das Bibelwort stützt, daß »Eure Rede« ja, ja oder nein, nein sei, und daß man mit der Wahrheit besser kein Spiel treibt. Aber wie immer hat das Grund-Moralische eben auch etwas Schwerfälliges.

So viel ist sicher, daß das Verhältnis zur Ironie von Landschaft zu Landschaft verschieden ist – man kann darüber nachlesen in dem ebenso amüsanten wie instruktiven Buch von Herbert Schöffler.[2] Wie in anderen Dingen soll man sich deshalb auch hier der verschiedenen Landesbräuche bewußt sein.

Weiter soll man Rücksicht nehmen auf das soziale Verhältnis zwischen Sprecher und Hörer, von dem wir bereits im Abschnitt über die »Kleinen Leute und großen Tiere« (Seite 61 ff.) gesprochen haben. Ironie bedeutet immer auch: sich lustig machen, und wer sich von oben herab über Unterschichten oder Untergebene lustig macht, der handelt nicht fein. In anderen Worten: Wer in einer Machtposition Ironie gebraucht – sei es als Arbeitgeber, Lehrer oder Kritiker – der verdient, wenn nicht gerade fünf nasse Besen ins Gesicht, so doch erheblichen Tadel. Denn jeder Arbeitnehmer oder Schüler hat ein moralisches Recht darauf, daß die Beurteilung seiner Arbeit in sachliche Worte gekleidet ist. Auch einem Menschen, der ein wissenschaftliches oder künstlerisches Werk hervorgebracht hat, soll man nicht mit Ironie begegnen, wie das manche Rezensenten tun, sondern mit Sachlichkeit.

Schließlich ist auch das Atmosphärische zu berücksichtigen. Wenn wir uns in einer munteren Gesellschaft befinden, die bereits auf Scherz und Neckerei eingestimmt ist, dann wird auch Ironie verstanden und ist am Platz, nicht dagegen, wenn sich Menschen frisch begegnen und noch nicht angewärmt sind.

Das »argumentum ad hominem«

Wörtlich heißt das: ›das auf den Menschen bezogene oder gerichtete Argument‹. Was genau darunter verstanden werden soll, darüber herrscht keine Einigkeit. Wir verstehen unter »argumentum ad hominem« ein Argument, das vom Sachlichen abweicht und statt dessen auf die Person und den Charakter

2 Herbert Schöffler, Kleine Geographie des deutschen Witzes, Nachdruck Göttingen 1955 und öfters.

des Gesprächspartners zielt. Angenommen, ich bin der Meinung, daß Toscanini der größte Dirigent des Jahrhunderts gewesen sei, und mein Gesprächspartner hält einen anderen für größer. Dann gibt es für mich verschiedene Arten, zu argumentieren. Zum Beispiel so: »Hör Dir doch seine letzte Fidelio-Aufnahme an«, oder »Das geht klar aus den zeitgenössischen Kritiken hervor«, oder »Kein Geringerer als X. hat das wiederholt gesagt«. In allen diesen Fällen bin ich sachlich geblieben. Nun kann ich aber auch die sachliche Ebene verlassen und zum Beispiel sagen: »Du verstehst eben nichts von Musik«, oder »Das ist typisch von dir«. Das heißt, ich mache meinen Gesprächspartner, seine Kenntnisse, seine Urteilsfähigkeit, seinen Charakter zum Thema. Für dieses Vorgehen gebrauchen wir hier den Ausdruck »argumentum ad hominem«.

Die Beispiele, die wir eben genannt haben, stellen den gebräuchlichsten Typus dar: Man benützt es, um die Argumente, die der »Gegner« soeben verwendet hat, zu entkräften. Daneben gibt es aber auch andere Typen. Einer davon, der leider gern von Männern gegenüber Frauen und von Vätern gegenüber Kindern angewendet wird, ist das Kommentieren vor Zuschauern. Angenommen, ein Mann diskutiert mit seiner Frau im Beisein anderer Familienmitglieder. Sie hat soeben etwas vorgebracht, nehmen wir an, zugunsten der Frauenrechte. Nun sagt der Mann, statt bei der Sache zu bleiben: »Seht, wie sie sich aufregt.« oder: »Seht, wie sie sich einsetzt«. Das zweite ist scheinbar ein Lob; in Wirklichkeit aber sind beide Äußerungen gleich unfreundlich.

Wie bei dem Typus »Du verstehst eben nichts von Musik« ist es auch hier so, daß nicht sachlich sondern »persönlich« gestritten wird. Der Zweck des persönlichen Angriffs ist aber diesmal etwas anders. Es geht nicht mehr darum, via Person ein »gegnerisches« Argument zu entkräften, sondern darum, die Person des »Gegners« ins Zentrum der Aufmerksamkeit zu rücken und zu exponieren. Man könnte auch sagen: Die Aufforderung »Schaut sie Euch an« ist ein Stück perfider *Regie,* welche die Anwesenden umgruppiert. Die beiden »Akteure«, Mann und Frau, standen sich vorher gleichgestellt gegenüber; jetzt nimmt plötzlich der Mann die weiteren Anwesenden für sich in Anspruch und versetzt sie (zusammen mit sich selbst) in die Rolle von Zuschauern; die Frau wird isoliert und in die Rolle einer (einsamen) Schauspielerin auf eine »Bühne« gedrängt. Es braucht für einen Menschen starke Nerven, in dieser Situation noch sachlich und wirksam weiter zu argumentieren.

Dazu kommt, daß sich der Mann auf diese Weise der Diskussion entzieht. An sich ist dies nicht verboten; kein Mensch kann zu einer Diskussion gezwungen werden, vergleiche unsere Ausführungen über das erlaubte Schweigen, Seite 183 ff. Aber die Frage ist, wie es geschieht.

Das »argumentum ad hominem« ist etwas Unfaires, aber es kommt im täglichen Leben außerordentlich häufig vor. Schon die kleinsten Kinder, wenn sie sich streiten, wer recht hat, sagen lieber: »Du bist blöd«, als daß sie sachliche Gründe geben. Aber auch diejenigen Gesellschaftsschichten, welche Konversation um ihrer selbst willen pflegen und darin geübt sind, glauben meist nicht darauf verzichten zu können. Wenn man diese Taktik einmal als solche erkannt hat, ist man erstaunt, wie viele *Romane* von ihr buchstäblich voll sind. Beispiele aus dem 19. Jahrhundert bieten die Romane von Theodor Fontane, am meisten vielleicht »Unwiederbringlich«. Dort finden sich (im 6. Kapitel) dicht hintereinander folgende Stellen:

»Pardon, liebe Christine, das scheint seit gestern deine Parole.«

»Ach, liebe Christine, das ist nun mal dein Steckenpferd oder eins aus der Reihe davon.«

»Ja, Helmuth, da bist du nun wieder ganz du, ... schon hast du alles wieder vergessen.«

Und im 21. Kapitel:

»Wie wenig Sie doch Bescheid wissen.«

»Ach, Ebba, Sie sagen das so hin, weil Sie mokant sind.«

Für Beispiele aus dem 20. Jahrhundert könnte man unter vielem anderem den Film »Szenen einer Ehe« von Ingmar Bergman wählen. Dort finden sich an einer einzigen Stelle:

»Warum mußt du immerzu alles mit moralischen Maßstäben messen.«
»Nein, zum Teufel, so kann man nicht argumentieren.«
»Bist du jetzt nicht reichlich überspannt?«[3]

Es stimmt zum Nachdenken, daß sich sowohl bei Fontane wie hundert Jahre später bei Bergman das »argumentum ad hominem« als sprachliches Symptom einer krank gewordenen Ehe erweist. – Sicher sind nicht alle Fälle von »argumentum ad hominem« gleich schädlich oder aggressiv. Und offenbar kann man nicht ganz darauf verzichten. Immerhin lassen sich zwei grundsätzliche *Regeln* geben:

Für den potentiellen »Täter«: Man sei in der Anwendung dieses Mittels äußerst *zurückhaltend* und gebrauche es nur, wenn es absolut notwendig ist.

Für das potentielle »Opfer«: Man mache den Partner *ruhig* darauf aufmerksam, daß er jetzt eine Grenze überschritten hat, und lenke ihn von der Person weg auf die Sache zurück. Etwa so: »Jetzt bist du aber von der Sache abgekommen; es ging nicht um mich, sondern darum, ob ...«

Und für beide: Man soll sich das »argumentum ad hominem« als Typus gut einprägen, damit man es in jedem Falle sofort erkennt, wenn es auftritt, so daß man es (als »Täter«) abbrechen oder (als »Opfer«) enthüllen kann.

Metasprache – was ist das?

Dieser Begriff ist dem vorhergehenden eng verwandt; ja, die beiden können sich überschneiden. Unter Metasprache (wörtlich etwa: ›Sprache darüber‹) verstehen die Linguisten »Sprache über Sprache«, also jedes Reden, das auf die Form eines bestimmten Stücks Sprache Bezug nimmt. Wissenschaftlich gese-

3 Ingmar Bergman, Szenen einer Ehe, Heyne Taschenbuch S. 37.

hen, sind zum Beispiel alle Äußerungen der Sprachwissenschaft als Metasprache zu bezeichen, weil sie über Sprachliches reden.

Metasprache spielt aber auch im Alltagsleben eine große Rolle. Wenn ich zu meinem Gesprächspartner sage: »Das hättest du nicht sagen sollen«, oder aber: »Gut gesagt!«, oder etwas distanziert: »Gut gebrüllt, Löwe!, oder schulmeisterlich: »Dieses Wort sollte man nicht brauchen«, dann setze ich mich (ablehnend oder zustimmend) mit der Form dessen auseinander, was der andere gesagt hat, rede also metasprachlich. Aber auch solche grundsätzlichen Stoßseufzer wie: »Es ist leider so, daß wir beide eine ganz verschiedene Sprache sprechen«, sind metasprachliche Äußerungen.

Der Begriff der Metasprache überkreuzt sich wie gesagt mit dem des »argumentum ad hominem«. Es kommt sehr oft vor, daß eine Äußerung zugleich eine Kritik der Person (argumentum) *und* eine Kritik von deren Sprache (Metasprache) ist. Das gilt zum Beispiel von der ebenso primitiven wie häufigen Reaktion: »Schwatz nicht so blöd!«, welche gleichzeitig die Sprache und den Sprecher angreift. Wahrscheinlich ist die Kombination von »argumentum ad hominem« und Metasprache sogar häufiger als die Metasprache allein, da die meisten Menschen dazu neigen, zusammen mit der Sprache auch den Sprecher zu kritisieren. Die »isolierte« Metasprache, die sich nur mit der Sprache beschäftigt und den Sprecher in Ruhe läßt – Typus: »Da gebrauchst du einen subtilen Ausdruck« – setzt ein großes Maß an Differenzierung voraus.

Die Metasprache ist an sich weder gut noch schlecht. Es gibt immer wieder Situationen, in denen sie gebraucht werden *muß* – angefangen beim Verweis an kleine Kinder, wenn sie bedenkenlos Kraftwörter gebrauchen (s. oben Seite 31 ff.). Auch unter Erwachsenen muß man sich von Zeit zu Zeit auf gute oder schlechte Sprachgewohnheiten aufmerksam machen und sich nicht einfach von der Sprache beherrschen lassen. Die Schauspiele von Franz Xaver Kroetz zeichnen Menschen, die sowohl ihrer eigenen Sprache wie auch der des Partners völlig unkritisch gegenüberstehen, ja, ihr ausgeliefert sind – ein abschreckendes Bild. Es geht also nicht ohne Metasprache.

Andererseits muß man ein Übermaß vermeiden. Es herrscht bei vielen Menschen, besonders bei manchen jungen Intellektuellen, die Gewohnheit, die Sprache des Partners endlos zu zerpflücken. Der Dialog kommt dann vor lauter »das hättest du anders sagen sollen« und »dieses Wort hat mich gekränkt« sachlich überhaupt nicht weiter. Was ein Zerreden von Äußerungen für die Beziehungen von Menschen zur Folge haben kann, sieht man in Bergmans »Szenen einer Ehe«, bei manchen Figuren von Frisch, bei vielen Personen in Lawrence Durrells »Alexandria Quartet«, in Malcolm Bradburys Romanen, besonders »The History Man« und, wenn wir ins 19. Jahrhundert zurückgehen, natürlich wieder bei Fontane. Schon als bloßer Leser, den diese Äußerungen ja nicht persönlich angehen, fühlt man bei solchen Szenen auf die Dauer eine gewisse Irritation. In der gelebten Wirklichkeit kann ein Übermaß von Metasprache einen oder beide Partner völlig erschöpfen und aushöhlen, kann Aggressionen provozieren und natürlich auch entladen.

Zum Schluß sei hier noch auf einen Roman hingewiesen, in dem es von metasprachlichen Bemerkungen der Heldin – über andere und über sich selbst – nur so wimmelt, bei dem aber der Leser alles so treffend und gescheit findet, daß er keinen Augenblick irritiert wird. Es ist der Kriminalroman »Compromising Positions« von Susan Isaacs (1975). Wer eine spannende, erotisch angereicherte Kriminalgeschichte – um eine kluge und attraktive »grüne Witwe« in einer Villenvorstadt von New York – lesen mag, der sei auf diesen Roman aufmerksam gemacht; er wird bei der Lektüre unaufdringlich und in amüsanter Form alle Schattierungen von Metasprache demonstriert bekommen.

Zu beachten

Die Ironie ist eine zweischneidige Waffe. Fast immer wirkt sie kränkend, also soll man sie nur mit Vorsicht und Zurückhaltung verwenden. Manche Gegenden und manche Stände haben mehr Verständnis für Ironie als andere. Ironie ist dann zu vermeiden, wenn man sozial »abwärts« spricht.

Das »argumentum ad hominem« besteht darin, daß man, statt beim bisherigen Gesprächsgegenstand zu bleiben, plötzlich den Gesprächspartner zum Thema macht. Die Diskussion, die vorher sachlich war, wird dann persönlich, und die Folge davon ist fast immer ein Streit. Man kann das »argumentum ad hominem« nicht verbieten, aber man kann den anderen, wenn er es braucht, aufmerksam machen und es selbst nach Möglichkeit vermeiden.

Paracelsus sagte: Allein die Dosis macht es aus, ob die Arznei zum Gift wird oder zum Heilmittel. Ähnlich ist es mit der Metasprache: Das richtige Maß entscheidet; ein Zuwenig und ein Zuviel sind beide schädlich. Man muß die Möglichkeit haben und benutzen, zu sagen: »Höre, wie du dich da ausdrückst, gefällt mir nicht.« Aber ein beständiges Herumkritteln an der Redeweise des Partners kann eine Beziehung zerstören.

12. Die sprachliche Vorwegnahme

Zum Schluß dieses Buches soll auf eine sprachliche Erscheinung aufmerksam gemacht werden, die kaum bemerkt wird, aber für unsere Zeit typisch und, so viel wir sehen können, zu einem guten Teil für das heutige »Unbehagen in der Kultur« verantwortlich ist. Wir nennen sie »sprachliche Vorwegnahme«; diesen Begriff haben wir zum erstenmal in einem Aufsatz in der »Neuen Zürcher Zeitung« vom 16.1.1972 gebraucht. Damit ist folgendes gemeint: *Es ist in unserer Kultur fast unmöglich geworden, etwas Bedeutendes zu erleben, ohne daß man über dieses Erlebnis schon zuvor in Worten Bescheid erhalten hat.*

Nachdrücklich bewußt wurde uns diese Erscheinung anläßlich der ersten Mondlandung im Juli 1969. Dieses Unternehmen, angekündigt als »das größte Abenteuer der Menschheit«, verlief für viele, die es am Fernseher oder Radio miterlebten, merkwürdig enttäuschend. Nicht weil es auf dem Mond nur wenig zu sehen gab – das war vorauszusehen gewesen – sondern weil das Erlebnis für den Zuschauer gestört, um nicht zu sagen verunreinigt wurde durch die unablässigen sprachlichen Kommentare. Nicht etwa, daß diese schlecht gewesen wären, im Gegenteil: Man hatte dafür die besten Kenner beigezogen. Aber der Zuschauer oder -hörer wurde nie mit den Mondfahrern und seinen eigenen Reaktionen allein gelassen. Jeder Augenblick war ausgefüllt mit Kommentaren; nicht nur technische, astronomische, philosophische Erläuterungen wurden laufend abgegeben; es wurde einem sogar nahegelegt, was man in diesem und jenem Moment *zu fühlen habe.*

Dies ist nun keine Einzelerscheinung, sondern Teil eines weitreichenden kulturellen »Syndroms«. Es besteht darin, daß zwar die Möglichkeiten der Erfahrung für den Einzelnen ungeheuer gewachsen sind, daß aber diese Erfahrung durch Verbalisierung (Umsetzung in Worte) stark und nachteilig beeinflußt wird.

Zunächst ist ganz allgemein festzustellen, daß in unserer Kultur das Erleben aus erster Hand, also das unmittelbare und sinnliche Erleben, immer mehr durch das Erleben aus zweiter Hand, das Erleben über Medien (wörtlich: ›Mittler‹), verdrängt wird. Zu den beiden Medien Buch und Zeitung, die schon lange bestanden haben, sind in unserem Jahrhundert (in dieser Reihenfolge) Film, Radio und Fernsehen hinzugekommen; ihnen allen ist gemeinsam, daß sie *indirekten* Kontakt mit den Objekten vermitteln, sich zwischen das Objekt und das aufnehmende Subjekt schieben. Je häufiger die Medien benutzt werden, umso geringer wird der direkte Kontakt. Dies ist weitgehend bekannt: Marshal McLuhan, in »The Medium is the Message«, und verschiedene andere haben sich damit beschäftigt, so daß man heute oft von unserer »verbal culture« oder allgemein von der »Kultur des Erlebens aus zweiter Hand« spricht.

Was weniger bekannt ist und hier kritisch beleuchtet werden soll, ist dies: Auch das authentische Erlebnis, das Erlebnis aus erster Hand, wird heute in hohem Male durch vorausgehende oder gleichzeitige sprachliche Formulierung verändert. Eine solche Veränderung ist nicht an sich schädlich, sie wird es aber durch das Übermaß. Ein solches Übermaß herrscht heute zum Beispiel beim Erlebnis des (touristischen) Reisens. Das Reisen, vormals Inbegriff des Abenteuers – das heißt, des überraschenden und unerwarteten Erlebens – ist heute kein Abenteuer mehr. Schon *vor* jeder Reise wird ein Teil der kommenden Erfahrung durch die Werbung vorweggenommen: Wir wissen nicht nur genau, was auf uns wartet, sondern auch, was wir dabei empfinden werden (oder: zu empfinden haben). Sogar Überraschungen werden angekündigt – »Hier überrascht uns das kolossale unfertige Standbild des Apollo« heißt es in einer Werbeschrift für Naxos – und es wird uns auch gesagt, daß wir »unvergessliche Eindrücke« empfangen werden. Zwar wissen wir alle theoretisch genau, daß etwas, was uns angekündigt wurde, keine Überraschung ist, und daß man nicht im Voraus sagen kann, ob ein Eindruck unvergeßlich sein wird oder nicht. Wir haben uns aber an diese Redeweise so gewöhnt, daß wir über solche Bevormundung kaum mehr Befremden oder Ärger empfinden.

Auf der Reise selbst begleiten sprachliche Kommentare mindestens die Höhepunkte – wir haben weiter oben, im Kapitel über Reisen (Seite 82ff.) über die Art und Weise gesprochen, wie durch die Wortschwälle der Reiseführer das authentische Erleben eines Tempels, eines Ausblicks, einer schönen Stätte beeinträchtigt werden kann. Das dabei zu beobachtende hektische Fotografieren mag dem Bedürfnis entspringen, die »reine« Anschauung aus der Sprachflut in eine stillere Zeit hinüberzuretten – »emotion recollected in tranquillity«, um mit William Wordsworth zu reden. Da die großen Augenblicke, die Höhepunkte der Reise durch vorhergehende oder gleichzeitige sprachliche Berieselung – man kann fast sagen: verunreinigt werden, bleiben umso stärker diejenigen Eindrücke, die nicht vorweggenommen wurden. Dies sind dann oft kleine Dinge: eine Eidechse am Wegrand, ein Duft von Thuja, ein freundliches Wort. Oder aber es sind negative Eindrücke – von denen die Werbung natürlich nichts sagt: Verspätungen, lärmige Nachtquartiere, Öl am Strand. Weil diese spontan und unangekündigt erlebt werden, wirken sie oft am stärksten nach, und der heimgekehrte Reisende ist dann in einer gewissen Verlegenheit, weil er das im Prospekt versprochene oder eher geforderte »Plansoll« an Entzücken nicht erfüllt hat. Dies mag ein Grund dafür sein, daß so viele, besonders junge Leute am liebsten ohne Vorbereitung ins Blaue reisen: Sie riskieren damit zwar, wesentliches, das am Wege gewesen wäre, nicht zu sehen, dafür aber sind ihre Erlebnisse aus erster Hand und nicht durch Vor-Information deformiert.

Ein zweites Gebiet, in dem sich die sprachliche Vorwegnahme bemerkbar macht, ist der Besitz und Genuß von Gütern, von der Tafel Schokolade bis zur Privatjacht. Eine geschickte Industrie füttert uns mit Texten, in denen der Genuß dieser Güter in Worten vorgeformt wird. Dabei ist es für die neuere Zeit typisch, daß nicht nur die Güter selbst in den schönsten Tönen geschildert werden, sondern auch die Empfindungen, die wir bei ihrem Genuß »zu haben haben«. Am deutlichsten ist dies wohl bei Eßwaren, wo sogar unsere Lustseufzer bereits im Werbetext enthalten sind: »Mit zarten Gemüsen umlegt ... schmilzt auf der Zunge ... Ah, ah.«

Es ist ferner charakteristisch für die heutige Werbung, daß sie eine feste Beziehung herzustellen sucht zwischen dem Gegenstand, den sie verkaufen will – Zigaretten, Vermouth etc. – und den Empfindungen in den hohen Momenten des menschlichen Lebens: Sommernächte, Zweisamkeit, Geliebt- und Geschätztwerden, die darum besonders häufig erscheinen. Damit macht sich die Werbung einen Teil dessen zu eigen, was früher der Dichtung vorbehalten war. Eine wesentliche Funktion der Dichtung war seit alters die, eine gewortete Form zu schaffen, in die der empfindende Mensch seine noch unklaren und halben Empfindungen hineingießen kann, so daß sie Ganzheit und Gestalt gewinnen. Dante berichtet am Schluß des fünften Gesanges seines »Inferno«, wie Paolo und Francesca, die sich ihrer Liebe noch kaum bewußt sind, eines Tages zusammen die Geschichte von Lanzelot und der Königin Ginevra (aus der Arthursage) lesen; beim Lesen dieser feurigen und traurigen Liebesgeschichte gewinnt ihre Liebe plötzlich Gestalt und Realität. So leistet die Dichtung gleichsam *Geburtshilfe für die Gefühle.* Generationen von Liebenden fühlten und liebten nach Werther, nach Tucholskys »Schloß Gripsholm« oder »Rheinsberg« und in neuerer Zeit nach Segals »Love Story«.[1] Heute ist der Dichtung in der Werbung eine starke Konkurrenz erwachsen, welche die Dichtung aus dieser ursprünglichen Funktion beinahe hinausgedrängt hat.

Eine neue Erscheinung ist auch die in Büchern und Zeitschriften verbreitete Populärwissenschaft. Seelische, medizinische, zwischenmenschliche Vorgänge, deren sprachliche Erfassung bis vor kurzem nur dem Spezialisten möglich war, sind jetzt in sprachlicher Gestalt und mit einer reichen Terminolo-

1 Mehr über das »Lieben nach Texten« in E. Leisi, Paar und Sprache, Heidelberg, 3. Aufl. 1990, S. 87.

gie der großen Mehrzahl der Leute zugänglich gemacht. Dies bedeutet wiederum, daß eine große Anzahl von Erfahrungsbereichen, an die der Mensch früher direkt, ohne sprachliche Vorbereitung herantrat, heute zuerst ausgiebig in sprachlicher Form vor-erlebt werden, ehe sie authentisch und direkt erfahren werden können.

Das auffallendste Beispiel ist wohl der Bereich der Erotik. Hier haben Populärwissenschaft, Werbung und eine spezielle literarische Industrie zusammengewirkt und einen starken Verbalisierungseffekt erzielt. Noch vor kurzer Zeit gab es in der Erotik einerseits eine dem Spezialisten vorbehaltene wissenschaftliche Terminologie, andererseits ein beschränktes und eher primitives Männer-Vokabular, das den Frauen im allgemeinen erst spät zu Ohren kam. Heute steht praktisch allen Menschen ein weites terminologisches Arsenal für alle möglichen Körperteile, Handlungen, Seelenlagen, Perversitäten zur Verfügung. Mehr als früher geht deshalb in diesem Bereich die verbale Erfahrung der authentischen voraus. Und die Über-Aufgeklärtheit baut oft Erwartungen auf, die, wenn sie nicht »hundertprozentig« erfüllt werden, zu schlimmen Enttäuschungen führen.

Beim Versuch, moderne Kulturerscheinungen zu erfassen, trifft man oft auf uralte Begriffe. In unserem Zusammenhang erweist sich der Begriff des *Mysteriums* als besonders hilfreich. Wir definieren ihn so: Ein Mysterium ist ein Lebensbereich, über den jede vorherige Information untersagt ist, so daß der Mensch, welcher in diesen Lebensbereich eintritt, alles ganz authentisch – ohne Beimischung von verbaler Information – erlebt. In der griechischen und römischen Zeit waren die Mysterien eine besondere Richtung der Religion. Der Myste – der Einzuweihende – durchging eine Reihe von symbolischen Handlungen, die, so viel wir überhaupt davon wissen, ungefähr Tod und Wiedergeburt verkörperten – und das Entscheidende daran war, daß ihm vorher nichts über diese Handlungen mitgeteilt wurde, und daß auch er später nie jemandem darüber berichten durfte. So blieb das Mysterium so, wie wir es eben definiert haben: ein Erlebnis, bei dem das authentische Erleben durch keine vorherige verbale Information beeinträchtigt wird.

Die heutige Zeit, das sehen wir nun, ist dadurch gekennzeichnet, daß sie die letzten Reste aller noch bestehenden Mysterien austilgen will. Dies hat zwei Seiten, so wie auch das Mysterium selbst seine zwei Seiten hat. Man hat es bezeichnet als »Mysterium tremendum et fascinosum«, als das ›erschreckende und bestrickende Mysterium‹. Erschreckend ist es darum, weil keine Vor-Orientierung möglich ist, so daß sich der mit dem Erlebnis Konfrontierte unvorbereitet im Neuen, Anderen, vielleicht Überwältigenden zurechtfinden und bewähren muß. Es ist aber auch bestrickend, einmal wegen des Hochgefühls, das solcher Bewährung entspringt, andererseits, und dies ist in unserem Zusammenhang wichtig, wegen der besonderen Art, in der etwas nicht Vorgewortetes erlebt wird.

Um dies genau zu verstehen, müssen wir uns den Mechanismus des Wortens oder Verbalisierens nochmals vergegenwärtigen. Die Sprachwissenschaft hat festgestellt: Die Kategorien der Erscheinungen sind nicht schon von der Natur klar abgegrenzt. Zwar gibt es in der außersprachlichen Welt viele Erscheinungen ähnlicher Art, also Ansätze zu Klassenbildungen. Die endgültige Entscheidung darüber, was zu einer Kategorie gehört, fällt aber erst in der jeweiligen Sprache. Was wir im Deutschen in zwei Kategorien »Dunst« und »Nebel« einteilen, zerfällt im Englischen in drei, nämlich »haze«, »mist« und »fog«. Solche kategoriellen Unterschiede zwischen den Sprachen bestehen zu Hunderten; sie reichen von den konkretesten Erscheinungen (etwa Bezeichnungen von Tieren, z.B. englisch zwei Kategorien: »ape« und »monkey« gegen die im Deutschen alleinige Kategorie »Affe«) bis zu den abstraktesten (zum Beispiel: im Deutschen »Freiheit«, im Englischen dagegen »freedom« und »liberty«). Man kann nicht sagen, daß die eine oder andere Einteilung »wahrer« oder objektiver sei. Jeder Mensch ist geneigt, die Einteilung, die *seine* Sprache macht, für die einzig richtige zu halten. Weite Bereiche unseres Erlebens werden von der Sprache gesteuert. Wir neigen zum Beispiel dazu, nur diejenigen Erscheinungen wahrzunehmen, für die unsere Sprache ein Wort hat, und wir ziehen die Grenzen im allgemeinen dort, wo unsere Sprache sie zieht. Neugeprägte Wörter, z. B. »smog« oder »establishment«, lenken unsere Aufmerksamkeit auf Dinge, die es vorher auch gegeben hat, die wir aber praktisch nicht bemerkt haben.

Hieraus geht hervor, daß jedes Erlebnis in hohem Maß von den sprachlichen Mitteln, die dem Erlebenden zur Verfügung stehen, also von dem, was man heute seine sprachliche Kompetenz nennt, beeinflußt ist. Wer in einem bestimmten Gebiet eine reiche Terminologie besitzt, von dem kann angenommen werden, daß er dieses Gebiet auch differenzierter erlebt. Wer über die kunstgeschichtlichen Wörter »Risalit«, »Lisene«, »Pilaster«, »Tympanon« aktiv verfügt, der nimmt eine Gebäudefassade anders wahr als einer, dem diese Ausdrücke nicht zur Verfügung stehen. Aber nicht nur für den Spezialisten, für jeden Menschen verändert sich eine Erfahrung, wenn er sie in Sprache umsetzt (»wortet«, »verbalisiert«). Sie hört auf, eine Einheit und Einmaligkeit zu sein; vielmehr wird sie aufgelöst (analysiert) in so und soviel Einzelteile, je nach der Zahl der gebrauchten Wörter und Konstruktionen; diese Einzelteile lassen sich mit anderen, schon bekannten der gleichen Sorte in Zusammenhang bringen. Das Erlebnis wird zerlegt in Konzepte oder, wie man auch sagt, konzeptualisiert.

Was geschieht dadurch? In positivem Sinne: Wir können das Erlebnis bewältigen, das uns andernfalls möglicherweise überwältigt hätte. Es steht uns nicht als Knäuel, als Komplex gegenüber, sondern als eine gegliederte Struktur, über die wir nachdenken, die wir vergleichen, an die wir uns bewußt und willentlich erinnern können. Es ist ganz sicher, daß die Verbalisierung von erschütternden Ereignissen den Menschen entlasten, ja ihm zur Rettung gereichen kann. Man denke an die Psychoanalyse, die ja im Prinzip nichts anderes ist als ein kunstvoll geförderter Verbalisierungsprozeß. Ganz allgemein kann die Verbalisierung eine Erfahrung reicher und menschlicher machen.

Diese positive Seite ist bekannt und soll hier nicht in Frage gestellt werden. Wir müssen aber auch die problematischen Aspekte der Verbalisierung betrachten. Sobald ich ein Erlebnis in Worte fasse – es ist dazu nicht einmal notwendig, daß ich darüber spreche, es genügt, wenn ich die zugehörigen sprachlichen Ausdrucksmittel latent besitze – tritt der bereits beschriebene Zergliederungs- und Vergleichseffekt auf. Was ein völlig einmaliges Ganzes hätte sein können, wird zu einer Summe von bereits bekannten Teilen. Jede Verbalisierung, sei sie auch noch so subtil, wird dem Erlebnis nicht ganz gerecht, raubt den Dingen etwas von dem, was Aldous Huxley (in »The Doors of Perception«) nach Meister Eckhart ihre »Istigkeit« genannt hat.

Man muß sich darüber Rechenschaft geben, daß die Sprache sehr viel stärker ist, als wir gemeinhin annehmen. Was die Sprache uns suggeriert, zum Beispiel, daß die Sonne *aufgehe,* hält sich oft jahrhundertelang gegen jede wissenschaftliche Erkenntnis. Es wäre deshalb völlig verkehrt, das authentische Erlebnis für das stärkere, das (bloß) sprachlich vermittelte (also das Hörensagen) für das schwächere zu halten. »Gute« Pornographie ist für viele Menschen um vieles wirksamer als die authentische sinnliche Realität. So wie Angst mit Worten vertrieben werden kann, kann sie auch allein mit Worten erzeugt werden. Ja, die durch Worte geschürte Angst ist oft schlimmer als die durch eine reale Situation erzeugte. Nicht von ungefähr hat der Sprachkritiker unter den neueren Schriftstellern, Peter Handke, den »Ritt über den Bodensee« zum Titel eines Bühnenstückes gewählt: Die Bedeutung des alten aber immer noch bekannten Gedichtes von Gustav Schwab liegt ja gerade darin, daß der Reiter nicht durch die reale Gefahr getötet wird, sondern durch die gewortete. In »A High Wind in Jamaica« von Richard Hughes finden sich mehrere Episoden, in denen das sprachliche Verhalten von Kindern offenbar wird. Eine Abschiedsszene wird zum Beispiel von einem Kind erst als solche empfunden, als ihm einfällt, »that this was a parting«, ›daß dies ein Abschied war‹. Aber auch jeder Erwachsene wird sich an Situationen erinnern, wo ein Zorn, ein Verlust, eine Freude, ein bestimmtes Erlebnis überhaupt, erst durch die Fassung in Worte gefühlsmächtig wurde.

Daß die Sprache etwas vom Wichtigsten ist, was der Mensch besitzt, daß der Mensch erst durch sein spezifisches Sprachvermögen zum Menschen wird, wissen wir. Aber in der aufklärerischen Freude über die Leistungen der Sprache sind ihre problematischen Seiten lange übersehen worden. Jedenfalls werden diese heute, wo ein Übermaß von sprachlichem Erleben auf Kosten des authentischen vorliegt, stark empfunden, und es hat sich eine neue Sprachkritik angebahnt, die radikaler ist als die bisherige, weil sie nicht einzelnes an der Sprache, sondern die Sprache als Ganzes für problematisch ansieht.

An wichtiger und wohl auch zeitlich an erster Stelle stehen hier Zeugnisse von Dichtern, die den Prozeß des Wortens aus nächster Nähe miterlebt haben. Angelus Silesius schreibt schon 1657:

Gott ist so über alls, daß man nicht sprechen kann:
Drum betest du Ihn auch mit Schweigen besser an.

Die Zeugnisse häufen sich, je näher wir unserer Zeit kommen. Walt Whitmans Gedicht »When I heard the learn'd astronomer« (vor 1867) spricht von dem plötzlichen Ekel, der den Dichter bei einem gelehrten Vortrag über die Sterne befällt: er verläßt den Saal, läuft ins Freie,

and from time to time,
Look'd up in perfect silence at the sky.

Wichtig ist dabei, daß er den Himmel *wortlos* betrachtet, und damit sozusagen wieder gutmacht, was der Gelehrte durch sein Worten den Sternen angetan hat.

Am eindrucksvollsten ist das, worum es hier geht, bei Hugo von Hofmannsthal ausgesprochen, ausführlich und in Prosa im »Brief des Lord Chandos« (1902), beiläufig aber unüberhörbar in der Komödie »Der Schwierige« (1919) und dichterisch zusammengefaßt in einigen Zeilen aus »Der Tor und der Tod« (1893):

> Wenn ich von guten Gaben der Natur
> Je eine Regung, einen Hauch erfuhr,
> So nannte ihn mein überwacher Sinn,
> Unfähig des Vergessens, grell beim Namen.
> Und wie dann tausende Vergleiche kamen,
> War das Vertrauen, war das Glück dahin.

Diese Zeilen Claudios beschreiben die Situation eines Menschen, dem zu jeder »Regung« bereits die Worte bereitstehen; die Worte aber führen zum Vergleichen und damit aus der Einmaligkeit und Ganzheit des Erlebnisses hinaus. Eine Kette von Enttäuschungen ist die Folge, und daraus erwächst für Claudio das Gefühl, überhaupt nicht wirklich gelebt zu haben.

Es ist möglich, daß eine ganze Reihe von Zeiterscheinungen, die wir noch nicht richtig zu deuten vermögen, auf ähnliche Enttäuschungsgefühle mit ähnlichen Gründen zurückgehen. An folgendes ließe sich denken:

- Das fast hektische Mißtrauen mancher heutigen Menschen gegenüber der Sprache, die ihnen als falsch, lügnerisch oder durch geschichtliche Ereignisse verdorben gilt. Damit im Zusammenhang: Das Streben nach einem absichtlich primitiven, undifferenzierten Kurzschluß-Vokabular.
- Die sehr verbreitete Hinwendung zu den (östlichen) Techniken der sprachlosen Schau: Yoga, Zen und anderen Meditationslehren.
- Das Verlangen nach wortlosen Künsten: Wiederbelebung des Stummfilms (»Der Tod in Venedig«), Eroberung des Theaters durch die Pantomime, Musikberieselung, die das Sprechen unmöglich oder unnötig macht.
- Die Drogen. Sie geben Zugang zu einem Erlebnisbereich, dem gegenüber die Sprache versagt, der also nicht vorher zer-

redet werden kann. Eine der wichtigsten Wirkungen mancher Drogen besteht offenbar darin, daß dic Konzeptualisierung, also der durch die Sprache bewirkte Analysierungs- und Vergleichsvorgang, rückgängig gemacht wird, so daß die Dinge wieder in ihrer ursprünglichen »Istigkeit« hervortreten. So mindestens schildert es Aldous Huxley, der in seiner Schrift »The Doors of Perception« (1954) über seine Experimente mit Mescalin berichtet. Immer wieder meldet er dem Beobachter, der ihn über seine Wahrnehmungen befragt: »nothing in particular ... it just *is*«. Und der Gartenstuhl mit den darauffallenden Schatten, für den Nüchternen als bestimmter Gegenstand mit bestimmtem Zweck eingeteilt und abgetan, wird für den Berauschten zu einem wundervollen selbstgenügsamen Muster von Formen und Farben.

Vermutlich ließen sich noch andere zeitgenössische Erscheinungen in diesem Zusammenhang nennen. So könnte zum Beispiel das vielbesprochene und einstweilen rätselhafte Phänomen der »schweigenden Mehrheit« aus einer Abneigung gegen die Sprache, »die ja doch alles verdirbt«, gedeutet werden.

Natürlich ist es unmöglich, hier so etwas wie eine radikale Umkehr zu wollen. Unsere Sprachgewohnheiten lassen sich nicht ohne weiteres verändern, und sich sprachlich einzuschränken, auf eine Mitteilung zu verzichten, erscheint den meisten von uns wie das Aufgeben einer kostbaren Freiheit. Es ist also kaum zu hoffen, daß durch das »Umlegen eines Hebels« an irgendwelcher zentraler Stelle alles in Ordnung zu bringen sei. Hingegen ist es durchaus möglich, in kleinen Schritten vorzugehen, also in einzelnen gegebenen Fällen anders zu reden, als unser erster Impuls es uns heißen möchte.

Ein Vater sollte zum Beispiel einsehen, daß er etwas Unrechtes tut, wenn er vor Weihnachten seinem Kind über das zu schenkende Buch oder Spielzeug in allen Einzelheiten berichtet.

Wenn jemand im Begriff ist, in ein fernes Land zu reisen, soll sich sein Freund, der dieses Land schon kennt, hüten, ihm alle möglichen Schönheiten und Sehenswürdigkeiten vorwegnehmend zu erklären. Am Platz sind allenfalls einige kleine Reisetips: Wo man merklich billiger und ebenso gut zu essen bekommt, wie man den Weg nach X. leichter findet; Dinge also, die in einem oder zwei Sätzen gesagt werden können.

Vielleicht wird auch die Werbung wieder etwas zurückhaltender werden und uns zwar weiterhin Reisefreuden versprechen, aber wenigstens die Empfindungen, die wir dabei haben werden, nicht mehr so kraß vorwegnehmen wie heute. Es ist weiter zu hoffen, daß eine Institution rückgängig gemacht wird, die sich an unseren Universitäten in den letzten zwanzig Jahren entwickelt hat: die systematische und umfassende Vor-Information des Anfängers über sein Studium. Früher war der Student zu bedauern: Er wußte nicht, wie und bei wem er überhaupt studieren sollte, und mußte darum lange und mühsam suchen, bis er seinen Weg gefunden hatte. Heute dröhnt man ihm gleich am Anfang seiner Universitätsszeit die Ohren voll, was er zu tun habe, und füttert ihn mit Tips aller Arten, so daß er nicht mehr »self directed« sondern »other directed« an sein Studium herangeht, seine Selbständigkeit nicht entwickeln kann und darum noch viel mehr zu bedauern ist als sein Vorgänger von der früheren Generation.

Ganz allgemein werden wir uns in jedem einzelnen Falle fragen müssen, ob die Vor-Information, die wir einem Mitmenschen über sein kommendes Erlebnis zu geben gedenken, für diesen wirklich notwendig ist, und ob sie ihm nicht die authentische Freude, wenn es so weit ist, verderben wird.

Nicht nur der Produzent von Vor-Information sollte sich zurückhalten, sondern auch der Konsument. Junge Menschen, die im Sinn haben, zum ersten Mal miteinander zu Bett zu gehen, sollen sich hüten, sich mit Magazinen darauf vorzubereiten – sie würden sich um die Hälfte der Freude bringen.

Und ein Studienanfänger sollte wieder den Mut haben, die ihn umschwirrenden guten Ratschläge zu vermeiden; er wird zwar wertvolle Zeit verlieren, aber wertvollere geistige Selbständigkeit gewinnen.

Wir sind heute so erzogen, daß wir in unserer Gesellschaft

demjenigen mehr Prestige verleihen, der über vergangene und künftige Erlebnisse viel und geläufig zu reden versteht. Vielleicht wird es auch hier notwendig, ein Gegengewicht zu geben, indem wir denen, die nicht alles gleich in geschickte Reden umsetzen können, mehr Interesse und Respekt entgegenbringen, uns im wortlosen Schauen besser üben und uns schärfer als bisher gegen hastiges klischeehaftes Aburteilen wehren.

Auf längere Sicht sollten wir nur solchen Utopien, Programmen und Religionen Glauben schenken, in denen noch Raum ist für das Mysterium, also das Unbesprochene, nicht zu Besprechende.

Zu beachten

Heute leiden wir ganz allgemein an Über-Information.

Ein guter Teil des Mißmuts der heutigen Kulturmenschen kommt daher, daß man ihnen über das, was sie zu erleben im Begriffe sind, schon vorher schriftlich oder mündlich alles erzählt, so daß sie nicht mehr spontan erleben können.

Wir müssen uns also einschränken, und zwar sowohl als Produzenten wie als Konsumenten von Information.

Wenn unser Freund auf eine Reise geht, sollen wir ihm nicht vorerzählen, was ihn im anderen Land erwartet. Er muß spontan erleben können. Eine Handvoll nützlicher Tips, wie man Geld oder Zeit sparen kann, ist das Maximum dessen, was man ihm an Information mitgeben soll.

Die sexuelle Aufklärung hat ihr Optimum längst überschritten. Heute sollte man sie nicht mehr vermehren, sondern abbauen, denn sie vermindert die Freude und fördert Enttäuschungen.

Der potentielle »Konsument« von Information soll alles zurückweisen, von dem er annehmen muß, daß es sein authentisches Erlebnis stören wird.

Schlußwort

Wir haben in diesem Buch zuweilen eine kräftige Sprache gesprochen. Einmal sagten wir sogar: »Dieser Mann gehört geohrfeigt«, als nämlich von einem Mann die Rede war, der die Worte seiner Frau in hämischer Weise parodierte. Und an zahllosen anderen Stellen haben wir mit Merksätzen dem Leser unsere Meinung klar zu verstehen gegeben. Trotzdem halten wir fest: Was wir in diesem Buch geben wollten, das sind *Ratschläge*, keine Forderungen und schon gar keine Befehle. Forderungen stellen, Befehle geben darf, wer dazu berechtigt ist. Das sind wir nicht. Wir haben allenfalls das Vorrecht des Alters und der Erfahrung. Beide zusammen haben uns zur Überzeugung gebracht, daß es notwendig sei, bestimmte sprachliche Verhaltensweisen zu *empfehlen* und von anderen *abzuraten.* Einen Zwang wollen wir nicht ausüben – bekanntlich steht es jedem Menschen frei, Ratschläge anzunehmen oder abzulehnen.

Wir können uns gut vorstellen, daß nicht alle Teile unseres Buches gleich gut »ankommen«. Als wir uns überlegten, wo Widerspruch laut werden könnte, sind wir auf drei Punkte gekommen, die wir hier kurz besprechen wollen.

Es wird vielleicht von feministischer Seite der Vorwurf erhoben, wir seien der Sache der Frauen zu wenig gerecht geworden. Hier bitten wir, zwei Aspekte genau zu unterscheiden, den sachlichen und den formalen. Sachlich haben wir uns immer wieder für die Frauen eingesetzt. Wir haben uns zum Beispiel dagegen gewehrt, daß die Frau am Telefon mit einem kurzen »Ist Ihr Mann da?" abgefertigt wird. Wir haben dafür plädiert, daß man im Gespräch mit einer Frau nicht bloß vom Mann und von den Kindern dieser Frau reden soll, sondern auch von ihren persönlichen Interessen. Daß man sie also nicht nur als »Gattin und Mutter« sehen soll, sondern als selbständiger Mensch mit eigenen Rechten. Und an zahlreichen anderen

Stellen haben wir für die Frauen Partei genommen, indem wir größere und kleinere »machistische« Sünden aufgedeckt und kritisiert haben.

Hingegen haben wir uns, was das äußerlich Formale angeht, für eine Ausdrucksweise entschieden, die heute nicht bei allen Frauen populär ist. Wir sagen nämlich »der Sprecher«, »der Hörer«, »der Gast« und meinen damit Männer *und* Frauen. Dies haben wir schon in unserem ersten Kapitel »Was will dieses Buch?« angekündigt; eine ausführliche Begründung haben wir im Abschnitt über den »Sexismus« in der Anrede (Seite 77 ff.) gegeben.

Wir wiederholen hier auch, was wir an mehreren Stellen gesagt haben: Wahrscheinlich haben die Männer unser Buch noch eine Spur nötiger als die Frauen. Allerdings sind wir so gut wie sicher, daß das Buch mehr von Frauen gelesen werden wird; denn die Frau ist ganz allgemein stärker als der Mann an gutem Benehmen interessiert.

Ein zweiter Punkt ist der: Schweizer, insbesondere Zürcher, mögen an der einen oder andern Stelle den Eindruck gewonnen haben, wir hätten es besonders auf sie abgesehen. Was die Zürcher betrifft, so kommen sie unseres Wissens nur einmal dran: Im Kapitel über das uneigentliche Reden heißt es, die Zürcher seien weniger für Ironie empfänglich als die Basler. Dazu stehen wir nach wie vor, wobei wir hinzufügen: Wir halten die Ironie nicht für etwas so Wundervolles, daß man ohne sie nicht leben könnte. Und wir haben auch deutlich gesagt, daß und warum man mit der Ironie zurückhaltend umgehen soll.

Sicher ist hingegen, daß wir den Deutschschweizern allerhand Kritisches gesagt haben. Dies geschah nicht etwa im Zuge der heute üblichen hämischen oder weinerlichen Schweiz-Kritik, die wir von Herzen verabscheuen. Tatsache ist jedoch, daß es in der deutschen Schweiz sprachliche Tendenzen gibt, auf die man kritisch hinweisen muß. Die wichtigste davon ist die – nach unserer Meinung verhängnisvolle – Neigung, das Hochdeutsche zu vernachlässigen, es nicht einmal mehr im Gespräch mit Französisch-, Englisch-, Italienisch- oder Serbokroatischsprachigen zu gebrauchen. Wer weiß, wie sehr sich die meisten schweizerdeutschen Dialekte vom Hochdeutschen unterscheiden, kann ermessen, was das für eine Rücksichtslosigkeit ist. Die Entwicklung verläuft übrigens nicht gleichmäßig, sondern beschleunigt, da jemand, der eine Sprache nicht mehr braucht, in dieser auch immer ungeschickter wird, worauf er wiederum immer größere Hemmungen hat, sie zu gebrauchen, worauf es ihm immer mehr an Übung fehlt, worauf ... Das ist der klassische »Circulus vitiosus«. Wir halten es nicht mit dem Vogel Strauß, und darum haben wir in unserem Abschnitt »Mit Fremdsprachigen« unverblümt auf dieses Problem hingewiesen.

Ein drittes, noch viel allgemeineres Problem ist dies: Viele unserer Leser werden sich über die angebliche Beschneidung ihrer Freiheit aufregen. Wo kommen wir hin, werden sie sagen, wenn wir in unserer Sprache durch ein Netz von Vorschriften gebunden sind, wenn wir überhaupt nicht mehr spontan – ein heute sehr beliebtes Wort – reden dürfen? Dies ist ein ernstzunehmender Vorwurf, denn es gibt heute immer mehr kleinere oder größere Beschränkungen der menschlichen Freiheit. Viele Dinge, die vor fünfzig Jahren noch erlaubt waren – zum Beispiel, die Straße überschreiten, wo man will, parken, wo man will, im Garten ein Feuerchen machen oder einen Hund begraben, ohne Gurt Auto fahren, den Wagen unabgeschlossen stehen lassen – sind uns heute verboten, obwohl man die Freiheit angeblich immer nach Kräften gepflegt hat. Soll jetzt auch noch in der Sprache eine Epoche der Unfreiheit kommen?

Darauf können wir mit drei Argumenten antworten. Als erstes wiederholen wir, was wir soeben gesagt haben: Daß wir keine Befehle geben sondern Ratschläge, deren Befolgung ja immer rein freiwillig bleibt.

Als zweites: Wer immer eine Kunst lernen will – und das richtige Reden ist eine Kunst – der muß nicht nur unablässig üben, sondern sich auch an gewisse Regeln halten. Das ist bei andern Gebieten eine völlige Selbstverständlichkeit, denn sonst kommt man über das Stümpern nicht hinaus. Wer skilaufen, windsurfen, Geige spielen will, der muß seine Freiheit eine Zeitlang arg beschränken, bis er die *Regeln* seiner Kunst beherrscht, sie nicht mehr als Zwänge empfindet und sich (wieder) völlig frei fühlt. So geht es auch dem, der besser reden lernt; er mag am Anfang über verlorene Freiheiten seufzen, wird aber bald sehen, daß er sich in jeder Situation besser zu helfen weiß und dadurch – wie ein guter Windsurfer oder Gleitschirmflieger – zu einer genußvollen neuen Freiheit kommt. Wer es mit seiner Sprache so weit gebracht hat, der wird keineswegs sagen: »Ich habe meine Freiheit verloren«, so wenig wie ein Gleitschirmflieger, der, seiner Sache sicher, in den blauen Raum hineinschwebt.

Und der dritte Punkt: Bei unseren Regeln sind besonders häufig die *Verbote.* Sie sind nicht nur zahlreicher, sondern im ganzen auch gewichtiger als die Gebote. Drückt sich da nicht eine Tendenz zum Hemmen, Einschränken, »Restringieren«, zu einer noch verschärften Form der Unfreiheit aus? Dazu ist folgendes zu sagen: Verbote gehören ganz wesentlich zu den Grundregeln jeder Sprache. Die seinerzeit revolutionäre Richtung der »Generativen Grammatik«, die nach etwa dreißig Jahren heute zu einem klassischen Bestandteil der Sprachwissenschaft geworden ist, hat es mit aller Entschiedenheit bestätigt: Zwar gibt es einige für alle Sprachen gültige Grundregeln, welche die Form von *Geboten* haben – zum Beispiel, daß alle Sprachen aus Wörtern bestehen *müssen.* Aber die viel zahlreicheren Einzelregeln, die den Gebrauch der Wörter und der Grammatik einer Sprache regeln, sind fast durchwegs *Verbote,* oder, wie man in der Sprachwissenschaft sagt, Restriktionen. Die Formel für eine grammatische Regel lautet im Prinzip: »Hier darf man X nicht gebrauchen«. Manche Lehrer machen daraus: »Hier muß man Y gebrauchen«, aber dieser Schritt ist unnötig und falsch.

So wie nun die *generellen* Regeln von Wortschatz und Grammatik ihrem Wesen nach eher Verbote als Gebote sind, so sind es auch die subtilen Regeln für den zwischenmenschlichen Gebrauch der Sprache, die wir in unserem Buch beschrieben haben. Zum Schluß noch dies: Man könnte meinen, daß der Gebrauch der Sprache durch alle die Verbote – die grammatischen wie die von uns beschriebenen – ungeheuer eingeschränkt wird, so daß, wenn man sie alle einhält, überhaupt nichts zu sagen übrigbleibt.

Wer dies befürchtet, den können wir beruhigen. Eine Tatsache, auf die die moderne Sprachwissenschaft ebenfalls mit Nachdruck hingewiesen hat, ist nämlich die, daß die Sprache *unendlich* kreativ ist. Lange Zeit hat man die Sprache etwa so gesehen wie eine große aber beschränkte Anzahl von Mosaiksteinen, mit deren Hilfe eine große aber endliche Zahl von Äußerungen »zusammengebaut« werden könne. Aber seit etwa dreißig Jahren ist man von diesem Modell abgekommen. An seiner Stelle steht jetzt die (beweisbare) Idee von der unbeschränkten Kreativität der Sprache, die aus einer beschränkten Zahl von Einzelelementen eine völlig unbegrenzte Zahl von Kombinationen schaffen kann.

Für unser Buch heißt das: Selbst wenn wir tausend Verbote gegeben hätten, wären diese ganz wenig im Vergleich zu den an sich unendlich vielen Möglichkeiten des sprachlichen Ausdrucks. Denn unendlich minus tausend gibt immer noch unendlich.

REGISTER

Ernst Leisi

Rilkes Sonette an Orpheus

Interpretation, Kommentar, Glossar

1987, 261 Seiten, DM 46,–
ISBN 3-87808-693-8

Rilkes *Sonette an Orpheus*, entstanden im Februar 1922, gehören zusammen mit den *Duineser Elegien* zu den größten lyrischen Leistungen des 20. Jahrhunderts. Während über ihren Rang fast allgemein Einigkeit besteht, ist die Deutung dieses "rätselhaften Diktats" immer noch umstritten.
Fünfzig Jahre nach Egon Holthusens Pionierwerk erscheint wieder eine wissenschaftliche Studie, die es sich zur Aufgabe gemacht hat, Rilkes Orpheus-Symbolik zu deuten und in interpersonal kommunizierbare verständliche Sprache zu übertragen. Der Autor nimmt als Basis Axiome der modernen Linguistik. Im Zentrum steht dabei, daß der Dichter "beim Wort zu nehmen sei", daß der Versuch gemacht werde, seine idiolektale Semantik voll zu erfassen.

... The book is greatly enriched by reproductions – judiciously chosen, beautifully executed, interpreted in the text with skillful precision – of photographs and other artifacts that are of central importance to Rilke's conception of the Sonnets and hence to our understanding. All in all, Leisi serves as a useful explorer's guide.

Morris Vos, Western Illinois University

Ein Lese-Glück, das Leisi dank seiner Kenntnis des Textes und der Stringenz der Methode zu vermitteln vermag.

Martin E. Schmid, Neue Zürcher Zeitung

gnv Gunter Narr Verlag Tübingen